RIESTER

Bärbel

RIESTER

Das bringt die staatlich geförderte Altersvorsorge

Katharina Henrich

Stiftung Warentest

INHALTSVERZEICHNIS

Plan A
Plan B

WER KANN RIESTERN?

Riestern lohnt sich. Ein Riester-Investment ist eine sichere Anlage, und die Renditeaussichten sind besser als bei vielen anderen Produkten am Markt. Das liegt daran, dass der Staat Riester-Verträge kräftig unterstützt. Je nach Einkommen und Familiensituation bekommen Sie schnell das Doppelte und mehr zu Ihrem eigenen Sparbeitrag dazu. In diesem Kapitel erfahren Sie, warum es Riester gibt und wer riestern kann.

WAS IST ÜBERHAUPT RIESTERN?

Riester ist eine ungewöhnliche Bezeichnung für eine Altersvorsorgeform. Der Name geht auf den früheren Bundesarbeitsminister Walter Riester zurück. Er hatte diese bestimmte Form zur Förderung der privaten Altersvorsorge vorangetrieben. Die Riester-Altersvorsorge basiert auf zwei Teilen, einem privaten und einem staatlichen. Als Riester-Sparer investieren Sie privat und freiwillig Geld in Ihre Altersvorsorge, und der Staat hilft Ihnen dabei mit finanziellen Zulagen und Steuerermäßigungen.

Aber der Reihe nach. In Deutschland hat die Altersvorsorge drei Säulen:

Erstens die gesetzliche Rente, die vom Staat vorgeschrieben ist und auf die Sie relativ wenig Einfluss haben. Sie ist als Umlageverfahren angelegt, das heißt, die Rentenbeiträge, die Ihr Arbeitgeber von Ihrem Gehalt einbehält und an die Rentenversicherung abführt, werden nicht wie bei einer kapitalgedeckten Anlage für Sie persönlich angespart, sondern gleich für die laufenden Rentenzahlungen an die derzeitige Rentnergeneration genutzt. Ihre Rente wird dann später entsprechend von den künftigen Erwerbstätigen finanziert. Dieses Umlageverfahren wird deshalb auch Generationenvertrag genannt.

Die zweite Säule ist die betriebliche Altersversorgung, die der Arbeitgeber für Sie oder mit Ihnen zusammen organisiert. Das geschieht zum Beispiel über einen Pensionsfonds, eine Pensionskasse oder eine Direktversicherung.

Die dritte Säule ist die private Altersvorsorge, für die Sie alleine verantwortlich sind. Sie können zum Beispiel eine private Rentenversicherung bei einem Versicherer abschließen, Ihr Geld in einem Investmentfonds anlegen oder ein Haus kaufen, um sich im Alter zusätzlich abzusichern.

Anreize für die freiwillige Vorsorge

Nach wie vor ist in Deutschland die gesetzliche Rente, also die erste Säule, für viele Menschen das wichtigste Standbein, um ihr Leben im Alter zu finanzieren. Mit Riester sollten Anreize geschaffen werden, die dritte Säule, also die private Altersvorsorge, verstärkt auszubauen. Die Gründe dafür liegen vor allem im System der gesetzlichen Rente. Da sie als Umlageverfahren organisiert ist, ist sie darauf angewiesen, dass es immer genug sozialversicherungspflichtige Beschäftigte gibt, die Rentenbeiträge zahlen.

Die niedrige Geburtenrate und die stetig steigende Lebenserwartung in Deutschland bringen das Verhältnis zwischen Arbeitnehmern, die Beiträge in die Rentenversicherung einzahlen, und Rentenempfängern allerdings in Schieflage. Um diese auszugleichen, mussten entweder die Beitragssätze in der gesetzlichen Rentenversicherung steigen oder aber das Rentenniveau gesenkt werden.

Der Gesetzgeber entschied sich im Jahr 2001 für Letzteres und beschloss,

Bevölkerung nach Altersgruppen

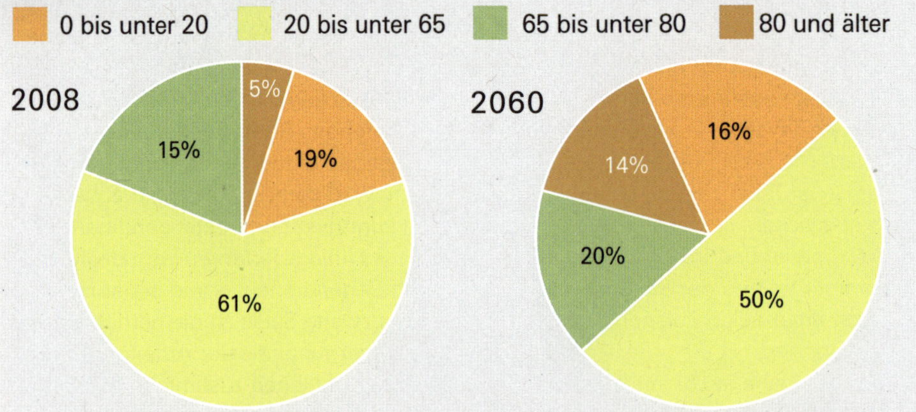

Nach den jüngsten Berechnungen des Statistischen Bundesamtes wird sich der Anteil der über 80-Jährigen bis 2060 fast verdreifachen. Der Anteil der 20- bis 65-Jährigen wird dagegen um 11 Prozentpunkte sinken.

Quelle: Statistisches Bundesamt

das Rentenniveau langfristig zu senken. Auch die Beamten kamen nicht ungeschoren davon. Sie mussten ebenfalls Kürzungen bei ihren künftigen Pensionsansprüchen hinnehmen.

Damit Sie als heute Beschäftigte aber im Alter nicht viel schlechter dastehen als die derzeitige Rentnergeneration, möchte der Gesetzgeber, dass Sie freiwillig mehr privat vorsorgen. Und um der Freiwilligkeit ein wenig auf die Sprünge zu helfen, hat er im Altersvermögensgesetz großzügige finanzielle Anreize dafür geschaffen: die Riester-Förderung. Im Jahr 2002 entstand so erstmals eine durch Zulagen oder Steuervorteile geförderte kapitalgedeckte Altersvorsorge. Mittlerweile haben Sparer schon rund 37 Milliarden Euro in die Riester-Altersvorsorge investiert.

In der Tabelle unten sehen Sie, mit wie viel Zusatzrente Sie über einen Riester-Vertrag lebenslang rechnen können, wenn Sie immer den Mindesteigenbeitrag von 4 Prozent Ihres Vorjahresbruttoeinkommens einzahlen. Vor allem wer viel verdient, spart dazu noch in der Ansparphase ordentlich Steuern.

Allerdings ist diese staatlich geförderte Riester-Vorsorge auch für die Anbieter der Finanzbranche – Versicherer, Banken, Fondsgesellschaften und Bausparkassen – ein lohnendes Geschäft. Seit Einführung erhielten die Unternehmen nach Zahlen der Bundesregierung rund 5,9 Milliarden

SO VIEL RIESTER-RENTE GIBT ES ETWA BEI MAXIMALER FÖRDERUNG

Zinssatz (Prozent)	Monatliches Bruttoeinkommen (Euro)	30 Jahre Einzahlung		40 Jahre Einzahlung	
		Monatliche Rente	Steuervorteil[1)]	Monatliche Rente	Steuervorteil[1)]
2,25	4 000	271	15 270	410	20 360
	2 500	169	4 440	256	5 920
	1 500	102	360	154	480
3,00	4 000	308	15 270	488	20 360
	2 500	192	4 440	305	5 920
	1 500	115	360	183	480
4,00	4 000	367	15 270	621	20 360
	2 500	229	4 440	388	5 920
	1 500	137	360	233	480

1) Der Steuervorteil (in Euro) ist für einen Alleinstehenden nach dem Steuertarif 2011 berechnet. Er bezieht sich auf die gesamte Laufzeit, also 30 bzw. 40 Jahre. Solidaritätszuschlag und Kirchensteuer sind nicht berücksichtigt. Sonst wäre der Vorteil etwas höher.

Quelle: Eigene Recherchen

Euro für Provisionen und Verwaltung. Damit liegt der Kostenanteil immerhin bei rund 15 Prozent der geförderten Gesamtbeiträge. Das ist ziemlich hoch für staatlich geförderte Produkte, die fast alle abschließen sollen.

Vor allem die Kosten, die Komplexität der Produkte und auch die hohen staatlichen Zuschüsse lassen immer wieder Kritik an Riester aufkommen. Die Politik reagierte darauf und hat bei einigen Punkten nachgebessert, weshalb Riester in den zehn Jahren seit seiner Einführung schon mehrere Veränderungen erfahren hat. Zu Redaktionsschluss dieses Ratgebers gab es Überlegungen, Riester attraktiver für Sparer mit langfristig niedrigem Einkommen zu machen und Vermittlerprovisionen bei Rentenversicherungen zu begrenzen. Auch Verbesserungen beim Wohn-Riester sind im Gespräch.

Aus sozialpolitischer Sicht wird Riester sicher weiterhin ein kontroverses Thema bleiben. Als persönliches Vorsorge-Investment lohnt es sich in den allermeisten Fällen jedoch deutlich mehr als herkömmliche Altersvorsorge-Produkte.

Riester in Kürze

Und so funktioniert die Riester-Förderung: Wenn Sie einen Altersvorsorgevertrag nach dem Riester-Modell abschließen und einen eigenen Beitrag zur Altersvorsorge leisten, gibt Ihnen der Staat jedes Jahr bis zu 154 Euro Grundzulage zu Ihrem Investment hinzu. Grundzulage ist das Geld, das jeder Riester-Sparer bekommt.

Bis zu 185 Euro jährlich zahlt der Staat Ihnen noch extra pro Kind. Für Kinder, die ab 2008 geboren wurden, gibt es sogar 300 Euro jährlich. Eltern mit zwei kleinen Kindern können so jährlich 908 Euro an Zulage erhalten, wenn beide einen Vertrag haben (2 x 154 Euro plus 2 x 300 Euro).

Außerdem haben Sie die Möglichkeit, die Beiträge zu Ihrem Riester-Investment steuerlich geltend zu machen. So können viele nicht nur von der Zulagenförderung, sondern dazu noch von Steuervorteilen profitieren (siehe Seite 131).

Um die Zulagen in voller Höhe zu bekommen, müssen Sie inklusive der Zulagen jährlich 4 Prozent Ihres rentenversicherungspflichtigen Vorjahresbruttoeinkommens über ein spezielles Riester-Produkt

KURZ UND KNAPP **So viel gibt's vom Staat**

Jährliche Grundzulage (erhält jeder Riester-Sparer):
- Bis zu 154 Euro.

Jährliche Kinderzulage (erhalten alle Riester-Sparer, die auch Kindergeld bekommen):
- Bis zu 185 Euro für Kinder, die vor 2008 geboren sind.
- Bis zu 300 Euro für Kinder, die ab 2008 geboren sind.

ansparen. Sparen Sie weniger, bekommen Sie die Zulagen nur anteilig. Bei 50 000 Euro Einkommen müssten also 2 000 Euro im Jahr in Ihren Riester-Vertrag fließen. Dabei zählen die Zulagen mit, das heißt, Sie müssten nur den Rest selbst aufbringen, also 1846 Euro (2 000 minus 154 Euro). Wenn Sie Kinder haben, noch weniger, denn Kinderzulagen zählen mit.

Wer viel verdient, muss aber insgesamt nur auf 2 100 Euro im Jahr kommen, um sich die volle Förderung zu sichern. Denn die Förderhöchstgrenze liegt meist bei 2 100 Euro im Jahr. In einigen Fällen beläuft sie sich seit 2012 auf 2 160 Euro (siehe Seite 12).

Es herrscht kein Mangel bei der Auswahl an Riester-Produkten. Inzwischen können Sie Ihr Geld in vielen unterschiedlichen Produkten wie Banksparplänen, Fondssparplänen oder Rentenversicherungen anlegen oder in ein Eigenheim investieren. Welche Variante am besten zu Ihnen passt und ob Sie überhaupt für die Förderung infrage kommen, erfahren Sie auf den nächsten Seiten.

WER KANN RIESTERN?

Um die Riester-Förderung zu erhalten, müssen Sie vor allem eine wichtige Voraussetzung erfüllen: Sie oder Ihr Ehepartner müssen in der gesetzlichen Rentenversicherung pflichtversichert sein. Das macht Sinn, denn Riester soll ja die Kürzungen bei der gesetzlichen Rente ausgleichen. Eine Ausnahme bilden die Beamten, die zwar ein eigenes, steuerfinanziertes Alterssicherungssystem haben, aber dennoch riestern dürfen.

Als Freiberufler mit einer Altersversorgung über ein berufsständisches Versorgungswerk, wie Ärzte, Anwälte, Apotheker oder Architekten, und als Selbstständiger, der nicht als Pflichtversicherter in die gesetzliche Rentenkasse einzahlt, haben Sie dagegen keinen direkten Anspruch auf die staatliche Förderung. Allerdings können Sie dann über einen Umweg riestern und die Zulagen vom Staat bekommen; und zwar über einen pflichtversicherten Ehepartner.

Hier die wichtigsten förderberechtigten Gruppen und ihre Besonderheiten:

Arbeitnehmer und Beamte: Die klassischen Fälle

Als Arbeitnehmer, also abhängig Beschäftigter, sind Sie automatisch in der gesetzlichen Rentenversicherung pflichtversichert und haben damit einen Anspruch auf Riester-Förderung. Im Riester-Deutsch heißt das, Sie sind unmittelbar förderberechtigt. Ob Sie Vollzeit oder Teilzeit arbeiten, spielt für Ihren Anspruch auf Förderung keine Rolle. Als gesetzlich rentenversicherter Arbeitnehmer sind Sie sozusagen der Prototyp des Förderberechtigten. Vor allem diese Gruppe hatte der Gesetzgeber im Auge, als er Riester konzipierte.

Nicht gesetzlich rentenversichert, aber trotzdem förderberechtigt sind Sie als Beamter, Berufssoldat, Richter, Pfarrer oder Kirchenbeamter. Schließlich werden auch die aus Steuergeldern bezahlten Pensionen künftig niedriger ausfallen. Der damalige Innenminister Otto Schily, zuständig für die Beamten, wollte deshalb auch diesen einen Anreiz geben, künftig mehr privat vorzusorgen.

Als Beamter können Sie die gleichen Produkte abschließen wie die gesetzlich Rentenversicherten. Was allerdings nicht geht, ist die Verbindung der Riester-Rente mit der betrieblichen Altersversorgung. Denn als Beamter haben Sie gar keine Möglichkeit, betriebliche Altersversorgung zu betreiben.

Ehepartner von Riester-Sparern: Einfach dranhängen

Wenn Sie keinen direkten Anspruch auf Riester-Förderung haben, zum Beispiel als nicht rentenversicherungspflichtiger Freiberufler oder als Hausfrau oder -mann, können Sie dennoch riestern und die staatlichen Zulagen für Ihre Altersversorgung nutzen, wenn Sie mit einem unmittelbar Förderberechtigten verheiratet sind. Voraussetzung ist allerdings, dass dieser selbst auch riestert. Dann sind Sie automatisch ein mittelbar Förderberechtigter. Die Förderung, die Sie bekommen, nennt sich auch abgeleitete Förderung.

Als mittelbar Förderberechtigter müssen Sie seit Anfang des Jahres 2012 mindestens den Sockelbetrag von 60 Euro jährlich in Ihren Vertrag einzahlen, um die volle Zulage von 154 Euro zu bekommen. Außerdem ist Ihre Förderung abhängig vom vollständigen Investment Ihres unmittelbar förderberechtigten Ehepartners. Nur wenn der den Mindestbeitrag von 4 Prozent seines rentenversicherungspflichtigen Vorjahresbruttoeinkommens in seinen Vertrag einzahlt, bekommen auch Sie Ihre Zulage in voller Höhe. Zahlt er beispielsweise nur 2 Prozent seines Vorjahreseinkommens, erhalten auch Sie nur die halbe Zulage – selbst wenn Sie mehr als die 60 Euro einzahlen, die mindestens gefordert sind. Dabei zählt zu dem von Ihrem Ehepartner verlangten Mindestbeitrag von 4 Prozent sowohl Ihre als auch seine Zulage mit – ebenso wie eventuelle Zulagen für Kinder.

Die Steuervorteile wiederum, die Riester oft – vor allem bei Besserverdienenden – mit sich bringt, können Sie nur zusammen mit Ihrem Ehepartner nutzen, denn er hat den Hauptvertrag. Nur er darf die Beiträge und Zulagen als Sonderausgaben bis zur Obergrenze von 2 160 Euro beim Finanzamt geltend machen. Selbst dann, wenn Sie derjenige mit dem höheren Einkommen sind. Die Obergrenze von 2 160 Euro ist neu. Sie wurde 2012 eingeführt und gilt nur für die Konstellation von Ehepaaren mit einem mittelbar förderberechtigten Partner. Bei allen anderen beträgt sie weiterhin 2 100 Euro jährlich. Mehr zu

CHECKLISTE: Wer ist förderberechtigt?

Um unmittelbar förderberechtigt zu sein, müssen Sie pro Antragsjahr zumindest zeitweise in der gesetzlichen Rentenversicherung pflichtversichert gewesen sein. Das sind Sie als:

- Arbeitnehmer in einem versicherungspflichtigen Beschäftigungsverhältnis bei einem privaten, öffentlichen oder kirchlichen Arbeitgeber.
- Auszubildende.
- Selbstständige mit Versicherungspflicht in der gesetzlichen Rentenversicherung.
- Arbeitnehmerähnliche Selbstständige mit nur einem Auftraggeber.
- Kindererziehende für die ersten 36 Kalendermonate nach dem Monat der Geburt.
- Personen, die einen Pflegebedürftigen nicht erwerbsmäßig wenigstens 14 Stunden wöchentlich in seiner häuslichen Umgebung pflegen.
- Bundesfreiwilligendienstleistende.
- Bezieher von Arbeitslosengeld und Arbeitslosengeld II (auch wenn Sie wegen zu berücksichtigenden Vermögens keine Unterstützung erhalten. Sie müssen allerdings als arbeitssuchend gemeldet sein).
- Bezieher von Vorruhestandsgeld, Krankengeld, Verletztengeld, Versorgungskrankengeld, Übergangsgeld und Unterhaltsgeld.
- Beschäftigte im Niedriglohnbereich (Midijobs mit einem Verdienst über 400 bis 800 Euro im Monat).
- Geringfügig Beschäftigte, die auf die Versicherungsfreiheit verzichtet haben.
- Personen, die nach § 421l des Dritten Buches Sozialgesetzbuch einen Existenzgründungszuschuss erhalten.
- Beamte, Richter und Berufs- und Zeitsoldaten sowie sonstige Beschäftigte, die wegen gewährleisteter Versorgungsanwartschaften den Beamten gleichgestellt sind und damit in der gesetzlichen Rentenversicherung versicherungsfrei oder von der Versicherungspflicht befreit sind.
- Minister, Senatoren und Parlamentarische Staatssekretäre.
- Personen, die eine Rente wegen Erwerbsminderung, Erwerbsunfähigkeit oder eine Versorgung wegen vollständiger Dienstunfähigkeit erhalten.
- Pflichtversicherte nach dem Gesetz über die Alterssicherung der Landwirte.

Sie sind nicht unmittelbar, aber eventuell über Ihren Ehepartner mittelbar zulagenberechtigt als:

- Vollzeit-Hausfrauen und -männer, die nicht in Elternzeit sind.
- Angestellte und Selbstständige in berufsständischen Versorgungseinrichtungen, wenn Sie nicht in der gesetzlichen Rentenversicherung pflichtversichert sind.
- Freiwillig in der gesetzlichen Rentenversicherung Versicherte.
- Selbstständige ohne Versicherungspflicht in der gesetzlichen Rentenversicherung.
- Geringfügig Beschäftigte, für die nur der pauschale Arbeitgeberbeitrag zur gesetzlichen Rentenversicherung gezahlt wird.
- Rentner, die eine Altersvollrente erhalten.
- Sozialhilfeempfänger und Bezieher von Sozialgeld.
- Studenten.

Riester und Steuern erfahren Sie im Steuerkapitel ab Seite 131.

ZULAGEN ÜBER DEN EHEPARTNER

Wenn Sie selbst keinen Anspruch auf Riester-Förderung haben, können Sie sich über Ihren Ehepartner die Zulagen sichern. Allerdings müssen Sie verheiratet und dürfen nicht dauerhaft getrennt sein. Als Partner einer eingetragenen Lebensgemeinschaft können Sie die gemeinsame Riester-Förderung nicht nutzen. (Zur Scheidung siehe Seite 123).

Geringverdiener: Riestern lohnt sich gerade bei wenig Geld

Als Geringverdiener können Sie riestern, solange Sie Rentenbeiträge an die gesetzliche Rentenversicherung zahlen. Das ist immer der Fall, wenn Sie fest angestellt sind, aber einfach ein niedriges Gehalt bekommen oder Teilzeit arbeiten.

Viel erreichen mit 60 Euro im Jahr

Auch als Geringverdiener müssen Sie mindestens 4 Prozent Ihres rentenversicherungspflichtigen Vorjahresbruttoeinkommens in einem Riester-Vertrag ansparen, um die volle Förderung zu bekommen. Da aber bei den 4 Prozent die Zulagen mit eingerechnet werden, können bei niedrigem Einkommen schnell die Zulagen alleine schon diese 4 Prozent ausmachen (siehe Beispiel 2 rechts). Der Gesetzgeber hat deshalb festgelegt, dass jeder Riester-Sparer auf jeden Fall mindestens 60 Euro im Jahr aus seinem eigenen Geld einzahlen muss. Dieser Beitrag wird auch Sockelbetrag genannt.

Gerade wenn Sie wenig Geld verdienen, lohnt sich Riestern besonders. Denn im Verhältnis zum eigenen Sparbeitrag sind die staatlichen Zuschüsse natürlich hoch; vor allem, wenn Sie Kinder haben.

Riester und Grundsicherung im Alter

Eine Ausnahme gibt es allerdings, und diese bestimmte in den letzten Jahren immer wieder einmal die öffentliche Diskussion: Riester-Sparen bringt Ihnen bisher nichts, wenn Sie später im Alter so wenig Geld haben, dass Sie auf Grundsicherung angewiesen sind. Grundsicherung ist eine steuerfinanzierte Sozialleistung im Alter. Sie soll den grundlegenden Bedarf für den Lebensunterhalt von Menschen absichern, die wegen Alters aus dem Erwerbsleben ausgeschieden sind und deren Einkünfte für den notwendigen Lebensunterhalt nicht ausreichen. Allerdings werden praktisch alle eigenen Einkünfte und Vermögenswerte auf diese Zahlungen angerechnet: die gesetzliche Rente, Pensionen, Wohngeld, Ehegattenunterhalt, Einkünfte aus Vermietung und Verpachtung, Zinsen, sonstige Kapitaleinkünfte, Unterhaltszahlungen von Kindern und eben auch die Riester-Rente.

Aus diesem Grund rieten bisher einige Experten Geringverdienern von der Riester-Rente ab. Allerdings könnte sich hier schon bald etwas ändern. Zum Redaktionsschluss dieses Ratgebers gab es Vorschläge aus dem Bundesarbeitsministerium, eine Zuschuss-Rente einzuführen, die Menschen besserstellen soll, die wenig verdienen, aber lange gearbeitet und zusätzlich vorgesorgt haben. Die Zuschussrente, zusammen mit der ge-

INFO

So zahlt sich Riestern für Geringverdiener aus: Zwei Beispiele

Beispiel 1:
Geringverdiener ohne Kind

Sie sind 30 Jahre alt, verdienen 10 000 Euro im Jahr und haben keine Kinder. Um die volle Zulage von 154 Euro im Jahr zu erhalten, müssen Sie 4 Prozent Ihres rentenversicherungspflichtigen Vorjahresbruttoeinkommens in einem Riester-Vertrag ansparen; also 400 Euro. Die Zulage zählt mit. Von diesen 400 Euro übernimmt also 154 Euro der Staat und Sie selbst zahlen 246 Euro im Jahr. 246 Euro jährlich vom eigenen Geld in einem Riester-Vertrag angelegt, reichen aus, damit zu Rentenbeginn nach 37 Beitragsjahren mindestens eine Summe von etwa 14 800 Euro für eine zusätzliche Rente zur Verfügung steht. Und dabei sind noch nicht einmal eine Rendite und der Zinseszinseffekt berücksichtigt, die bei guten Riester-Verträgen die Summe noch einmal deutlich erhöhen.

Beispiel 2:
Geringverdiener mit Kindern

Sie sind 30 Jahre alt und verdienen ebenfalls 10 000 Euro im Jahr, haben aber eine zweijährige Tochter und einen sechsjährigen Sohn. Ihre Grundzulage von 154 Euro im Jahr zusammen mit den Kinderzulagen von insgesamt 485 Euro im Jahr machen mit 639 Euro bereits weit mehr als 4 Prozent Ihres Bruttoeinkommens aus. Trotzdem sind Sie verpflichtet, mindestens 60 Euro im Jahr selbst für Ihren Riester-Vertrag aufzubringen. Jährlich sparen Sie also 699 Euro. Nach 37 Jahren, wenn Sie in Rente gehen, macht das eine Summe von 25 933 Euro ohne Rendite oder Zinseszinseffekt. Kein schlechtes Ergebnis für ein 60-Euro-Investment pro Jahr.

setzlichen Rente und der zusätzlichen privaten Altersvorsorge, würde immer oberhalb der Grundsicherung liegen und soll so zur ergänzenden Altersvorsorge motivieren. Ein Gesetz hierüber wird aber frühestens 2013 in Kraft treten.

Sind Sie über 50 Jahre und haben Ihr Leben lang sehr wenig verdient und deshalb keine oder niedrige Rentenansprüche und auch sonst kein nennenswertes Vermögen, sollten Sie sich mit Ihrem Rentenversicherungsträger in Verbindung setzen. Er kann Ihnen ausrechnen, wie hoch Ihre gesetzliche Rente einmal sein wird, abschätzen, ob Sie auf Grundsicherung angewiesen sein werden, und Sie beraten, ob sich der Abschluss einer Riester-Rente für Sie lohnt. Solange Sie nicht sicher sind, dass Sie später im Alter wirklich bedürftig sein werden, macht es nämlich gerade als Geringverdiener Sinn, auf Riester zu setzen.

Minijobber: Versicherungsbeitrag aufstocken

Wenn Sie als Minijobber auf 400-Euro-Basis arbeiten, sind Sie nicht automatisch vollwertig über die gesetzliche Rentenversicherung abgesichert und erfüllen damit auch nicht die Zugangsvoraussetzungen für die Riester-Förderung. Bei einem Minijob zahlen Sie selbst normalerweise keine Beiträge zur Rentenversicherung. Der Arbeitgeber zahlt zwar einen Pauschalbeitrag zur Sozialversicherung von 15 Prozent Ihres Gehalts (beziehungsweise 5 Prozent bei Privathaushalten). Damit erwerben Sie aber lediglich minimale Rentenansprüche.

Doch Sie können Ihren Arbeitsvertrag in Absprache mit dem Arbeitgeber so umgestalten, dass Sie einen Anspruch auf Riester-Förderung haben und gleichzeitig vollwertige Rentenansprüche aufbauen. Dazu gehören zum Beispiel auch Rentenansprüche für eine Erwerbsminderungsrente, die Ihnen der Staat zahlt, wenn Sie zu krank zum Arbeiten sind, oder Ansprüche auf Rehabilitationsleistungen nach einer schweren Krankheit.

Ein weiterer Vorteil: Sollte Ihr Ehepartner nicht förderberechtigt sein, kann er dann über Sie als mittelbar Förderberechtigter auch einen Riester-Vertrag abschließen und die staatlichen Zulagen bekommen.

Auf Versicherungsfreiheit verzichten

Um aus Ihrem Minijob eine rentenversicherungspflichtige Anstellung zu machen, müssen Sie auf Ihre Versicherungsfreiheit verzichten (siehe Tipp) und die von Ihrem Arbeitgeber bezahlten Beiträge zur Rentenversicherung selbst auf den derzeitigen vollen Beitragssatz von 19,6 Prozent Ihres Gehalts aufstocken. Der Arbeitgeber ist sogar gesetzlich verpflichtet, Sie zu Beginn Ihrer Minijob-Beschäftigung über die Möglichkeit der Aufstockung Ihres Rentenbeitrags zu informieren.

In der Regel beträgt Ihr Eigenanteil 4,6 Prozent Ihres Arbeitsentgelts. Bei einem 400-Euro-Job also 18,40 Euro im Monat. Wenn Sie von einem Privathaushalt beschäftigt werden, müssen Sie allerdings

14,6 Prozent aufstocken, das sind immerhin 58,40 Euro im Monat. Für den Riester-Vertrag müssten Sie dann den Mindesteigenbeitrag von 60 Euro im Jahr, also 5 Euro monatlich, aufbringen, um die volle Förderung zu erhalten und sich eine eigene kleine Altersversorgung aufzubauen.

Entscheiden Sie sich für die Aufstockung Ihrer Rente und soll sie von Beginn der Beschäftigung an gelten, haben Sie nach Beschäftigungsbeginn zwei Wochen Zeit, Ihrem Arbeitgeber schriftlich mitzuteilen, dass Sie auf die Versicherungsfreiheit in der Rentenversicherung verzichten. Dies gilt dann für die gesamte Dauer des 400-Euro-Minijobs und kann nicht widerrufen werden.

Nach Aufnahme einer neuen geringfügig entlohnten Beschäftigung müssen Sie Ihren Verzicht auf die Versicherungs-

TIPP **Riestern als Minijobber**

Verzicht auf Versicherungsfreiheit: Um als Minijobber riestern zu können, müssen Sie Ihrem Arbeitgeber formlos, aber schriftlich mitteilen, dass Sie auf die Versicherungsfreiheit in der Rentenversicherung verzichten. Gleichzeitig erklären Sie sich bereit, den Pauschalbeitrag des Arbeitgebers zur Rentenversicherung in Höhe von 15 Prozent (beziehungsweise von 5 Prozent bei Minijobs in Privathaushalten) um 4,6 Prozent auf den vollen Rentenversicherungsbeitrag von derzeit 19,6 Prozent aufzustocken.

Sie können dazu auch den Personalfragebogen der Minijob-Zentrale nutzen. Dieser enthält unter Punkt 5 „Verzicht auf die Rentenversicherungsfreiheit" einen vorverfassten Text, den Sie nur ausfüllen und unterschreiben müssen. Sie finden ihn im Internet unter www.minijob-zentrale.de, wenn Sie in die Suchmaske „Checkliste Personalfragebogen" eingeben. Sie können die Minijob-Zentrale auch telefonisch unter der Nummer 0 18 01/20 05 04 kontaktieren.

Privathaushalt: Als Minijobber in Privathaushalten haben Sie es noch einfacher. Sie müssen nur auf dem Haushaltsscheck, mit dem der Arbeitgeber Sie bei der Minijobzentrale anmeldet, „ja" im Feld 10 „Voller Beitrag zur Rentenversicherung" ankreuzen. Allerdings ist hier der Aufstockungsbeitrag mit 14,6 Prozent Ihres Bruttoentgelts deutlich höher.

Minijobber mit Arbeitslosengeld II: Wenn Sie als Minijobber gleichzeitig Arbeitslosengeld II beziehen, kann die Aufstockung des Beitrags zur gesetzlichen Rentenversicherung in Ausnahmefällen nicht sinnvoll sein. Um diese Frage zu klären, vereinbaren Sie am besten eine Individualberatung bei Ihrem zuständigen Rentenversicherungsträger.

freiheit in der Rentenversicherung dem neuen Arbeitgeber gegenüber erneut erklären. Und zwar auch dann, wenn sich die neue Beschäftigung nahtlos an die bisherige anschließt.

Auch als Minijobber gilt bisher, dass Ihre Riester-Rente Ihnen nur einen finanziellen Vorteil im Alter bietet, wenn Sie dann nicht auf staatliche Unterstützung, die Grundsicherung, angewiesen sein werden. Bis Sie Ihre Riester-Rente aber später wirklich ausgezahlt bekommen, kann es dazu schon ganz andere gesetzliche Regelungen geben (siehe Seite 14 zu „Geringverdienern").

Auszubildende und Studenten: Hohe Rente bei langer Laufzeit

Der Gesetzgeber möchte, dass Sie so früh wie möglich anfangen, für Ihr Alter vorzusorgen. Das macht Sinn, denn je früher Sie beginnen, desto mehr Zeit haben Sie und können bereits mit kleineren Summen viel erreichen. Als besonderen Anreiz gibt es deshalb eine einmalige Riester-Extraprämie von 200 Euro, wenn Sie beim Abschluss nicht älter als 25 Jahre sind.

Als jungem Sparer stehen Ihnen natürlich die gleichen Zulagen zu wie allen anderen Arbeitnehmern, solange Sie die Voraussetzung erfüllen: Sie müssen rentenversicherungspflichtig beschäftigt sein.

Bei Azubis reicht ein kleiner Sparbetrag

Als Auszubildender haben Sie dabei kein Problem. Sie sind während der Ausbildung automatisch in der Rentenversicherung pflichtversichert. Sie müssen nur darauf achten, dass auch Sie mindestens 4 Prozent Ihres jährlichen Bruttoeinkommens in den Riester-Vertrag fließen lassen, um die volle Förderung zu erhalten. Das wären bei einer Ausbildungsvergütung von zum Beispiel 7 200 Euro jährlich 288 Euro im Jahr. Da Ihre staatliche Zulage von 154 Euro aber mitzählt, müssten Sie davon nur 134 Euro selbst aufbringen.

Wenn Sie allerdings nach Ihrer Ausbildung noch ein Studium anschließen, verlieren Sie Ihre Förderberechtigung wieder. Denn Studenten sind nicht rentenversicherungspflichtig. Sie können Ihren Riester-Vertrag dann entweder ohne Förderung weiterführen oder ihn ruhen lassen und später, wenn Sie arbeiten, wieder aufnehmen. Wollen Sie auch während des Studiums förderberechtigt bleiben, müssen Sie neben Ihrem Studium jobben.

Studenten brauchen einen Nebenjob

Als Student können Sie riestern, sobald Sie in einem Nebenjob sozialversicherungspflichtig beschäftigt waren.

Falls Sie weniger als 5 350 Euro im Jahr verdienen, müssen Sie jährlich den Sockelbetrag von 60 Euro in Ihren Vertrag einzahlen. Das ist zwar mehr als die üblicherweise geforderten 4 Prozent Ihres Bruttoeinkommens minus die Fördersumme (4 Prozent von 5 350 Euro = 214 Euro. 214 Euro – 154 Euro Zulage = 60 Euro), aber es ist nicht erlaubt, weniger als 60 Euro im Jahr zu sparen.

Allerdings müssen Sie als Student darauf achten, dass es sich bei Ihrem Nebenjob auch wirklich um eine sozialversicherungspflichtige Beschäftigung handelt und Sie Beiträge in die gesetzliche Rentenversicherung einzahlen. Das ist zum Beispiel nicht bei allen Praktika der Fall. Absolvieren Sie ein Pflichtpraktikum, das Ihre Studien- und Prüfungsordnung vorschreibt, ist dieses normalerweise nicht sozialversicherungspflichtig und berechtigt somit auch nicht zum Riestern. Freiwillig geleistete Praktika dagegen sind grundsätzlich sozialversicherungspflichtig, solange sie nicht als Minijob angelegt sind.

Haben Sie als Student einen Minijob, gelten für Sie die gleichen Regeln wie für alle anderen Minijobber (siehe Seite 16).

Das Gute am Riester-Sparen für Bafög-Empfänger ist, dass das Riester-Guthaben seit 2008 bis zu einem Sparbeitrag von jährlich 2 100 Euro nicht als Vermögen auf die Bafög-Auszahlung angerechnet wird. Die Bafög-Zahlungen reduzieren sich also nicht durch das Riester-Ersparte, wie es bei anderem Vermögen wie Sparbüchern oder Festgeld der Fall ist. Wenn Sie zum Beispiel zum Sommersemester 2012 Bafög beantragen, würde ein Riester-Altersvorsorgevertrag, der seit 2008 läuft, bis zu einem Betrag von 8 400 Euro freigestellt.

RIESTER-VERTRAG UND BAFÖG

Eines sollten Sie aber beachten: Riester-Vermögen bis zu 2 100 Euro jährlich werden zwar nicht auf Bafög-Leistungen angerechnet. Wenn Sie als Student Ihren Vertrag allerdings vorzeitig kündigen, wird das freigewordene Vermögen wieder als ganz normales Vermögen bewertet und in die Berechnung Ihrer Bafög-Zahlungen mit einbezogen.

TIPP **Ein Tag reicht aus**

Wenn Sie als Student riestern möchten, müssen Sie mindestens einen Tag im Jahr rentenversicherungspflichtig gearbeitet haben. Dieser eine Tag reicht aus, um Ihnen die Zulagen für ein ganzes Jahr zu sichern. Mit einem Ferienjob oder Praktikum müsste das leicht zu schaffen sein.

Elternzeit: Immer unmittelbar förderberechtigt

Eine große Veränderung auch in finanzieller Hinsicht ist die Geburt von Kindern. Denn oft nimmt jetzt zumindest ein Elternteil Elternzeit und setzt von der Arbeit aus, um die Kinder zu betreuen. Das heißt, auf der einen Seite gibt es durch die Kinder höhere finanzielle Belastungen, auf der anderen Seite steht aber weniger Familieneinkommen zur Verfügung. Die Altersvorsorge mit Riester passt sich den geänderten Umständen besser an als zum Beispiel eine Betriebsrente, bei der Sie während der Elternzeit keine staatliche Förderung bekommen.

Als Arbeitnehmer sind Sie während der Elternzeit in der Rentenversicherung pflichtversichert. Obwohl Sie keine eigenen Beiträge zahlen, wird Ihnen die Erziehungszeit auf Ihrem Rentenkonto gutgeschrieben. Und pflichtversichert heißt gleichzeitig: Sie haben einen direkten Anspruch auf die Riester-Förderung, solange Sie in Elternzeit sind; wenn Sie nur ein Kind haben, also für maximal 36 Monate.

Wenn Sie während dieser 36 Monate Elternzeit noch ein oder mehrere weitere Kinder bekommen, verlängert das Ihre Elternzeit und somit die Zeit Ihrer beitragsfreien Pflichtversicherung in der gesetzlichen Rentenkasse um die Anzahl der nicht genutzten Monate. Wenn Sie also zwei Jahre nach der Geburt Ihres ersten Kindes ein zweites Kind bekommen, sind die restlichen zwölf Monate, die Ihnen noch für das erste Kind zustehen, nicht verloren. Sie werden zu den 36 Monaten, die Ihnen für Ihr zweites Kind zustehen, hinzugerechnet und Sie können weitere 48 Monate in Elternzeit bleiben und für diese Zeit die Riester-Förderung in Anspruch nehmen.

Das Gleiche gilt übrigens auch, wenn Sie vor der Geburt nicht erwerbstätig waren. Dann sind Sie ebenfalls während der Elternzeit in der gesetzlichen Rentenversicherung pflichtversichert und haben einen direkten Riester-Anspruch.

Hohe Beiträge im ersten Jahr der Elternzeit

Wenn Sie während der Elternzeit kein Geld verdienen, reicht es aus, jährlich den Mindestbeitrag von 60 Euro in Ihren Vertrag einzuzahlen, um die volle Förderung zu erhalten. Und das selbst dann, wenn Sie Elterngeld bekommen, denn das wird bei der Berechnung des Mindesteigenbeitrags nicht berücksichtigt. Wenn Sie dagegen während der Elternzeit noch Teilzeit arbeiten, gilt Ihr Einkommen weiterhin als Grundlage für die Berechnung des Mindesteigenbeitrags für die volle Förderung.

Doch es gibt im ersten Elternzeit-Jahr einen Fallstrick. Der Mindesteigenbeitrag von 4 Prozent Ihres Bruttoeinkommens orientiert sich an Ihrem Vorjahreseinkommen. Das hat zur Folge, dass Sie trotz geringerer Einkünfte im ersten Jahr Ihrer Elternzeit eventuell noch einen ganzen Batzen einzahlen müssen, um die volle Förderung zu erhalten. Umgekehrt zahlen Sie im ersten Jahr nach der Elternzeit weiterhin nur einen reduzierten oder den

Mindesteigenbetrag von 60 Euro ein, selbst wenn Sie bereits wieder voll arbeiten. Auch hier gilt das Vorjahreseinkommen als Berechnungsgrundlage.

Förderung für Selbstständige in Elternzeit

Ähnlich geht es Selbstständigen. Alle Erziehenden bekommen Kindererziehungszeiten in der gesetzlichen Rentenversicherung gewährt. Also auch als normalerweise nicht-pflichtversicherte Selbstständige werden Sie zu Pflichtversicherten während der ersten drei Jahre nach der Geburt Ihres Kindes. Damit sind Sie dann während dieser drei Jahre unmittelbar Riester-berechtigt. Bekommen Sie weitere Kinder während der drei Jahre, verlängert sich die Zeit entsprechend.

Doch schließen Sie nun einen Riester-Vertrag ab, entfällt Ihre Riester-Berechtigung wieder, sobald Ihre Kinder älter sind. Sind Sie dann nicht länger in der gesetzlichen Rentenversicherung pflichtversichert sind und haben auch keine mittelbare Riester-Berechtigung über Ihren Ehepartner, erhalten Sie keine weitere Förderung.

Vor allem teure Verträge wie Versicherungen sollten Sie deshalb meiden. Wirklich lohnend ist es, einen Vertrag mit Beginn der Elternzeit abzuschließen, wenn Sie danach die Möglichkeit haben, ihn auch fortzuführen. Sei es als mittelbarer Vertrag über Ihren Ehepartner oder weil Sie aufgrund von Veränderungen in Ihrer Tätigkeit sowieso pflichtversichert bleiben.

Sogar wenn Sie als Freiberufler über ein berufsständisches Versorgungswerk abgesichert sind, können Sie auf Antrag Kindererziehungszeiten von der gesetzlichen Rentenversicherung angerechnet bekommen und sind damit während der ersten drei Jahre nach der Geburt Ihres Kindes gesetzlich pflichtversichert. Nur wenn Ihr Versorgungswerk für die Kindererziehung Leistungen gewähren würde, die denjenigen der gesetzlichen Rentenversicherung gleichwertig sind, würde dies nicht gelten.

Da bisher aber kein Versorgungssystem ähnlich hohe Leistungen bietet, haben Sie auch als Freiberufler nach der Geburt eines Kindes formell drei Jahre lang die Berechtigung zu riestern. Hier gilt allerdings das Gleiche wie bei den Selbstständigen: keine teuren Verträge abschließen.

Hartz IV, Erwerbsunfähigkeit: Riestern auch ohne Job

Mithilfe der staatlichen Zulagen können Sie – vor allem als Familie – auch dann noch für Ihr Alter vorsorgen, wenn Sie selbst nur noch wenig eigenes Geld dafür haben. Allerdings passt sich Riester erst verzögert Ihrer neuen finanziellen Situation an, wenn Sie zum Beispiel arbeitslos werden.

Riestern bei Arbeitslosigkeit

Zunächst einmal gilt wie immer: Solange Sie in der gesetzlichen Rentenversicherung pflichtversichert sind, haben Sie Anspruch auf Riester-Förderung; also auch dann, wenn Sie Ihren Job verlieren und auf Arbeitslosengeld I angewiesen sind. Denn als Empfänger von Arbeitslosengeld I sind Sie für gewöhnlich automatisch in der gesetzlichen Rentenversicherung pflichtversichert. Für Empfänger von Arbeitslosengeld II ist das zwar nicht der Fall. Diese wurden den Pflichtversicherten aber gleichgestellt und können so ebenfalls riestern.

Problematisch könnte aber ähnlich wie bei Eltern in der Elternzeit der hohe Mindesteigenbetrag sein, den Sie im ersten Jahr Ihrer Arbeitslosigkeit noch in den Riester-Vertrag einzahlen müssen, um die volle Förderung zu erhalten. Haben Sie zum Beispiel 50 000 Euro brutto im Jahr 2011 verdient und sind im Jahr 2012 arbeitslos, müssen Sie 2012 dennoch 2 000 Euro abzüglich der staatlichen Zulage in Ihren Riester-Vertrag einzahlen, wenn Sie die volle Förderung mitnehmen möchten.

HOHE BEITRÄGE IM ERSTEN JAHR DER ARBEITSLOSIGKEIT

Der Mindesteigenbeitrag im ersten Jahr der Arbeitslosigkeit kann hoch sein. Denn er richtet sich nach Ihrem Vorjahreseinkommen, als Sie noch besser verdient haben. Wenn Sie den vollen Eigenbeitrag nicht aufbringen können, gibt es immer auch die Möglichkeit, weniger in den Vertrag einzuzahlen. Sie bekommen dann aber anteilsmäßig weniger an Zulagen.

Im Notfall: Besser freistellen als kündigen

Wird das Geld knapp, können Sie Ihren Vertrag beitragsfrei stellen, das heißt, dass Sie gar nichts mehr einzahlen und entsprechend keine Zulagen mehr bekommen. Das ist allemal eine bessere Alternative, als den Vertrag zu kündigen. Denn eine Kündigung stellt eine „schädliche Verwendung" dar. Gemeint ist damit, dass nun nicht mehr sicher ist, dass das Geld aus Ihrem Vertrag, das ja eigentlich für Ihre Altersversorgung gedacht war, tatsächlich dafür verwendet wird. Die Konsequenz: Sie müssen bei Sparverträgen alle Zulagen und eventuelle Steuervorteile zurück-

TIPP Arbeitssuchend melden

Wenn Sie kein Arbeitslosengeld II bekommen, weil Ihr Vermögen zu hoch ist oder Ihr Partner zu viel verdient, entfällt normalerweise Ihre Versicherungspflicht in der gesetzlichen Rentenversicherung. Ihren Anspruch auf Riester-Förderung verlieren Sie aber dennoch nicht. Eine Ausnahmeregelung sorgt dafür, dass Sie den Pflichtversicherten gleichgestellt werden und weiter riestern dürfen. Wichtig ist dabei, dass Sie sich bei der Arbeitsagentur arbeitssuchend melden. Sonst haben Sie keinen Anspruch.

zahlen, bei Wohn-Riester-Verträgen mit teils sehr hohen Steuerforderungen (siehe Seite 82). Einen Riester-Vertrag zu kündigen ist immer die schlechteste Option.

Riester-Vermögen bei Hartz IV geschützt

Der Gesetzgeber hat extra vorgesehen, dass der Aufbau einer zusätzlichen Altersvorsorge nicht unter Phasen von Arbeitslosigkeit leiden soll, und wollte möglichst verhindern, dass Sie in schwierigen finanziellen Situationen die Riester-Rente ruhend stellen oder kündigen.

Beim Arbeitslosengeld I, das direkt im Anschluss an Ihren Arbeitsplatzverlust gezahlt wird, spielen Ihre persönlichen Vermögensverhältnisse sowieso keine Rolle. Es wird unabhängig davon ausgezahlt.

Das angesparte Riester-Vermögen wird aber auch nicht angerechnet, wenn Sie später Arbeitslosengeld II erhalten. Das ist ein großer Vorteil gegenüber anderen Geldanlagen wie zum Beispiel Festgeld, Sparbüchern oder Aktien, die Sie je nach Alter bis auf einige Tausend Euro einsetzen müssen, um Ihren Lebensunterhalt zu bestreiten, bevor Sie staatliche Leistungen beziehen können.

Ihre Riester-Einzahlungen bis zu 2 100 Euro jährlich und die Erträge daraus sind geschützt. Wenn Sie zum Beispiel zwanzig Jahre lang in einen Riester-Bankspar-

TIPP Keine Einbußen beim Aufstocken

Wenn Sie Arbeitslosengeld II ergänzend zu Ihrem Einkommen beziehen, können Sie die Beiträge für Ihren Riester-Vertrag von Ihrem Einkommen, das die Behörden auf Ihr Arbeitslosengeld II anrechnen, abziehen. Damit steigt dann normalerweise aber gleichzeitig Ihr Bedarf bei der Berechnung von Arbeitslosengeld II. Indirekt bekommen Sie so als Riester-Sparer, der sein Gehalt mit Arbeitslosengeld II aufstockt, die Beiträge erstattet.

plan eingezahlt haben, bevor Sie arbeitslos wurden, sind das immerhin 42 000 Euro plus die Zinsen, die Sie bis dahin erwirtschaftet haben.

Auch spezielle Altersvorsorge-Produkte ohne Riester-Förderung müssen Sie nicht für Ihren Lebensunterhalt einsetzen. Voraussetzung dafür ist, dass vertraglich vereinbart ist, dass diese mindestens bis zu Ihrem 62. Lebensjahr laufen (bei Vertragsschluss vor 2012 bis zu Ihrem 60. Lebensjahr). Die geschützte Summe liegt dann bei 750 Euro pro Lebensjahr. Bei einem 50-Jährigen also bei 37 500 Euro.

Riester bei Krankheit und Erwerbsunfähigkeit

Nicht immer ist es die Arbeitslosigkeit, die Menschen in finanzielle Schwierigkeiten und die eigene Altersvorsorge in Schieflage bringt. Auch bei langer Krankheit oder Erwerbsunfähigkeit fällt es vor allem Eltern mit Kindern oft sehr schwer, noch für das eigene Alter zu sparen. Riester soll auch in diesen Fällen möglichst erschwinglich bleiben.

Während Sie Krankengeld beziehen, bleibt Ihr Anspruch auf Riester-Förderung bestehen. Der Mindesteigenbetrag, den Sie für die volle Förderung in Ihren Vertrag einzahlen müssen, passt sich im darauffolgenden Jahr Ihrem geringeren Einkommen an. Das Gleiche gilt, wenn Sie nach einem Arbeitsunfall Verletztengeld von der Berufsgenossenschaft beziehen. Wenn Sie eine Rente wegen voller Erwerbsminderung oder Erwerbsunfähigkeit erhalten, können Sie seit 2008 ebenfalls staatlich gefördert riestern. Voraussetzung ist, dass Sie unmittelbar vor dem Bezug der Erwerbsminderungsrente in der gesetzlichen Rentenversicherung versicherungspflichtig waren. Die Höhe des Beitrags richtet sich nach der Höhe Ihrer Erwerbsminderungsrente, und zwar vor Abzug der Beiträge zur Kranken- und Pflegeversicherung.

Pflegende Angehörige: Altersvorsorge für Helfer

Auch wenn Sie nicht selbst betroffen sind, aber nicht arbeiten können, weil Sie einen Angehörigen pflegen, können Sie riestern. Das geht aber nur, wenn Sie sich mindestens 14 Stunden wöchentlich nicht erwerbsmäßig zuhause um eine pflegebedürftige Person kümmern und die Pflegeversicherung Ihre Rentenversicherungsbeiträge bezahlt. Wenn Sie kein anderes Einkommen haben, müssen Sie nur den Sockelbetrag von 60 Euro im Jahr aufbringen, um die volle Zulage zu bekommen.

Die staatliche Förderung können Sie auch als nicht berufstätige Eltern von Kindern mit einer Behinderung bekommen, wenn Sie zuhause bleiben, um Ihr pflegebedürftiges Kind zu versorgen. Zur Grundzulage bekommen Sie dann noch die Kinderzulage.

Der Anspruch auf die Kinderzulage ist abhängig vom Anspruch auf Kindergeld. Solange Ihnen Kindergeld zusteht, haben Sie auch Anspruch auf die Kinderzulage. Das Kindergeld erhalten Sie auch unbefristet über das 25. Lebensjahr Ihres Kindes hinaus, wenn es aufgrund einer körperlichen, seelischen oder geistigen Behinderung nicht

selbst in der Lage ist, für seinen Unterhalt aufzukommen und sein Leben aus eigener Kraft zu bestreiten. Die Behinderung muss dann aber bereits vor Vollendung des 25. Lebensjahres vorhanden gewesen sein.

Selbstständige: Pflichtversichert als Handwerker und Künstler

Nicht nur Arbeitnehmer, auch ein ganze Reihe Selbstständiger gehören zu den Pflichtversicherten der gesetzlichen Rentenversicherung und haben so einen unmittelbaren Anspruch auf die Förderung. Dazu gehören Sie als:

- selbstständiger Handwerker
- selbstständiger Lehrer und Erzieher
- Pflegeperson
- Hebamme
- Seelotse
- Hausgewerbetreibender
- Küstenschiffer oder Küstenfischer
- Künstler und Publizist
- Selbstständiger mit nur einem Auftraggeber

Aber auch wenn Sie nicht zu einer dieser Gruppen gehören, können Sie sich als Selbstständiger in der gesetzlichen Rentenversicherung pflichtversichern und wären dann Riester-förderberechtigt. Dafür müssen Sie auf Ihre Versicherungsfreiheit verzichten beziehungsweise die Versicherungspflicht beantragen. Ob das in Ihrem Fall sinnvoll ist, klären Sie am besten mit einem Renten- oder Steuerberater.

Wenn Sie als Selbstständiger und Freiberufler nicht auf Ihre Versicherungsfreiheit verzichten und nicht pflichtversichert sind, haben Sie keinen direkten Anspruch auf Förderung; und zwar selbst dann nicht, wenn Sie freiwillig Beiträge in die gesetzliche Rentenversicherung oder ein Rentenversicherungswerk Ihres Berufsstandes zahlen.

Aber es gibt dennoch Möglichkeiten für Sie zu riestern. Entweder über Ihren Ehepartner, wenn dieser riestert (siehe Seite 12) oder über einen sozialversicherungspflichtigen Nebenjob (siehe Seite 16).

WELCHES ANGEBOT PASST ZU WEM?

Wenn Sie ihn zu Ende führen, können Sie mit einem Riester-Vertrag keine Verluste machen. Das hat der Gesetzgeber festgelegt. Aber wie erfolgreich Ihre Anlage letztendlich sein wird, hängt maßgeblich davon ab, ob das Produkt, das Sie besparen, wirklich zu Ihnen passt.

So kann ein sehr guter Fondssparplan trotzdem für Sie das falsche Produkt sein, wenn Sie zum Beispiel schon 50 Jahre alt sind. Das ist dann, als würden Sie ein Paar hochwertige Designerschuhe kaufen, die aber zwei Nummern zu klein sind. Denn je kürzer die Laufzeit, desto größer die Gefahr, dass Sie bei einem Fondsinvestment am Ende mit einer mickrigen Rendite dastehen. Das liegt daran, dass Sie bei kurzen Laufzeiten die Kursschwankungen am Aktienmarkt, in den die Fonds investieren, nicht so gut aussitzen können. Fondssparpläne eignen sich für junge Riester-Sparer bis höchstens Ende 30.

Als älterer Riester-Einsteiger ist für Sie meist ein Banksparplan am besten. Auch wenn Ihnen Flexibilität und eine verlässliche Verzinsung wichtiger sind als die Möglichkeit, überdurchschnittliche Renditen zu erzielen, sind Banksparpläne das Richtige für Sie.

Der meistverkaufte Riester-Produkttyp ist aber nach wie vor die klassische und fondsgebundene Rentenversicherung. Immerhin 10,5 Millionen davon gab es Mitte 2011 – von insgesamt rund 15 Millionen

DIE UNTERSCHIEDLICHEN RIESTER-PRODUKTE UND FÜR WEN SIE GEEIGNET SIND

	Banksparplan	Fondssparplan	Klassische Rentenversicherung
Produkt	Sparvertrag mit variablem Zins, der je nach Angebot rasch oder langsam dem aktuellen Zinsniveau folgt. Verlässliches Produkt. Für mehr Infos siehe Seite 44.	Regelmäßiger Kauf von Investmentfonds per Sparplan. Die Aufteilung zwischen Aktien- und Rentenfonds schwankt je nach Alter des Kunden und Börsenlage. Höhe der späteren Auszahlung ungewiss. Für mehr Infos siehe Seite 54.	Rentenversicherung, bei der der Sparanteil weitgehend konservativ (vor allem in festverzinsliche Anlagen) investiert wird. Die Mindestrente ist bei Vertragsschluss schon bekannt. Für mehr Infos siehe Seite 49.
Geeignet für	Sicherheitsbewusste sowie künftige Immobilienkäufer.	Junge Leute bis Mitte 30.	Bequeme Sparer ab Mitte 30 bis 50 mit langfristig sicherem Einkommen.

Riester-Verträgen. Dabei haben diese oft hohe Abschluss- und Verwaltungskosten, intransparente Versicherungsbedingungen und es mangelt bei der Flexibilität. Dass sie trotzdem so erfolgreich sind, liegt hauptsächlich am geschickten Vertrieb. Geeignet sind sie vor allem für bequeme Sparer zwischen Mitte 30 und 50 Jahren mit einem langfristig sicheren Einkommen. Wenn Sie zu diesen gehören und genug Durchhaltevermögen mitbringen, können Sie auch mit dieser Variante trotz der hohen Anfangskosten eine gute Zusatzrente erzielen. Zudem wissen Sie bei Abschluss, wie hoch Ihre spätere Rente mindestens ausfallen wird.

Stark im Kommen sind zurzeit die Riester-geförderten Angebote zum Wohnungskauf oder Hausbau. Es gibt sie erst seit dem Jahr 2008. Aber bis Mitte 2011 waren es immerhin schon rund 640 000 Förderberechtigte, die eine Variante des Wohn-Riesters nutzten.

Wenn Sie für den Bau oder Kauf eines Eigenheims sparen wollen, sind die Bausparangebote mit der staatlichen Riester-Förderung besser geeignet als ungeförderte Produkte. Allerdings müssen Sie sich sicher sein, dass Sie auch wirklich in eine Immobilie investieren wollen. Ändern Sie Ihre Pläne, ist diese Riester-Variante von Nachteil. Wenn Sie gleich eine Immobilie kaufen wollen, kommen die Riester-Baudarlehen infrage.

In der Tabelle finden Sie eine Übersicht, für welche Zielgruppe welches Produkt geeignet ist. Details zu den einzelnen Produkttypen finden Sie ab den Seiten 43 und 77.

	Fondsgebundene Rentenversicherung	**Bausparen**	**Baudarlehen und Kombikredite**
	Rentenversicherung, bei der der Sparanteil ganz oder teilweise in Investmentfonds fließt. Höhe der späteren Rente bei Vertragsschluss weitgehend unsicher. Für mehr Infos siehe Seite 61.	Sparvertrag mit niedrigem festen Zins und der Möglichkeit, später ein zinsgünstiges Darlehen aufzunehmen. Für mehr Infos siehe Seite 83.	Darlehen mit festem Zinssatz, bei dem die Riester-Förderung in die Tilgung fließt. Für mehr Infos siehe Seite 88 und Seite 93.
	Sehr wenige Sparer.	Sparer, die für sich selbst später eine Immobilie kaufen oder bauen wollen.	Sparer, die jetzt eine Immobilie kaufen oder bauen wollen, die sie selbst nutzen werden.

DIE RIESTER-REGELN

Riester wird oft dafür kritisiert, dass es bürokratisch und kompliziert ist. Das ist nicht falsch. Riester hat viele Regeln. Sie sind dazu da, eine staatlich geförderte, sichere und langfristige Geldanlage einigermaßen flexibel und fair zu gestalten. In diesem Kapitel geht es um die Regeln, die diese Balance gewährleisten sollen, und auch darum, in welchen Fällen das noch nicht klappt.

WAS EIN RIESTER-VERTRAG MINDESTENS LEISTEN MUSS

Bevor ein Anbieter ein Riester-Produkt auf den Markt bringen kann, braucht er ein Zertifikat dafür. Das kann er beim Bundeszentralamt für Steuern beantragen, und es wird auch von diesem ausgestellt. Es bescheinigt, dass das Produkt die gesetzlichen Vorgaben für die staatliche Förderung erfüllt. Sie erkennen das Zertifikat an einer amtlichen Prüfnummer in den Vertragsunterlagen und einem Zusatz, der die Förderfähigkeit des Produkts bescheinigt.

Das Zertifikat kann einem Anbieter aber auch wieder aberkannt werden, wenn ein Vorsorgeprodukt die Voraussetzungen nicht mehr erfüllt. Er kann auch seinerseits auf eine einmal erworbene Zertifizierung zukünftig verzichten. Das ist bisher beides allerdings noch nicht vorgekommen. Sollte dies passieren, können Sie das angesparte Vermögen einschließlich Wertsteigerungen auf einen anderen Riester-Vertrag übertragen.

Verluste ausschließen

Die wichtigste Voraussetzung für eine Riester-Zertifizierung ist: Der Vertrag garantiert, dass zu Beginn der Auszahlung im Alter mindestens die von Ihnen eingezahlte Summe einschließlich der staatlichen Zulagen noch vorhanden ist. Der Riester-Anbieter muss also vorsichtig mit Ihrem Geld umgehen und allzu riskante Investments meiden. Eine Totalpleite ist bei Riester für Sie so ausgeschlossen.

Was aber, wenn der Anbieter zwar das Riester-Geld vorsichtig anlegt, aber durch andere riskante Investments und schlechtes Management pleitegeht? Auch dann ist Ihr Geld durch unterschiedliche Sicherungssysteme geschützt.

■ Banken, Sparkassen, Bausparkassen. Sollte die Bank, bei der Sie Ihr Geld angelegt haben, tatsächlich pleitegehen, müssen Sie keine Angst haben, dass es verloren ist. Bei Banken mit Sitz in der EU sind Ihre Sparbeiträge durch die gesetzliche Einlagensicherung des jeweiligen Landes bis zu einem Betrag von 100 000 Euro pro Kunde geschützt. Bei den meisten deutschen Privatbanken springen bei Anlagesummen, die darüber hinausgehen, freiwillige Sicherungssysteme ein. Über sie

CHECKLISTE: Die Riester-Regeln in Kürze

- Die staatliche Förderung besteht aus jährlichen Zulagen und je nach Einkommenssituation auch aus Steuervorteilen.
- Für die volle Förderung müssen 4 Prozent Ihres rentenversicherungspflichtigen Vorjahreseinkommens in einen Riester-Sparvertrag fließen oder zur Tilgung eines Riester-Darlehens genutzt werden.
- Die Förderobergrenze liegt bei 2 100 Euro im Jahr. Bei riesternden Ehepaaren, bei denen ein Riester-Sparer nur mittelbar förderberechtigt ist, liegt sie bei 2 160 Euro im Jahr.
- Der Anbieter muss Sie einmal im Jahr über den Stand Ihres Riester-Ersparten informieren.
- Der Anbieter darf Ihnen den Vertrag nicht kündigen.
- Sie dürfen den Vertrag ruhen lassen.
- Sie dürfen den Vertrag wechseln.
- Die Höhe der Kosten ist für die gesamte Vertragslaufzeit festgeschrieben.
- Das geförderte Riester-Vermögen bleibt während der Ansparphase bei Arbeitslosigkeit, Hartz IV oder Privatinsolvenz erhalten. Es wird nicht auf Ihr Schonvermögen angerechnet.
- Sie dürfen das gesparte Kapital in Höhe von bis zu 75 oder 100 Prozent zum Erwerb von selbstgenutztem Wohneigentum nutzen.
- Zu Auszahlungsbeginn muss mindestens die Summe aus Ihren Einzahlungen plus Zulagen vorhanden sein.
- Die Auszahlung darf frühestens beginnen, wenn Sie 62 Jahre alt sind, oder beim Beginn Ihrer gesetzlichen Altersrente oder Beamtenpension. Bei Verträgen, die bis zum 31. Dezember 2011 abgeschlossen wurden, darf die Auszahlung schon mit 60 Jahren anfangen.
- Sie dürfen sich bei Rentenbeginn 30 Prozent des Kapitals auszahlen lassen. Bis zu 100 Prozent, wenn Sie damit Ihr selbstgenutztes Wohneigentum entschulden wollen.
- Alle Riester-Sparprodukte müssen Ihnen lebenslange Auszahlungen garantieren.
- Ab Ihrem 85. Lebensjahr muss die Auszahlung über eine Rentenversicherung laufen.
- Sie zahlen auf die Beiträge keine Steuern in der Ansparphase, die Auszahlungen später werden aber voll besteuert.

sind noch deutlich höhere Beträge garantiert. Riester-Banksparpläne bieten hauptsächlich Volksbanken und Sparkassen an. Bei ihnen sind Spareinlagen durch eigene Sicherungssysteme grundsätzlich in unbegrenzter Höhe geschützt. Bausparkassen sichern die Guthaben in Bausparverträgen ebenfalls in unbegrenzter Höhe ab.

- Rentenversicherungen. Die Rentenversicherer sind Mitglied der Auffanggesellschaft Protektor. Sollte Ihr Versicherer pleitegehen, springt sie ein.
- Investmentgesellschaften. Auch als Fondssparer müssen Sie sich keine Sorgen machen. Die Gesellschaften müssen Riester-Kapital als Sondervermögen führen. Bei einer Pleite bleibt es unangetastet. Die Gläubiger haben keinen Zugriff darauf.

SCHUTZ VOR DER EIGENEN PLEITE

Ihr Geld ist nicht nur vor einer Pleite des Anbieters sicher. Auch wenn bei Ihnen selbst eine Pfändung ansteht, Sie arbeitslos oder erwerbsunfähig werden sollten, bleibt Ihnen das geförderte Riester-Vermögen erhalten. Es ist gesetzlich vorgeschrieben, dass das angesparte Vorsorgevermögen zumindest in der Ansparphase nicht auf das Schonvermögen angerechnet wird, wenn Sie Hartz IV beantragen.

Den Kunden nicht knebeln

Neben dem Kapitalerhalt müssen die Unternehmen aber noch einige weitere Auflagen erfüllen. Sie müssen gewährleisten, dass Sie Ihren Vertrag ruhen lassen können, wenn Sie zum Beispiel eine Zeit lang knapp bei Kasse sind oder vorübergehend im Ausland wohnen. Sie müssen auch gewährleisten, dass Sie Ihren Riester-Vertrag kündigen können, um Ihr bis dahin angespartes Kapital auf einen anderen Riester-Vertrag desselben oder eines anderen Anbieters übertragen zu lassen.

Sie dürfen Ihr angespartes Geld sogar aus dem Vertrag entnehmen, wenn Sie es nutzen wollen, um Wohneigentum in Deutschland oder anderen EU-Ländern zu erwerben, das Sie selbst nutzen möchten.

Ein weiteres Recht, das Ihnen zertifizierte Verträge zugestehen müssen, ist, dass Sie sich zu Rentenbeginn 30 Prozent des Kapitals auf einen Schlag auszahlen lassen können. So können Sie es beispielsweise für einen altersgerechten Umbau Ihres Hauses nutzen oder für eine Weltreise. Der Rest des Kapitals muss allerdings verrentet werden oder Ihnen ratenweise als Auszahlplan ausgezahlt werden. Nur um Restschulden eines selbstbewohnten Eigenheims zu bezahlen, können Sie ohne Verrentungsanteil bis 100 Prozent des Riester-Vermögens verwenden.

Frauen und Männer gleichstellen

Durch eine weitere gesetzliche Vorgabe waren die Riester-Rentenversicherungen anderen Versicherungsprodukten deutlich voraus. Seit 2006 mussten die Anbieter gegen ihren Willen Riester-Rentenversicherungen nämlich als Unisex-Tarif verkaufen, das heißt die Tarife dürfen sich nicht auf-

grund des Geschlechts des Kunden unterscheiden.

Wenn Sie als Frau vor 2006 einen Riester-Vertrag abgeschlossen haben, stellt Sie dieser schlechter als Männer. Das liegt an Ihrer statistisch höheren Lebenserwartung. Da Frauen im Schnitt länger leben, bekommen sie auch länger Rente. Die Versicherer wollten deshalb, dass Frauen entweder mehr zahlen oder weniger Rente erhalten als Männer.

Was für Riester-Verträge seit 2006 gilt, wird ab dem 21. Dezember 2012 allgemeines Recht. Denn der Europäische Gerichtshof (EuGH) hat im März 2011 entschieden, dass Versicherungsgesellschaften Männer und Frauen nicht mehr zu unterschiedlichen Tarifen absichern dürfen. Die bisher übliche Berücksichtigung des Geschlechts als Risikofaktor in Versicherungsverträgen sei eine unzulässige Diskriminierung, begründeten die Richter ihre Entscheidung.

Recht auf Information

Bei einer weiteren wichtigen Vorschrift – zur Transparenz der Produkte – läuft die praktische Umsetzung dagegen weniger gut. Anbieter wollen am Verkauf eines Riester-Produktes verdienen. Deshalb berechnen sie zum Beispiel Kosten für den Abschluss, Verwaltungskosten für den laufenden Vertrag oder Kosten für einen Vertragswechsel.

Das sollen die Unternehmen auch ruhig, nur müssen Sie wissen, wie viel sie für ihre Dienstleistung haben wollen. Denn die Preise, die die Anbieter verlangen, sind sehr unterschiedlich, und hohe Kosten schlagen sich auf Ihre Rendite nieder.

Information über Kosten ist wichtig

Besonders hoch sind die Kosten bei Riester-Rentenversicherungen. In einer Untersuchung von Riester-Rentenversicherungen im Jahr 2010 stellten wir zum Beispiel fest, dass der Unterschied zwischen den garantierten Rentenzusagen bei gleichen Einzahlungen für einen Modellkunden bei 33 Euro monatlich lag. Und diese Differenz ist auf die unterschiedlich hohen Preise der Anbieter zurückzuführen. Das sind immerhin 396 Euro im Jahr und fast 4 000 Euro Unterschied zwischen einem teuren und einem günstigen Anbieter in zehn Jahren.

Als Kunde bemerken Sie diesen Unterschied aber oft nicht, weil die Kostenstruktur der Verträge meist nur schwer zu durchschauen ist. Und das, obwohl das Unternehmen eigentlich verpflichtet ist, Sie vor Vertragsabschluss in Euro über alle Kosten zu informieren, die es Ihnen für seine Dienstleistung berechnet. Das gehört zu seinen vorvertraglichen Informationspflichten, wie sie im Altersvorsorgeverträge-Zertifizierungsgesetz festgelegt sind.

Auch darf es die Kosten nicht auf einen Schlag abrechnen, sondern muss sie über die ersten fünf Jahre der Vertragslaufzeit verteilen.

Viel zu oft sind die Kosten aber nicht nachzuvollziehen. In einem von der Bundesregierung in Auftrag gegebenen Gutachten aus dem Jahr 2010 heißt es: „Oft werden bei Riester-Produkten Kosten durch prozentuale Angaben pro Monat als unbedeutend dargestellt. [...] Zugleich fehlen klare Vorgaben dazu, auf welchen Zeitraum sich die Werte beziehen."

Eine Untersuchung des Deutschen Instituts für Wirtschaftsforschung kam ebenfalls im Jahr 2010 zu dem Schluss, dass „über die Kosten teilweise undurchsichtig und verwirrend informiert wird", und Recherchen im Auftrag des Verbraucherzentrale Bundesverbands kamen 2009 zu dem Ergebnis, dass bei fast 40 Prozent der Angebote die Kosten nicht wie gesetzlich vorgeschrieben in Euro ausgewiesen sind. Zudem enthalte ein Drittel keine Angaben zu den Kosten eines Vertragswechsels und fast ein Viertel keine ausreichenden Angaben zu den Abschluss- und Verwaltungskosten.

Auch wir stellen bei unseren Untersuchungen und durch Zuschriften von Lesern immer wieder fest, dass bei der Kostenhöhe und -transparenz weiterhin vieles im Argen liegt. Ideal wäre die Angabe einer Gesamtkostenquote, die klarmacht, wie viel von all Ihren Einzahlungen für die Kosten draufgehen. Das ist aber noch Zukunftsmusik. Wer hier sichergehen möchte, dass der Versicherer nicht zu viel für sich abzweigt, kann sich an unseren Tests orientieren. Sie finden sie unter www.test.de.

Standmitteilung einmal im Jahr

Einmal im Jahr muss Ihr Anbieter Sie zudem zum Stand Ihres Vertrages informieren; also darüber, wie viel Kapital Sie bereits angespart haben und wie viel Ertrag er schon gebracht hat. Aus diesen Standmitteilungen sollen Sie dann ableiten, wie es um Ihre Altersversorgung steht.

Die jährlich verschickte Standmitteilung ist die entscheidende Information der Riester-Anbieter für ihre Kunden. Es ist nicht lange her, da hat sich ganz deutlich gezeigt, wie wichtig es ist, dass Sie Ihren Riester-Vertrag im Blick behalten. Hunderttausenden Anlegern sind Zulagen wieder abgezogen worden, die sie zuvor erhalten hatten – oft ohne dass die Betroffenen das gleich bemerkten. Viele hatten aus Unwissenheit zu wenig Beitrag eingezahlt, mit der Folge, dass ihnen nicht die volle Zulage zustand.

Die jährliche Mitteilung hilft, solchen Ärger zu vermeiden. Wenn sie kundenfreundlich aufgebaut ist, erkennen Sie schnell, ob alles wunschgemäß läuft, und können bei Bedarf rasch reagieren. Sie sehen, welche Beiträge und Zulagen eingegangen sind und welche Kosten abgezogen wurden.

Wir haben die Standmitteilungen der Unternehmen im Juli 2011 untersucht. Heraus kam, dass sich die Anbieter inzwischen deutlich mehr Mühe dabei geben,

Sie mit verständlichen Informationen zu versorgen, als das noch vor einigen Jahren der Fall war. Dennoch überzeugen gerade die kompliziertesten Verträge, die Versicherungen mit Fonds, in dieser Hinsicht überhaupt nicht.

Hier fragt man sich, weshalb solche Anbieter überhaupt ein Zertifikat erhalten. Das liegt daran, dass die Zertifizierungsstelle zwar überprüft, ob die Kosten angemessen über fünf Jahre verteilt werden, sich bei den vorvertraglichen und jährlichen Informationspflichten aber auf die Bestätigung der Unternehmen verlässt, dass sie diese auch erfüllen. Sie sind zwar gesetzlich vorgeschrieben, gelten aber nicht als Zertifizierungskriterien. Hier gibt es also ein Gesetz, aber dessen Umsetzung wird nicht überwacht.

Zertifikat heißt nicht Qualität

Auch wenn mancher Anbieter Sie etwas anderes glauben machen will: Das Riester-Zertifikat sagt absolut nichts über die eigentliche Qualität seines Produkts aus. Es gibt Ihnen keine Auskunft darüber, ob und wie viel Rendite der Anbieter für Sie erwirtschaftet, sondern stellt nur sicher, dass er Ihr Geld und die Zulagen nicht verzockt. Die Zertifizierungsstelle ist mehr wie Tüv oder Dekra beim Auto, die zwar die Verkehrssicherheit bescheinigen sol-

TIPP **Wichtige Informationen einmal im Jahr**

Prüfen. Heften Sie die jährliche Riester-Mitteilung nicht ungelesen ab, sondern prüfen Sie, ob die Beiträge und Zulagen korrekt verbucht wurden. Falls dies nicht der Fall ist, sollten Sie sich umgehend an Ihren Produktanbieter wenden.

Termin. Beschweren Sie sich bei Ihrem Anbieter, falls Ihre Riester-Mitteilungen sehr spät eintreffen. Spätestens Ende März sollte die Post des Unternehmens bei Ihnen sein.

Beratung. Bei Fragen zum Vertrag können Sie sich bei einer Verbraucherzentrale in Ihrer Nähe informieren und beraten lassen. Sie finden deren Adresse beim Verbraucherzentrale Bundesverband im Internet unter www.vzbv.de oder telefonisch unter 030/25 800–0.

Beschwerde. Erfüllt ein Anbieter seine vom Gesetz vorgegebenen Pflichten nicht und informiert Sie beispielsweise nicht jährlich verständlich über den Stand Ihres Riester-Vertrags, schreiben Sie ihm und verlangen Abhilfe. Reagiert er darauf nicht zufriedenstellend, können Sie sich bei der Aufsichtsbehörde Bafin beschweren. Deren Anschrift lautet: Bundesanstalt für Finanzdienstleistungsaufsicht, Graurheindorfer Straße 108, 53117 Bonn, Tel. 02 28/29 97 02 99, E-Mail: poststelle@bafin.de

len, aber nichts über den eigentlichen Wert des Wagens aussagen.

Es bleibt Ihnen also nicht erspart, sich über die unterschiedlichen Angebote zu informieren und sie zu vergleichen. Das ist wichtig. Denn auch wenn ein Totalverlust ausgeschlossen ist, verlieren Sie automatisch Geld, wenn Ihr Anbieter keine Rendite für Sie erzielt. Das liegt an der Inflation, also der Geldentwertung über die Jahre. So sind bei einer Inflationsrate von zum Beispiel 2 Prozent 10 000 Euro nach einem Jahr nur noch 9 800 Euro wert.

Damit Sie also keine Verluste einfahren, muss der Anbieter mindestens die Inflation ausgleichen. Aber Sie wollen ja zusätzlich eine ordentliche Rendite. Deshalb ist es absolut notwendig, unabhängig von der Zertifizierung ein gutes Produkt zu finden, das zu Ihnen passt.

Schädliche Verwendung

Was passiert aber, wenn Sie Ihren Vertrag nicht Riester-konform verwenden? Also das in ihm gesparte Altersvorsorgevermögen nicht für Ihre Altersvorsorge oder selbstgenutztes Wohneigentum ausgeben, sondern es nutzen, um Ihren Kindern ein teures Studium in den USA zu ermöglichen? Dann handelt es sich im Behördendeutsch um eine schädliche Verwendung Ihres Altersvorsorgevermögens, und Sie können die Förderung aus Zulagen und Steuervorteilen nicht behalten. Bevor der Anbieter Ihnen das Geld aus Ihrem Vertrag überweist, zieht er die Förderung davon ab.

Bei Wohn-Riester-Verträgen läuft das ein wenig anders. Hier müssen Sie teilweise mit sehr hohen Steuerzahlungen rechnen (siehe Seite 82).

INFO

Den Riester-Vertrag vorzeitig kündigen: Ein Beispiel

Sie möchten das Riester-Vermögen aus Ihrem Banksparplan beispielsweise verwenden, um eine geerbte Wohnung wieder auf Vordermann zu bringen. Zu dem Zeitpunkt beträgt Ihr angespartes gefördertes Altersvorsorgevermögen 50 000 Euro. Dieser Betrag setzt sich aus Ihren Eigenbeiträgen von 42 000 Euro, den Zulagen von 3 080 Euro sowie Zinserträgen von 4 920 Euro zusammen. Außerdem haben Sie noch Steuerermäßigungen von insgesamt 5 000 Euro erhalten.

Sie können das Kapital zwar jetzt für die Renovierung Ihrer Wohnung einsetzen, bekommen es aber ohne Zulagen und steuerliche Vorteile ausgezahlt.

Riester-Vermögen 50 000 Euro
– Zulagen 3 080 Euro
– Steuervorteil 5 000 Euro

= Auszahlungsbetrag 41 920 Euro

Von diesem Auszahlungsbetrag gehen noch Steuern ab (siehe Seite 152).

RIESTER IM AUSLAND

Immer mehr Arbeitnehmer gehen zeitweise oder auch für immer ins Ausland, um dort zu arbeiten; oder sie arbeiten in Deutschland und wohnen im Ausland und umgekehrt.

Bei manchen Arbeitnehmern wie beispielsweise bei Diplomaten, Entwicklungshelfern oder Soldaten gehört es zum Beruf, für eine gewisse Zeit in anderen Ländern zu leben. Auch Rentner entdecken zunehmend die Vorteile eines Lebens in wärmeren Gegenden. Vor allem innerhalb der EU nimmt der Austausch immer mehr zu. Zogen im Jahr 2000 zum Beispiel rund 164 000 Menschen aus Deutschland in eines der anderen 26 EU-Länder, waren es 2010 schon rund 337 000 Bundesbürger.

Und auch die Riester-Altersvorsorge musste sich der Freizügigkeit innerhalb Europas anpassen.

IM EU-AUSLAND BLEIBT DIE FÖRDERUNG ERHALTEN

Im Jahr 2010 wurde ein Urteil des Europäischen Gerichtshofs umgesetzt, nach dem Sie als Arbeitnehmer und Rentner, wenn Sie ins EU-Ausland ziehen, die Förderung, die Sie erhalten haben, nicht mehr zurückzahlen müssen.
In die Regelung einbezogen, sind die Länder Island, Norwegen und Liechtenstein, die nicht zur Europäischen Union, aber zum Europäischen Wirtschaftsraum (EWR) gehören.

Bis Ende 2009 mussten Riester-Sparer auch bei einem EU-Umzug die Förderung zurückzahlen. Das war aber nicht mit Europarecht vereinbar. Weiterhin zurückzahlen müssen Sie die Förderung aber, wenn Sie in ein Land außerhalb der EU oder des EWR ziehen.

Es gibt sehr viele unterschiedliche Lebenskonstellationen, warum, wie lange und wohin Menschen ins Ausland ziehen. Das kann jeweils andere Auswirkungen auf die Vorsorge mit Riester haben. Die häufigsten Konstellationen nennen wir hier.

Ratsam ist es aber auf jeden Fall, vor jedem Umzug den Anbieter zu kontaktieren und die Folgen für den Riester-Vertrag eventuell auch mithilfe einer Verbraucherzentrale zu klären.

Für immer ins Ausland

Wenn Sie Ihren Beruf in Deutschland aufgeben und sich entscheiden, für immer ins Ausland zu gehen, können Sie nicht weiter riestern. Sie bekommen keine weitere Riester-Förderung durch den deutschen Staat, denn diese ist ja daran gekoppelt, dass Sie in der deutschen gesetzlichen Rentenversicherung pflichtversichert sind oder der deutsche Staat Ihnen eine Besoldung zahlt, wie Beamten, Richtern oder Soldaten.

Ob Sie aber auch die komplette Förderung aus Zulagen oder eventuellen Steuervorteilen zurückzahlen müssen,

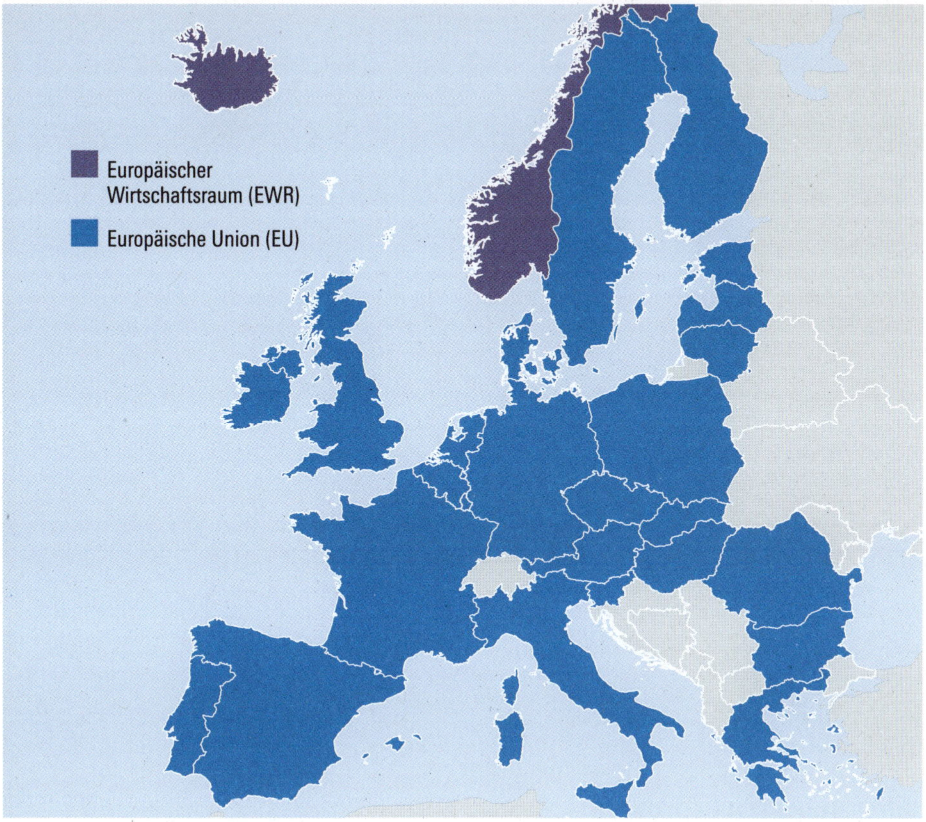

Zur EU gehören diese Staaten: Belgien, Bulgarien, Dänemark, Deutschland, Estland, Finnland, Frankreich, Griechenland, Großbritannien, Irland, Italien, Lettland, Litauen, Luxemburg, Malta, Niederlande, Österreich, Polen, Portugal, Rumänien, Schweden, Slowakei, Slowenien, Spanien, Tschechien, Ungarn und Zypern. Zum EWR gehören außerdem Liechtenstein, Island und Norwegen. Die Schweiz gehört nicht dazu.

hängt davon ab, wo Sie hinziehen. Bei einem Umzug innerhalb der EU können Sie die Förderung, die Sie bereits bekommen haben, behalten. Sie stellen den Vertrag beitragsfrei oder führen ihn ohne Zulagen weiter und erhalten dann später aus dem angesparten Kapital Ihre Rente.

Wenn Sie in ein Land außerhalb der EU ziehen, beispielsweise in die USA, die Schweiz oder Südafrika, müssen Sie dagegen die Förderung komplett zurückzahlen. Allerdings nicht gleich und alles auf einmal.

Sie können über Ihren Anbieter bei der Zentralen Zulagenstelle für Altersvermögen (ZfA) einen Antrag stellen, dass Ihnen die Rückzahlung der bereits erhaltenen Förderung bis zum Rentenbeginn gestundet wird. Seit dem Jahr 2010 fallen für diese Stundung Zinsen von 0,5 Prozent pro Kalendermonat an. Das war vorher nicht der Fall. Eine Stundung macht vor allem dann Sinn, wenn Sie sich nicht ganz sicher sind, ob Sie nicht doch nur vorübergehend im Ausland sind und eventuell nach Deutschland zurückkehren (siehe Seite 38).

Bleiben Sie für immer außerhalb der EU, wird zu Rentenbeginn die Rückzahlung der Förderung fällig; auch dann nicht gleich die komplette Summe. Sie müssen lediglich 15 Prozent der Rentenauszahlung monatlich abführen, bis die erhaltene Förderleistung und die Stundungszinsen zurückgezahlt sind.

Sie können den ursprünglichen Riester-Vertrag natürlich auch ohne Zulagen wie einen ganz normalen Sparvertrag oder eine Rentenversicherung weiterführen. Sprechen Sie darüber am besten mit Ihrem Anbieter.

Vorübergehend im Ausland

Wenn Sie als Arbeitnehmer von Ihrem deutschen Arbeitgeber für eine begrenzte Zeit ins Ausland entsandt werden und dabei weiterhin in Deutschland rentenversichert bleiben oder weiterhin Ihre Besoldung aus Deutschland beziehen, sind Sie auch im Ausland förderberechtigt. Dabei spielt es keine Rolle, ob Sie innerhalb oder außerhalb der EU Ihre Arbeit aufnehmen.

Auf eigene Faust innerhalb der EU

Ein wenig komplizierter wird es, wenn Ihr Arbeitgeber Sie nicht entsendet, sondern Sie auf eigene Faust einige Jahre im Ausland verbringen möchten. Gewöhnlich sind Sie dann nämlich nicht mehr in Deutschland rentenversichert, sondern in dem Land, in dem Sie arbeiten. Damit entfällt die Berechtigung auf Riester-Förderung. Die Zulagen werden deshalb während Ihrer Zeit im Ausland nicht gezahlt. Sind Sie ins EU-Ausland gezogen, können Sie die bisher erhaltene Förderung behalten. Kommen Sie vor Rentenbeginn zurück und werden in Deutschland wieder rentenversicherungspflichtig, können Sie wieder weiter riestern.

Auf eigene Faust außerhalb der EU

Alle, die ihre Auslandsjahre außerhalb der EU verbringen, können zwar auch mit Förderung weiter riestern, wenn sie zurückkehren, müssen dafür aber über ihren Anbieter einen Stundungsantrag bei der ZfA stellen (Post: Deutsche Rentenversicherung Bund, Zentrale Zulagenstelle für Altersvermögen, 10868 Berlin, Tel.: 03381/21 22 23 24, E-Mail: zulagenstelle@drv-bund.de).

Ansonsten wird die Rückzahlung der Förderung sofort fällig. Kommen Sie zurück und riestern weiter, werden Ihnen die Stundungszinsen erlassen.

Wohn-Riester und Ausland

Wenn Sie in einer Riester-geförderten Immobilie leben, gilt Ähnliches wie bei den anderen Riester-Produkten. Wohnen Sie nur eine Zeit lang nicht darin, weil Sie aus beruflichen Gründen ins Ausland ziehen, ist das kein Problem. Voraussetzung ist, dass Sie das Haus oder die Wohnung auf jeden Fall vor Vollendung des 67. Lebensjahres wieder selbst nutzen.

Vor dem Umzug ins Ausland müssen Sie dies bei der ZfA beantragen und auch

nachweisen, dass es gute Gründe dafür gibt, dass Sie in Ihrer Riester-Immobilie vorübergehend nicht mehr selbst leben können. Für die Zeit Ihrer Abwesenheit können Sie dann anderen das Recht einräumen, Ihre Immobilie zu nutzen, das heißt, Sie können sie vermieten. Diese Nutzung muss aber strikt auf die Dauer Ihrer beruflich bedingten Abwesenheit befristet sein.

Das Gleiche gilt übrigens nicht nur fürs Ausland, sondern auch, wenn Sie beruflich gezwungen sind, für eine gewisse Zeit an einem anderen deutschen Ort zu arbeiten und dort vorübergehend eine Wohnung zu nehmen.

Wenden Sie Deutschland endgültig den Rücken zu und verkaufen Ihr gefördertes Wohneigentum, müssen Sie das Wohnförderkonto auf einen Schlag versteuern (siehe Seite 82), wenn Sie das Geld nicht in ein neues selbstgenutztes Eigenheim innerhalb der EU oder in einen anderen Riester-Vertrag investieren.

Riestern als Grenzgänger

Wenn Sie als Grenzgänger im Nachbarland, zum Beispiel im niederländischen Maastricht, wohnen und in Deutschland, zum Beispiel im benachbarten Aachen, arbeiten, können Sie und Ihr Ehepartner einen Riester-Vertrag abschließen. Voraussetzung auch hier: Sie sind in Deutschland rentenversichert. Bis Ende 2009 waren Sie in diesem Fall nicht förderberechtigt. Ebenso dürfen Sie als Grenzarbeitnehmer seit dem Jahr 2010 das im Rahmen des Riester-Vertrags geförderte Kapital für den Kauf oder Bau einer selbstgenutzten Wohnung verwenden, die nicht in Deutschland liegt.

Ein Problem kann auftreten, wenn Sie im Ausland wohnen und Ihre Tätigkeit in Deutschland beenden, um im Nachbarland zu arbeiten. Da Sie dann nicht länger in Deutschland pflichtversichert sind, werden Sie auch nicht länger gefördert. Die Förderbeträge und die gegebenenfalls gewährten Steuervorteile müssen Sie aber nicht zurückzahlen.

In Deutschland wohnen, im Ausland arbeiten

Im umgekehrten Fall, wenn Sie etwa in Maastricht arbeiten, aber in Aachen leben, sind Sie dagegen seit 2010 nicht mehr unmittelbar förderberechtigt. Das hat damit zu tun, dass das neue Gesetz die Förderung nicht mehr an der uneingeschränkten Steuerpflicht in Deutschland festmacht, sondern an der Mitgliedschaft in der deutschen Rentenversicherung. Während Sie gewöhnlich an Ihrem Wohnort steuerpflichtig sind, an Ihrem Arbeitsort aber rentenversichert, entfällt für Grenzgänger, die im Ausland arbeiten, die Möglichkeit zu riestern. Allerdings genießen Sie Vertrauensschutz, wenn Sie Ihren Vertrag vor 2010 abgeschlossen haben. Sie können dann wie vereinbart inklusive Zulagen weiter riestern. Allerdings nur, solange Sie im selben EU-Land arbeiten. Wechseln Sie in ein anderes EU- oder EWR-Land, verlieren Sie diesen Vertrauensschutz.

INFO **Die wichtigsten Änderungen**

Der Europäische Gerichtshof (EuGH) entschied im Jahr 2009, dass die Riester-Regeln in einigen Punkten gegen Europarecht verstoßen (Az. C-269/07). Das Urteil wurde im Jahr 2010 als EU-Umsetzungsgesetz in deutsches Recht umgesetzt:

Umzug ins EU/EWR-Ausland: Riester-Sparer, die in eines der EU- oder EWR-Länder ziehen, müssen ihre bisher erhaltene Förderung nicht zurückzahlen. Sollten Sie nur zeitweise im Ausland sein, können Sie Ihren Vertrag nach der Rückkehr nach Deutschland wieder aufnehmen. Einen Stundungsantrag müssen Sie für diese Zeit nicht mehr stellen.

Grenzgänger mit Wohnsitz im Ausland: Benachteiligt waren Grenzarbeitnehmer, die in Deutschland arbeiteten und in einem Nachbarland wohnten. Da die Riester-Förderung bis Ende 2009 unter anderem von der Steuerpflicht in Deutschland abhing und diese normalerweise am Wohnort besteht, konnten Grenzarbeitnehmer mit Wohnsitz im Ausland nicht riestern. Seit 2010 ist das anders. Die Riester-Berechtigung hängt jetzt vor allem davon ab, in der deutschen Rentenversicherung pflichtversichert zu sein. Das sind Arbeitnehmer gewöhnlich in dem Land, in dem sie arbeiten. Die Benachteiligung für Arbeitnehmer mit Wohnsitz im Ausland wurde also beseitigt.

Grenzgänger mit Arbeitsplatz im Ausland: Grenzarbeitnehmer mit Wohnsitz in Deutschland und Arbeitsplatz im Ausland haben dagegen keinen Anspruch mehr auf Förderung, weil sie nicht in Deutschland renten-

versichert sind. Dies war bis Ende 2009 anders, da die Berechtigung bis dahin von der Steuerpflicht abhing und Grenzgänger mit Wohnsitz in Deutschland in Deutschland steuerpflichtig sind. Allerdings genießen alle Grenzgänger, die bis Ende 2009 einen Riester-Vertrag abgeschlossen haben, Vertrauensschutz und können weiter riestern.

Haus im Ausland: Die Vorschrift, wonach das mit Wohn-Riester-Verträgen geförderte Kapital nur für den Kauf von Immobilien in Deutschland verwendet werden darf, gilt ebenfalls nicht mehr. Seit 2010 dürfen alle Riester-Sparer überall in der Europäischen Union und im Europäischen Wirtschaftsraum (EWR) Wohnungen und Häuser mit staatlich geförderten Darlehen erwerben. Voraussetzung bleibt aber weiterhin, dass sie das Wohneigentum selbst nutzen.

Rente im Ausland: Bis Ende 2009 mussten Sie auch als Rentner die Förderung zurückzahlen, wenn Sie im Alter Ihren Wohnsitz in ein anderes EU/EWR-Land verlegten. Heute müssen Sie das nicht mehr. In welchem Land Sie Steuern auf Ihre Riester-Rente zahlen müssen, hängt von dem jeweiligen Doppelbesteuerungsabkommen zwischen Deutschland und Ihrem neuen Heimatland ab. Meist sind Sie aber in dem Land einkommensteuerpflichtig, in dem Sie auch wohnen.

Zinsen auf Stundung: Sparer, die ihre Riester-Berechtigung verlieren und ihre Förderung zurückzahlen müssen, können sich diesen Betrag bis zum Beginn der Rente bei der Zentralen Zulagenstelle für Altersvermögen stunden lassen. Auf den Stundungsbetrag fallen Zinsen an.

20
20
BCE ECB
20

MIT RIESTER SPAREN

Ihr Riester-Vertrag muss zu Ihnen passen. Einer der wichtigsten Faktoren für den Erfolg mit Ihrem Riester-Produkt ist, dass Sie eine Anlageform wählen, die Ihnen und Ihren Lebensumständen wirklich entspricht. In diesem Kapitel geht es um die unterschiedlichen Wege, sich mit Riester ein zusätzliches Einkommen im Alter anzusparen.

DAS RICHTIGE PRODUKT FINDEN

Grundsätzlich können Sie zwischen zwei Arten wählen, wie Sie mit Riester für Ihr Alter vorsorgen wollen: Sie können die Förderung nutzen, um die eigenen vier Wände zu finanzieren (siehe Seite 77), oder Sie können sie zum Sparen einsetzen.

Wenn Sie sich fürs Sparen entscheiden, haben Sie die Wahl zwischen Banksparplänen, Fondssparplänen und Rentenversicherungen. Auch Riestern über eine Betriebsrente kommt infrage. Das ist allerdings nur selten sinnvoll.

Allen Produkten ist gemein, dass ein Verlustrisiko ausgeschlossen ist. Mindestens alle eingezahlten Beiträge und Zulagen müssen vom Anbieter zu Beginn der Auszahlphase garantiert werden. Für Sie ist der Sparerfolg am Ende am größten, wenn Sie eine Riester-Form wählen, die zu Ihnen passt, und das Angebot zu den guten oder besten seiner Sparte gehört.

Nicht im Sinn einer guten Altersvorsorge ist die Tatsache, dass rund 15 Prozent der Riester-Sparer ihren Vertrag beitragsfrei gestellt haben, sie also nichts mehr einzahlen. Bis Ende 2008 sind zudem 1,4 Millionen Riester-Verträge gekündigt worden.

Das kann auch damit zusammenhängen, dass viele nicht das Produkt gewählt haben, das wirklich ihren Lebensumständen entspricht. So sind zum Beispiel 70 Prozent aller verkauften Riester-Verträge Rentenversicherungen – klassische und fondsgebundene. Dabei gibt es an beiden Varianten viel auszusetzen (siehe unten). Den deutlich empfehlenswerteren Banksparplan haben dagegen nicht einmal 5 Prozent der Kunden abgeschlossen.

Wichtig ist es, nicht blindlings Vertretern oder Bankberatern zu vertrauen, wenn es um Ihre Altersvorsorge geht. Denn diese verfolgen bei der Beratung oft auch ihre eigenen Interessen. Sie verdienen deutlich mehr, wenn sie Ihnen eine Versicherung oder einen Fondssparplan verkaufen als einen Banksparplan. Machen Sie sich deshalb ein eigenes Bild. Im Folgenden stellen wir Ihnen alle Riester-Sparprodukte ausführlich mit ihren Vor- und Nachteilen vor.

RIESTER-BANKSPARPLÄNE

Riester-Banksparpläne kombinieren solide Renditeaussichten mit absoluter Sicherheit. Mit ihnen kann kein Sparer völlig danebenliegen. Vor allem aber, wenn Sie sehr sicherheitsorientiert sind, flexibel wechseln wollen oder schon etwas älter sind, ist er für Sie mit Abstand das beste Riester-Produkt.

Wie bei allen Riester-Produkten werden dem Kunden auch bei den Banksparplänen die eingezahlten Beiträge und die staatlichen Zulagen garantiert. Die Rendite entsteht bei einem Banksparplan durch die Zinsen, die Ihnen die Bank für das angesparte Geld zahlt. Festgelegt wird die Verzinsung auf Basis verschiedener Zinssätze am Kapitalmarkt. Bei längeren Laufzeiten gewähren viele Anbieter zudem Bonuszinsen oder einen Treppenbonus ansteigend mit der Laufzeit.

Eine Rendite zum Ende der Ansparphase ist also sicher. Nur wie hoch sie letztendlich sein wird, wissen Sie nicht. Denn die Höhe der Zinsen, die die Bank Ihnen für Ihr Geld auszahlt, ändert sich über die Monate und Jahre. Eine garantierte Mindestverzinsung wie bei einer Rentenversicherung gibt es nicht (siehe Seite 50).

Es drohen Ihnen aber auch keine Verluste, wenn Sie vorzeitig aussteigen (siehe Seite 49). Da der Banksparplan keinen Kursschwankungen ausgesetzt ist und keine teuren Abschlusskosten anfallen, ist er jederzeit im Plus.

Unter allen Riester-Angeboten sind Banksparpläne am flexibelsten und außerdem kostengünstig. Dass bisher eher wenig von ihnen abgeschlossen wurden, liegt vor allem daran, dass sie für die Anbieter nicht so lukrativ sind wie andere Riester-Produkte.

Auch für ältere Sparer geeignet

Besonders geeignet ist ein Riester-Banksparplan für Sie, wenn Sie schon Mitte 40 oder älter sind. Denn dann ist die Laufzeit des Vertrags eher kurz und Produkte mit hohen Anfangskosten wie die Rentenversicherung ungünstig. Es bleibt eventuell nicht genug Zeit, Ihre Anlage trotz dieser hohen Kosten noch zu einem wirklich lohnenden Investment zu machen. Auch

Fondssparpläne sind für ältere Anleger wenig empfehlenswert, da starke Kursverluste an der Börse bei einer kurzen Restlaufzeit kaum noch wettzumachen sind. Normalerweise ziehen die Anbieter von Fondssparplänen dann die Notbremse und schichten von Aktienfonds in sicherere Anlagen um. Damit sind aber auch Ihre Renditechancen dahin (siehe Seite 55).

Gut für spätere Hauseigentümer

Auch für sicherheitsorientierte jüngere Sparer kann ein Banksparplan die beste Option sein. Vor allem aber, wenn Sie noch nicht wissen, ob Sie später in ein Eigenheim investieren wollen, ist Ihr Geld in einem Banksparplan erst einmal gut aufgehoben. Denn damit können Sie sich am besten die Möglichkeit auf einen Umstieg zum Wohn-Riestern offenhalten (siehe nächstes Kapitel).

Bei einem Banksparplan ist die Entnahme des Geldes für einen Immobilienerwerb oder der Wechsel zu einem anderen Produkt, zum Beispiel einen Riester-Bausparvertrag, einfach und kostengünstig möglich. Die Verzinsung von Riester-Banksparplänen ist in aller Regel höher als die eines

KOMPASS **Banksparplan**

Für wen ist er geeignet? Ein Banksparplan eignet sich für alle Riester-Sparer, besonders aber dann, wenn Sie sicherheitsorientiert sind oder schon Mitte 40 oder älter sind. Auch wenn Sie noch nicht sicher wissen, ob Sie künftig in ein Eigenheim investieren wollen, ist ein Riester-Banksparplan das richtige Produkt.

Wie funktioniert er? Es ist ein Sparvertrag mit variablem Zins; die Zinsen stehen also nicht über die gesamte Laufzeit fest. Je nach Banksparplan folgt er rasch oder langsam dem aktuellen Zinsniveau.

Lohnt sich das Investment? Im Moment ist das Zinsniveau zwar niedrig. Aber mittel- und langfristig ist die Renditeerwartung solide.

Welche Garantie gibt es? Zusätzlich zu der gesetzlich festgelegten Mindestgarantie auf die eingezahlten Beiträge und Zulagen zu Rentenbeginn gibt es eine Zinszusage, deren Höhe jedoch nicht festgelegt ist und sich je nach Sparplan unterscheidet.

Wie hoch sind die Kosten? Die Kosten sind niedrig. Wechselkosten sind moderat und Abschlusskosten fallen nicht an.

Wie flexibel ist er? Ein Banksparplan ist sehr flexibel. Sie können ihn jederzeit ohne Verlust wechseln. Da der Vertrag immer im Plus ist, können Sie ihn später auch gut noch zur Baufinanzierung nutzen.

Wie gut kann ich planen? Die Planbarkeit der Auszahlung ist gut. Der Ertrag steht zumindest ungefähr fest.

Riester-Bausparvertrags. Bausparverträge lohnen sich nur, wenn Sie später auch das günstige Darlehen, das daran gekoppelt ist, in Anspruch nehmen.

Wenn Sie allerdings noch jünger sind und sicher sind, dass Sie Ihre Riester-Ersparnisse später nicht für einen Immobilienerwerb nutzen wollen, sind Fondssparpläne eine Alternative mit der Chance auf eine höhere Rendite.

Der aktuelle Zinssatz sagt wenig

Generell können Sie also mit einem Banksparplan nicht viel falsch machen. Mit der staatlichen Förderung würde selbst ein schlechter Riester-Banksparplan unterm Strich fast immer mehr Ertrag bringen als eine ungeförderte Altersvorsorge.

Wie erkennen Sie aber nun, ob ein Banksparplan gut ist? Das ist nicht ganz einfach, denn die Angebote sind oft unterschiedlich konstruiert, was einen Vergleich schwierig macht.

Entscheidend ist, dass Sie sich nicht von den aktuell angebotenen Zinsen für einen Riester-Banksparplan täuschen lassen. Ein höherer Anfangszins ist nicht zwangsläufig gleichbedeutend mit einem besseren Angebot. Denn er sagt nichts darüber aus, wie sich die Zinsen in den nächsten 15, 25 oder gar 35 Jahren entwickeln. Es haben sich immer wieder Phasen mit niedrigen und sehr hohen Zinsen abgewechselt. Dieses schwankende Zinsniveau schlägt sich auch in der Rendite der Banksparpläne nieder, denn deren Verzinsung ist an die allgemeine Zinsentwicklung gekoppelt. Das hat der Bundesgerichtshof (BGH) im Jahr 2004 so festgelegt, damit Banken nicht völlig willkürlich ihre Zinsen erhöhen oder senken und Sie zum Beispiel mit hohen Zinsen anlocken und dann später den anfangs gewährten Zins einem steigenden Zinsniveau nicht mehr anpassen oder ihn sogar senken.

Unterschiedliche Vergleichszinsen

Nicht festgelegt hat der BGH, welche Messlatte die Banken nehmen sollen, an der sie die Höhe der Zinszahlungen für ihre Kunden ausrichten. Und je nachdem, welchen Vergleichszins Ihre Bank wählt, kann das Auswirkungen auf Ihren Banksparplan haben.

Die meisten Volks- und Raiffeisenbanken ziehen als Vergleichszins die Umlaufrendite heran.

KURZ UND KNAPP **Umlaufrendite**

Die Umlaufrendite ist eine Kennzahl, die das Zinsniveau auf den Kapitalmärkten widerspiegelt. Sie ist ein Durchschnittswert für die Rendite festverzinslicher, im Umlauf befindlicher Wertpapiere und wird börsentäglich ermittelt. Anhand der Umlaufrendite können Sie Einschätzungen über das Marktniveau treffen.

Bei Sparplänen, die sich an der Umlaufrendite orientieren, erkennen Sie am besten, wie sich Ihre Altersvorsorge gerade entwickelt. Die aktuelle Umlaufrendite können Sie in den meisten Tageszeitungen oder im Internet einfach verfolgen.

Die Sparpläne werden der Umlaufrendite in der Regel einmal pro Quartal angepasst, reagieren also kurzfristig auf Veränderungen der Zinslandschaft.

Zurzeit ist die Umlaufrendite extrem niedrig und liegt weit unter dem Durchschnitt vergangener Jahre. In den 90er Jahren dagegen betrug sie auch schon über 8 Prozent. Sobald die Umlaufrendite wieder ansteigt, profitieren Sie mit entsprechenden Banksparplänen schnell von den höheren Zinsen.

Das ist bei Sparplänen mit einem anderen Vergleichszins nicht unbedingt so. Vor allem die Riester-Angebote der Sparkassen bieten oft einen höheren Anfangszins, weil sie sich auf einen anderen Vergleichsmaßstab beziehen. Sie richten sich nach einer Mischung verschiedener Zinsreihen. Für sie ist nicht nur das aktuelle Niveau maßgeblich, sondern auch der Durchschnitt früherer Jahre. Das höhere Zinsniveau der Vergangenheit wirkt hier noch nach.

Genauso wird aber eines Tages auch das heute niedrige Zinsniveau in diesen Sparplänen nachwirken. Sparpläne, die eine solche Vergleichszinsmischung zum Maßstab nehmen, würden auf einen plötzlichen Zinsanstieg mit deutlicher Verspätung und in abgeschwächter Form reagieren.

Es wäre deshalb kurzsichtig, einen Sparplan nur anhand der aktuellen Verzinsung auszuwählen. Wichtig ist, dass sich die Anbieter, wie vom BGH gefordert, überhaupt an einem Referenzzins orientieren. Es gibt immer mal wieder einzelne, die das nicht tun. Produkte mit fehlender Referenzzinsanbindung sollten Sie auf jeden Fall meiden.

Der Treue-Bonus

Viele Riester-Banksparpläne bieten neben der reinen Verzinsung Bonusleistungen für treue Sparer. Bei diesen Verträgen steigt die Verzinsung im Laufe der Jahre meist in mehreren Stufen an. Zusätzlich gibt es oft einen einmaligen Schlussbonus auf die bis dahin geleisteten Einzahlungen am Ende der Laufzeit.

Auf den ersten Blick haben diese Bonusleistungen für den Sparer Vorteile. Allerdings machen sie den Vergleich mit anderen Angeboten noch schwieriger und schränken auch Ihre Flexibilität ein. Wenn Sie sich über Jahrzehnte einen Bonus verdienen, wollen Sie nicht so einfach aus einem Vertrag aussteigen, selbst wenn dies aus anderen Gründen vielleicht sinnvoll wäre. Sie sollten sich deshalb davon nicht blenden lassen und immer das Gesamtpaket beurteilen.

Auf den Zinsabschlag achten

Entscheidend für die Beurteilung eines Banksparplans ist die Marge, die die Bank bei der Weitergabe des Referenzzinses einbehält. Dieser Zinsabschlag sollte mög-

lichst gering sein. Je weniger die Bank an dem Vertrag verdient, desto mehr bleibt Ihnen als Ertrag.

Auch wenn Banksparpläne im Vergleich zu anderen Produkten kostengünstig sind, können die Renditeunterschiede zwischen den einzelnen Angeboten groß sein. Der Unterschied zwischen einem guten und einem schlechten Banksparplan kann bei einer Laufzeit von 25 Jahren mehr als 10 000 Euro ausmachen.

Für den einzelnen Kunden ist es allerdings oft sehr mühselig, Bedingungen mehrerer Anbieter zu vergleichen, um festzustellen, welches die guten Angebote sind. Wir überprüfen diese in regelmäßigen Abständen. Die Ergebnisse finden Sie im Internet unter www.test.de.

Die Suche ausweiten

Wundern Sie sich nicht, wenn Sie bei Ihrer Bankfiliale um die Ecke nicht nur keinen guten, sondern gleich gar keinen Riester-Banksparplan abschließen können.

Da das Geschäft mit den Riester-Banksparplänen für die Banken nicht besonders einträglich ist, nehmen viele Kreditinstitute sie erst gar nicht in ihre Produktpalette auf. Große Privatbanken wie die Deutsche Bank oder die Commerzbank überlassen das Feld hier gerne kleineren Volksbanken oder Sparkassen.

Dennoch gibt es genug dieser kleineren Banken und Sparkassen, die ihre Banksparpläne deutschlandweit anbieten. Sie können diese auch ohne viel Aufwand bekommen, wenn Sie nicht davor zurückschrecken, einen Vertrag bei einer ortsfremden Bank abzuschließen. Das heißt nur, dass Sie zum Beispiel als Münchner Ihren Banksparplan bei der Volksbank Nordmünsterland haben oder als Dresdner Ihren bei der Sparkasse Trier. Viel Mühe macht das nicht.

DIE SCHRITTE ZUM KAUF

1 Die Angebote für Banksparpläne ändern sich schnell. Prüfen Sie deshalb unter www.test.de, Suchwort „Riester-Banksparpläne", ob es aktuelle Tests zu Riester-Banksparplänen gibt. Fragen Sie vor Abschluss eines Vertrags sicherheitshalber nach, ob sich die Konditionen des Sparplans seit Ihrer Recherche verschlechtert haben, oder vergleichen Sie die Angaben auf der Homepage der Bank mit denen im Test.

2 Für jüngere Sparer sind Sparpläne mit Zinstreppe und Bonus besonders geeignet. Die Renditeaussichten sind aufgrund der langen Laufzeit besonders gut. Wenn Sie über 50 Jahre alt sind, sollten Sie einen Sparplan wählen, der an einen tagesaktuellen Referenzzins gekoppelt ist. So können Sie von einem generellen Anstieg der Zinsen schneller profitieren.

3 Gibt es gut getestete Riester-Banksparpläne bei Banken in Ihrer Nähe, können Sie den Vertrag dort abschließen. Sind gute Sparpläne in Ihrer Gegend nicht zu bekommen, müssen Sie sich an eine ortsfremde Bank wenden. Auch das ist relativ unproblematisch.

4 Zunächst besorgen Sie sich die nötigen Unterlagen im Internet auf der Homepage der Bank. Folgen Sie auf der Produktseite dem Link zu den Kontoeröffnungsunterlagen. Dazu gehören meist der Antrag und das Postident-Formular, über das Sie sich später bei einer Postfiliale legitimieren müssen. In der Regel können Sie alles online ausfüllen und ausdrucken. Alternativ können Sie auch anrufen. Dann schicken die Banken die Unterlagen ihren neuen Kunden auf Wunsch auch per Post zu.

RIESTER-RENTENVERSICHERUNGEN

Wenn Sie eine Riester-Rentenversicherung abschließen, werden Sie sie so schnell nicht wieder los. Zumindest nicht ohne Verluste. Denn die meist hohen Abschlusskosten ziehen die Versicherer allesamt in den ersten fünf Jahren von Ihren Sparbeiträgen ab.

Am Anfang fließt darum nicht viel Geld in Ihren Riester-Vertrag. Gerade bei jüngeren Sparern ist das Risiko, den Vertrag nicht lange genug durchzuhalten, groß. Oft sind weder die berufliche noch die familiäre Situation bereits so gefestigt, dass der Abschluss eines so unflexiblen Vertrages ratsam wäre. Für alle, die nicht genau wissen, ob sie den Vertrag zu Ende führen oder ihr Riester-Vermögen eventuell später doch in eine Immobilie stecken möchten, ist eine Riester-Rentenversicherung deshalb nichts.

Bei einer Rentenversicherung zahlen Sie über einen langen Zeitraum monatlich oder jährlich Beiträge an den Versicherer, der Ihnen dann am Laufzeitende daraus lebenslang monatlich einen bestimmten Betrag als Rente auszahlt.

Die Rentenversicherungen sind das Ur-Riester-Produkt. Denn mit Riester wollte der Gesetzgeber ursprünglich nur eine zusätzliche Rente im Alter fördern. Natürlich standen die privaten Rentenversicherer in der ersten Reihe, als es darum ging, entsprechende Angebote auszuarbeiten und auf den Markt zu bringen. Mit rund 10,5 Millionen Verträgen einschließlich der Fondspolicen sind bisher mehr als zwei Drittel aller verkauften Riester-Produkte Rentenversicherungen.

Garantierte Mindestverzinsung

Ein klarer Vorteil der klassischen Riester-Rentenversicherung ist ihre garantierte Mindestverzinsung. Mit ihr lässt sich schon beim Abschluss des Vertrags sagen, wie hoch Ihre Rente später mindestens ausfallen wird. Diese Klarheit bietet kein anderes Produkt.

Doch dieses Maß an Planbarkeit wiegt die Nachteile einer Rentenversicherung,

KOMPASS Rentenversicherung

Für wen ist sie geeignet? Sie eignet sich, wenn Sie ein sehr sicherheitsorientierter Sparer von Mitte 30 bis 50 Jahren sind und ein sicheres Einkommen haben. Wenn Sie in Erwägung ziehen, Ihr Riester-Kapital später vielleicht für ein Eigenheim einzusetzen, ist eine Rentenversicherung nicht sinnvoll.

Wie funktioniert sie? Eine Rentenversicherung verbindet eine Sparanlage mit einer Versicherung. Deshalb garantiert sie als einziges Produkt eine Mindestverzinsung. Ihr Erspartes wird vor allem in sichere, festverzinsliche Anlagen investiert. Zur garantierten Verzinsung kommen noch Überschussbeteiligungen, deren Höhe aber nicht feststeht.

Lohnt sich das Investment? Die Renditeerwartung ist solide. Sie setzt sich aus der Mindestrente und Überschussbeteiligungen zusammen.

Welche Garantie gibt es? Wie bei allen Riester-Produkten sind mindestens Ihre Einzahlungen und Zulagen bei Rentenbeginn garantiert. Dazu gibt es eine garantierte Mindestverzinsung von derzeit niedrigen 1,75 Prozent auf den Sparanteil (also auf Ihre Beiträge abzüglich der Kosten).

Wie hoch sind die Kosten? Sie sind hoch. Abschluss und Verwaltung bei Rentenversicherungen sind teuer.

Wie flexibel ist sie? Sie ist sehr unflexibel. Weil die hohen Abschlusskosten in den ersten fünf Jahren von Ihren Beiträgen abgezogen werden, können Sie bei einem Wechsel in den ersten Vertragsjahren deutliche Verluste machen.

Wie gut kann ich planen? Die Planbarkeit der späteren Auszahlung ist sehr gut. Der garantierte Teil Ihrer Rente steht schon bei Abschluss fest.
Wie hoch die zusätzliche Überschussbeteiligung ausfällt, ist allerdings ungewiss.

ihre hohen Kosten, Intransparenz und Unflexibilität, nicht unbedingt auf.

Zunächst einmal ist die Mindestverzinsung mit derzeit 1,75 Prozent sehr niedrig. Wenn Sie Ihren Vertrag bereits vor 2012 abgeschlossen haben, sieht die Mindestverzinsung mit 2,25 Prozent noch etwas besser aus. Erholt sich das Zinsniveau in den nächsten Jahren, wird auch der Garantiezins wieder angehoben. Der höhere Zins gilt dann aber nur wieder für Neuverträge ab dem Zeitpunkt der Erhöhung.

Der Garantiezins bezieht sich zudem nicht auf alle Zahlungen und Zulagen, die in Ihren Vertrag fließen. Verzinst wird nur der Sparanteil. Darunter verstehen die Versicherer die Beitragssumme abzüglich der Kosten, die sie Ihnen für den Abschluss und die Verwaltung des Vertrags in Rechnung stellen. Und die können sehr hoch sein. Je niedriger die Rente ist, die Ihnen der Versicherer aufgrund der Mindestverzinsung garantiert, desto höher sind seine Kosten. Es lohnt sich auf jeden Fall, diesen Punkt immer bei mehreren Anbietern zu vergleichen.

Informationen reichen nicht immer

Es ist manchmal gar nicht einfach, die Höhe der garantierten Rente herauszufinden. Zwar legt der Vertreter Ihnen beim Abschluss verschiedene Modellrechnungen vor. Nicht immer ist an diesen aber die tatsächlich garantierte Rente zu erkennen.

Bei einer unserer Untersuchungen im Jahr 2010 ließen die Versicherer Generali, LVM, PBV und R + V ihre Kunden darüber im Unklaren. Sie nannten zwar eine Rente aus Eigenbeiträgen und Überschüssen, doch das hilft Ihnen bei der Planung Ihrer Altersvorsorge wenig. Denn die Überschüsse basieren nur auf Prognosen und können völlig anders ausfallen. Sie sollten auf jeden Fall die Höhe der garantierten Rente erfahren, die sich aus der Mindestverzinsung, Eigenbeiträgen und Zulagen ergibt.

KURZ UND KNAPP Garantiezins

Das Bundesfinanzministerium passt den Garantiezins von Lebensversicherungen hin und wieder dem Marktniveau an. Damit soll verhindert werden, dass Versicherer zu hohe Zinszusagen geben, die sie dann vielleicht auf Dauer nicht einhalten können. Laufende Verträge sind dabei nicht betroffen. Der niedrigere Zins von 1,75 Prozent gilt nur für ab 2012 geschlossene Verträge, für diese aber auf Dauer. Erholt sich das Zinsniveau nachhaltig, wird auch der Garantiezins irgendwann wieder angehoben werden. Das gilt dann aber erst wieder für Neuverträge ab dem Zeitpunkt der Erhöhung. Zuvor wurde der Garantiezins 2007 von 2,75 auf 2,25 Prozent gesenkt.

Voraussetzung dafür, dass Ihnen später die Rente in garantierter Höhe auch wirklich ausgezahlt wird, ist, dass Sie die vereinbarten Beiträge die gesamte Laufzeit Monat für Monat zahlen. Sie brauchen einen langen Atem. Denn wenn Sie den Vertrag nicht durchhalten, reicht das Guthaben nicht für die erwartete Zusatzrente.

Der Vertrag sollte Ihnen deshalb zeigen, wie viel Sparguthaben Sie zu welchem Zeitpunkt mindestens erreichen werden. So sehen Sie, wie viel weniger Ihnen bleibt, wenn Sie einmal nicht mehr zahlen können und den Vertrag beitragsfrei stellen. Auch wenn Sie früher als geplant in Rente gehen möchten, können Sie so die Einbußen schnell erkennen.

Undurchsichtige Kostenstruktur

Viel schwerer als die Mindestrente herauszufinden ist es, die eigentlichen Kosten einer Rentenversicherung zu erfahren. Niedrige Kosten sind aber ein wichtiges Kriterium für ein erfolgreiches Investment.

Sogar Experten haben Mühe, die Kostenstruktur der Verträge nachzuvollziehen. Für Kunden ist das oft unmöglich. Wir fordern daher eine Gesamtkostenquote. Denn an ihr könnten Kunden erkennen, wie viel ihrer Einzahlungen bis zum Rentenbeginn von Kosten aufgefressen wird. Doch diese Angabe suchten wir bisher bei allen Anbietern vergeblich.

Selbst den Empfehlungen ihres Branchenverbands im Hinblick auf Transparenz

INFO Schwarzes Schaf

Die hohen Kosten der Versicherer sind immer wieder Thema. Bei einem Versicherer aber ganz besonders. Nicht nur geriet Versicherer Ergo wegen Sexpartys von Vertriebsmitarbeitern in die Schlagzeilen, es stellte sich auch heraus, dass die Ergo-Tochter Hamburg-Mannheimer Kunden beim Abschluss von Riester-Rentenversicherungen viel zu hohe Kosten aufgebrummt hat. Rund 14 000 Kunden, die 2005 bei der Ergo-Tochter Hamburg-Mannheimer abgeschlossen hatten, waren von zu hohen Abschluss- und Verwaltungskosten betroffen. Statt 12,5 Prozent der Beiträge, wie auf der Rückseite des Antrags genannt, behielt der Versicherer 16,5 Prozent des Beitrags für Abschluss- und Verwaltungskosten ein. Insgesamt kassierte Ergo auf diese Weise nach eigenen Angaben einen „einstelligen Millionenbetrag" zu Unrecht von den Kunden.

kommen die Versicherer nur selten nach. Er legt ihnen die Angabe des „Renditeeffekts“ nahe. Die Kennziffer soll zeigen, wie stark die Rendite durch die regelmäßigen Kosten belastet wird.

Hohe Kosten: Das können Sie tun

Wenn auch Sie das Gefühl haben, Ihr Versicherer zieht Ihnen zu viel für Abschluss- und Verwaltungskosten ab, konfrontieren Sie ihn damit. Lassen Sie sich die Kosten genau aufstellen. Wenn Sie so nicht weiterkommen, können Sie sich auch an eine Verbraucherzentrale (Adressen unter www.vzbv.de) oder den Versicherungsombudsmann wenden (siehe Seite 115), die Ihnen bei Problemen weiterhelfen.

Gute Rente bei hohen Überschüssen

Neben niedrigen Kosten sind die Überschüsse, die ein Versicherer erwirtschaftet, maßgeblich für die Höhe Ihrer späteren Rente. Die garantierte Rente ist nämlich meist nicht die Rente, die Sie einmal tatsächlich bekommen. Sie ist nur der schlechteste Fall. Die Rentenzahlungen sind fast immer höher, denn Ihr Versicherer muss Sie an Überschüssen, die er erzielt, beteiligen.

Überschüsse können auf unterschiedliche Weise zustande kommen. Zinsüberschüsse entstehen, wenn Ihr Versicherer am Kapitalmarkt mehr verdient als erwartet. Zu Kostenüberschüssen kommt es, wenn die Kosten niedriger sind als angesetzt. Versterben die Versicherten im Durchschnitt früher als vorher kalkuliert und Ihr Versicherer zahlt so weniger Geld für Renten aus, ergeben sich Risikoüberschüsse. Zinsüberschüsse müssen die Versicherer zu mindestens 90 Prozent an ihre Kunden weitergeben, Kostenüberschüsse zu mindestens 50 Prozent und die Risikoüberschüsse zu mindestens 75 Prozent.

Aber solche Überschüsse sind ungewiss. Womit Sie wirklich planen können, ist die garantierte Rente. Deshalb ist es wichtig, dass Sie sich nach deren Höhe explizit erkundigen, falls Sie sie im Wust der ausgehändigten Informationen nicht gleich finden können.

DIE SCHRITTE ZUM KAUF

1 Wollen Sie Ihrer Hausbank oder Ihrem Versicherungsvertreter die Treue halten, lassen Sie sich dort ein Angebot für eine Riester-Rentenversicherung machen. Vergleichen Sie es aber anschließend mit den Testergebnissen auf www.test.de. Rangiert es auf den hinteren Plätzen, ist es besser, wenn Sie sich stattdessen ein sehr gut oder gut getestetes Angebot aussuchen.

2 Hat der Versicherer ein Filialnetz, können Sie in der Zentrale anrufen und mit einem Vertreter des Versicherers einen Termin vereinbaren. Falls der Vertreter Ihnen eine fondsgebundene Riester-Versicherung statt der klassischen empfiehlt, sollten Sie darauf nicht eingehen. Riester-Fondspolicen sind nur selten geeignet.

3 Entscheiden Sie sich für einen Direktversicherer, der übers Internet seine Produkte vertreibt, können Sie die Unterlagen auf der Homepage des Versicherers online ausfüllen und ausdrucken. Bei vielen Direktversicherern können Sie sie auch telefonisch anfordern.

4 Mit den ausgefüllten Unterlagen gehen Sie in eine Postfiliale und legitimieren sich dort über das Postident-Verfahren. Nach einigen Tagen bekommen Sie vom Versicherer die Nachricht, auf welches Konto Sie Ihre Raten überweisen.

RIESTER-FONDSSPARPLÄNE

Riester-Fondssparpläne sind eine Aktienanlage mit Sicherheitsnetz. Wenn Sie bis zu Beginn der Auszahlphase durchhalten, können Sie anders als bei konventionellen Fondssparplänen keinen Verlust erleiden. Denn auch für Riester-Fondssparpläne gilt die Riester-Garantie: Die Summe aus Einzahlungen und Zulagen muss zum Ende der Ansparphase mindestens vorhanden sein.

Für Anleger bis Mitte 30 sind Fondssparpläne die Riester-Option mit der größten Renditechance. Als älterer Sparer dagegen ist das Risiko, am Ende nur mit einer mickrigen Rendite dazustehen, recht groß. Ihnen bleibt nicht genug Zeit, eventuelle Rückschläge an den Börsen wieder aufzuholen. Anbieter schichten bei solchen Verträgen das Geld aus renditestärkeren Aktienfonds dann nämlich oft in sicherere, aber renditeschwache Anlagen um. Riestern mit Fonds macht deshalb nur Sinn, wenn Ihnen noch genug Zeit bis zur Rente bleibt.

Auch wenn Sie einen späteren Hauskauf ins Auge fassen, sind die Fondssparpläne nichts. Denn die Riester-Garantie gilt wie immer nur zum Ende der Ansparphase, nicht aber zwischendurch. Verkaufen Sie zwischendurch Ihre Anteile, um das Geld anders einzusetzen, können Sie durchaus Verluste machen. Es hängt also immer von der Börsenlage ab, ob ein Wechsel sinnvoll ist. Wollen Sie Ihren Traum vom Eigenheim verwirklichen, ist das ungünstig.

Die Riester-Fondssparpläne sind dennoch relativ beliebt. Sie liegen auf Platz 2 bei der Verkaufshäufigkeit aller Riester-Produkte. Allerdings mit einigem Abstand hinter den Rentenversicherungen. Es gibt bisher rund 2,9 Millionen Verträge.

So funktioniert der Fondssparplan

Bei einem Fondssparplan kaufen Sie regelmäßig für einen festen Betrag Anteile an einem Investmentfonds. Eine Investment- oder Fondsgesellschaft verwaltet den Fonds und bündelt Ihr Geld und das vieler anderer Anleger. Fondsmanager investieren diese gebündelten Gelder dann vor allem in Aktien und Anleihen, aber auch andere Anlageformen.

Investition in Aktien und Anleihen

Aktien verbriefen Anteilsrechte an einem Unternehmen. Vereinfacht gesagt kaufen Sie mit einer Aktie einen winzigen Teil eines Unternehmens – zum Beispiel eines Auto- oder Bekleidungsherstellers – und profitieren von dessen Erträgen. Das Unternehmen bekommt so frisches Geld, das es zum Beispiel für Investitionen nutzen kann.

KOMPASS Fondssparplan

Für wen ist er geeignet? Ein Riester-Fondssparplan eignet sich für jüngere Sparer bis Mitte 30. Nicht abschließen sollten Sie ihn, wenn Sie das Geld eventuell für ein Eigenheim verwenden wollen.

Wie funktioniert er? Es handelt sich um einen Sparplan, bei dem Sie regelmäßig Geld in Aktien- und Rentenfonds einzahlen. Sie profitieren von Zinsen, Dividenden und Kursgewinnen. Die Aufteilung zwischen Aktien- und Rentenfonds ist abhängig von Ihrem Alter und der Börsenlage.

Lohnt sich das Investment? Die Renditeerwartung ist bei einer langen Laufzeit hoch. Sie können von Kursgewinnen an der Börse profitieren.

Welche Garantie gibt es? Es gibt nur die gesetzlich festgelegte Mindestgarantie auf die eingezahlten Beiträge und Zulagen zu Rentenbeginn, aber keine Renditezusage.

Wie hoch sind die Kosten? Die Kosten sind hoch. Beim Kauf der Fondsanteile fällt ein Ausgabeaufschlag an, der bis zu 5 Prozent der Rate beträgt. Für das Management werden jährlich bis zu 1,94 Prozent der Anlagesumme abgezogen.

Wie flexibel ist er? Ein Fondssparplan ist wenig flexibel. Die Wechselkosten sind zwar moderat, aber ein Umstieg macht nur während einer guten Börsenphase Sinn. Für eventuelle Verluste bei einem Produktwechsel während der Ansparphase gibt es keinen Ausgleich.

Wie gut kann ich planen? Die Planbarkeit der Auszahlung ist gering. Der Wert der Fondssparpläne kann während der Laufzeit stark schwanken. Sie eignen sich deshalb nicht für Anleger, die Geld für den Immobilienerwerb entnehmen wollen. Auch die Höhe der Auszahlung ist bis Ende der Ansparphase ungewiss.

Läuft es im Unternehmen aber nicht gut oder geht es sogar bankrott, machen Sie Verluste. Denn Sie können die Aktien nur noch zu einem niedrigen Preis oder im schlechtesten Fall gar nicht mehr verkaufen.

Auch Anleihen sind für Unternehmen und selbst Staaten ein Weg, sich Geld zu beschaffen. Das Unternehmen oder den Staat, der die Anleihen herausgibt, nennt man Emittent. Während Sie als Investor beim Kauf von Aktien Miteigentümer des Unternehmens werden, werden Sie als Inhaber von Anleihen dessen Gläubiger. Sie haben einen Anspruch darauf, dass Ihnen Ihr Geld zurückgezahlt und in einer bestimmten Höhe verzinst wird. Die Zinsen sind das Entgelt für die Überlassung Ihres Kapitals. Anleihen unterscheiden sich durch abweichende Konditionen wie unterschiedliche Laufzeiten, die Währungen, in denen sie erworben und zurückgezahlt werden, sowie bei der Verzinsung.

Bei Anlagen über einen langen Zeitraum bringen Aktien oft eine höhere Rendite, Anleihen sind aber sicherer. Es gibt reine Aktienfonds und Fonds, die nur in Anleihen investieren. Die werden Rentenfonds genannt. Es gibt aber auch Mischfonds.

Fonds streuen das Risiko

Aktienfonds investieren Ihr Geld in viele unterschiedliche Aktien und streuen so das Risiko. Trotzdem kann es passieren, dass Sie viel Geld verlieren, weil die Kurse von Aktien stark schwanken.

Um später eventuelle Verluste nicht selbst ausgleichen zu müssen, setzen die Fondsgesellschaften bei Riester-Fondssparplänen nicht nur auf Aktienfonds, sondern auch auf sichere Anleihen. Denn schließlich müssen die Fondsgesellschaften die Riester-Garantie erfüllen und können so nicht alle Verluste einfach weitergeben. Sie konstruieren ihre Angebote so vorsichtig, dass sie die Riester-Mindestgarantie zum Ende der Ansparphase einhalten können.

Die Fondsgesellschaften und ihre Angebote

Um die vorgeschriebene Riester-Garantie zu schaffen, teilen die Anbieter die Gelder ihrer Kunden zwischen risikoreicheren Aktien, sicheren Anleihen und anderen sicheren Anlagen auf.

Dabei verfolgen die Fondsgesellschaften unterschiedliche Strategien. Bei statischen Konzepten hängt die Aufteilung des Sparkapitals eines Anlegers nur von der Restlaufzeit und dem Zinsniveau ab. Nach und nach fließt weniger Geld in Aktien und mehr in sichere Geldanlagen.

Bei dynamischen Konzepten hängt die Aktienquote nicht nur von der Restlaufzeit, sondern auch von der Situation an den Börsen ab. Je nach dem Deckungsgrad des Depots fließt das Geld in renditeträchtige Aktien oder in sichere Geldanlagen.

Die Anzahl der Riester-Fondssparpläne ist mit acht übersichtlich. Nur noch die Fondsgesellschaften Union Investment, DWS, Deka und Hansa Invest teilen sich das Neugeschäft.

Für viele kleinere Fondsgesellschaften ist der Verwaltungsaufwand, den Riester für die Anbieter mit sich bringt, zu groß. Auch ausländische Fondsgesellschaften schrecken vor der Komplexität der Riester-Produkte zurück.

Andere wie Allianz Global Investors haben sich vom Markt zurückgezogen. Vermutlich weil sie ihrer großen Schwester, dem Versicherer Allianz, keine Konkurrenz mehr machen wollten. Schließlich vertreibt sie die für die Anbieter lukrativeren Riester-Rentenversicherungen.

Die Fondsgesellschaft der Volks- und Raiffeisenbanken, Union Investment, ist mit knapp 1,9 Millionen Riester-Kunden der größte, Hansa Invest mit rund 4 000 Verträgen der kleinste Anbieter. Dazwischen liegen die DWS (Deutsche Bank Gruppe) und Deka (Sparkassen) mit gut 600 000 sowie knapp 400 000 Riester-Verträgen.

INFO Die Fondssparpläne im Überblick

UniProfirente

Bei der UniProfirente fließen Ihre Sparraten und Zulagen zunächst in den Aktienfonds UniGlobal. Bei zurückgehenden Kursen fließen Ihre weiteren Zahlungen in den sicheren Rentenfonds UniEuraRenta. Ihr bisheriges Guthaben bleibt aber erst einmal im UniGlobal. Durch diese Beimischung des Rentenfonds soll die Volatilität, also die Schwankungen, im Depot gesenkt werden. Reicht dieser Schritt bei weiter fallenden Börsen nicht aus, wird auch der Bestand vom UniGlobal in den UniEuraRenta umgeschichtet. Damit soll vor allem sichergestellt werden, dass der Fondssparplan die Mindestgarantie aus Einzahlungen und Zulagen zum Ende der Ansparphase halten kann. Natürlich versuchen die Fondsmanager aber auch mit dem Rentenfonds noch Wertzuwächse zu erzielen. Union Investment überprüft regelmäßig, ob solche Umschichtungen erforderlich sind. Es kann vorkommen, dass Ihre Sparrate schon ein paar Tage, nachdem sie auf dem UniGlobal eingegangen ist, von dort wieder abgebucht wird. Ungünstig ist dabei für Sie, dass der UniGlobal einen höheren Ausgabeaufschlag hat als der UniEuroRenta. Die Union bietet allerdings je nach Fall auf Nachfrage an, die Differenz wieder zu erstatten. Zurück in den Aktienfonds fließt das Geld, wenn es einmal im Rentenfonds steckt, aber nicht mehr. Mit der Summe können Sie also von einer Kurserholung an den Aktienmärkten nicht mehr profitieren. Sparer können zwar, nachdem ihre Aktienfonds in Rentenfonds umgeschichtet wurden, diesen Prozess wieder umkehren. Allerdings gilt dann die Riester-Garantie nicht mehr für alle eingezahlten Beiträge und Zulagen, son- ▶

Fortsetzung von Seite 57

dern erstreckt sich allein auf die Summe, die neu in den Aktienfonds geflossen ist. Diese Möglichkeit, ist deshalb nicht zu empfehlen. Auf der anderen Seite können Sparer die Fondsgesellschaft auch selbst anweisen, das angesparte Kapital vom Aktien- in den Rentenfonds umzuschichten. Umschichten zu Höchstkursen ist etwas anderes als ein Notverkauf im Kurstal.
Fazit: Bei einem positiven Börsenverlauf bietet die UniProfirente mit die höchsten Renditechancen aller Riester-Produkte.

DWS Toprente

Es gibt zwei Varianten der DWS Toprente: **Toprente Balance** und **Toprente Dynamik**. Ihr Geld fließt bei beiden in einen Aktiendachfonds und in zwei Rentenfonds. Dachfonds sind Investmentfonds, die nicht direkt in Aktien, sondern Anteile von Investmentfonds anlegen. Der Aktienanteil bei der Toprente Dynamik kann bei guter Börsenlage bis zu 100 Prozent betragen. Über die Zusammensetzung des Depots entscheiden unter anderem die Vertragslaufzeit, die aktuelle Marktlage sowie die laufenden Beiträge. Bei der Toprente Balance hingegen können höchstens bis zu 60 Prozent der Anlagebeträge in Aktienfonds fließen.
Fazit: Wir empfehlen die DWS Toprente Dynamik. Hier können Sie die Renditechancen der Aktienmärkte viel besser ausnutzen als bei der Toprente Balance.

DWS Riesterrente Premium

Auch die DWS Riesterrente Premium setzt auf zwei Fondsbausteine, einen Dachfonds, der in Aktien und andere renditestarke Papiere investiert, und eine Auswahl an Rentenfonds. Die Fondsmanager der DWS berechnen dabei für jeden Vertrag an jedem Tag, ob die gesetzliche Mindestgarantie in Gefahr ist. Wenn ja, schichten sie Ihr Geld aus dem Dachfonds in Rentenfonds um. Wenn es an der Börse wieder bergauf geht, fließt Ihr Geld zurück in den Dachfonds. Auf diese Weise können Sie von Kurserholungen profitieren, allerdings machen häufige Umschichtungen den Fortgang des Vertrags unübersichtlich. Auch das Kostenkonzept des Fondssparplans ist wenig verbraucherfreundlich, da Sie hier bereits die Abschluss- und Vertriebskosten für die gesamte Laufzeit in den ersten fünf Jahren zahlen sollen.
Fazit: Gut ist, dass die Fondsmanager der DWS das Geld wieder zurückschichten, wenn die Börsen gut laufen. Wenn Sie sich für diesen Fondssparplan entscheiden, sollten Sie aber auf jeden Fall versuchen, die Kosten zu drücken. Wie das geht, steht auf Seite 60.

Deka-Bonusrente

Der Fondsanbieter Deka teilt seine Anleger je nach Anspardauer in verschiedene Gruppen ein. Je länger die Anspardauer ist, desto höher ist Ihre Aktienquote. Dafür haben die Fondsmanager sechs verschie-

dene Fonds mit unterschiedlich hoher Aktienquote geschaffen. Wenn Sie zum Beispiel noch 22 Jahre bis zu Ihrem geplanten Ruhestand im Alter von 60 Jahren haben, bekommen Sie zunächst den Fonds Deka-BR 100 mit einer Aktienquote von rund 100 Prozent. Nach sieben Jahren bekommen Sie den Fonds Deka-BR 85, nach weiteren fünf Jahren den Fonds Deka-BR 35. Als 30-Jähriger mit einer Anspardauer von 37 Jahren bis zum Alter von 67 würden Sie 22 Jahre lang im Deka-BR 100 bleiben.
Die Wechsel in den jeweils nächsten Fonds erfolgen turnusmäßig. Wie sich bis dahin die Aktienmärkte und somit Ihre Ersparnisse entwickelt haben, spielt dabei keine Rolle.
Fazit: Die Deka Bonusrente nutzt insgesamt zu wenig die Möglichkeiten, die ein Aktieninvestment bietet.

Deka-Zukunftsplan

Hier gibt es zwei Varianten. Den **Zukunftsplan Classic**, bei dem die Deka die Fonds zusammenstellt, und den **Zukunftsplan Select**, bei dem Sie sich selbst einen Aktien- und einen Rentenfonds aussuchen können, in die Sie Ihr Geld investieren. Dabei stehen allerdings nur drei Aktien- und drei Rentenfonds zur Wahl. Für die frei wählbaren Fonds ist der Ausgabeaufschlag höher. Wie das Geld auf die Fonds verteilt wird, bestimmt aber immer noch die Deka. Die Manager überprüfen für jeden Vertrag individuell, ob die gesetzliche Mindestgarantie noch sicher ist. In der Classic-Variante gibt es fünf und in der Select Variante derzeit 11 unterschiedliche Risikogruppen.
Fazit: Hier fließt zu viel Geld in Rentenfonds. Das kostet Rendite.

Hansa Generation Plan

Die Fondsgesellschaft Hansa Invest bietet den Sparplan Hansa Generation Plan an. Er besteht aus vier Dachfonds mit unterschiedlichen Aktienquoten. Welcher Dachfonds im Sparplan steckt, hängt von der Restlaufzeit Ihres Vertrags ab. Haben Sie noch mehr als 24 Jahre bis zur Rente, bekommen Sie den Dachfonds Hansadynamic A mit einer Aktienquote von zurzeit 90 Prozent. Sobald Sie unter die 24-Jahres-Grenze rutschen, schichten die Fondsmanager Ihr Geld in den Dachfonds Hansacentro A um, der nur noch zur Hälfte aus Aktien besteht. All Ihre weiteren Einzahlungen fließen dann ebenfalls dorthin. Danach folgt der Hansabalance A mit einer Aktienquote von etwa 20 Prozent, wenn Ihre Restlaufzeit unter zwölf Jahre fällt. Bei einer Restlaufzeit von nur noch sechs Jahren ist der Hansaaccura A dran, bei dem Ihr Geld überhaupt nicht mehr in Aktienfonds investiert wird, sondern vor allem in risikoärmere Renten- und Geldmarktfonds.
Fazit: Das Konzept verschenkt die Chancen der Aktienmärkte. Zu früh steckt Hansa Invest die Anlegergelder in renditeschwache Anleihen.

Bei den Kosten sparen

Riester-Fondssparpläne können Sie direkt bei den Fondsgesellschaften, über eine Bank oder über freie Fondsvermittler kaufen. Der Kauf über eine Bank oder direkt bei der Fondsgesellschaft ist oft teurer. Denn dort wird meist der volle Ausgabeaufschlag fällig.

Der Ausgabeaufschlag ist eine Art Kaufgebühr, die Sie während der gesamten Laufzeit beim Erwerb von Fondsanteilen zahlen. Wie hoch er ist, setzt die Kapitalanlagegesellschaft fest. Er liegt bei bis zu 5 Prozent. Klar ist, je mehr der Fonds kostet, desto weniger bleibt Ihnen zum Anlegen.

Zum Ausgabeaufschlag kommen meist noch Managementgebühren und Depotführungskosten. Das Depot ist der Ort, an dem die Wertpapiere verwahrt werden.

Die Alternative zu Banken und Fondsgesellschaften sind freie Fondsvermittler, die Riester-Fonds mit Rabatten auf den Ausgabeaufschlag anbieten oder sogar ganz darauf verzichten. Und dieser Vorteil gilt nicht nur für Neuverträge. Auch wenn Sie bereits einen Vertrag haben, können Sie zu einem der freien Fondsvermittler wechseln.

Allerdings sollten Sie auch hier die Vertragsbedingungen aufmerksam lesen. Manche Vermittler machen den Rabatt abhängig von der Eröffnung eines Depots und Mindesteinlagen bis zu 50 000 Euro.

DIE SCHRITTE ZUM KAUF

1 Derzeit bieten nur vier Fondsgesellschaften insgesamt acht Riester-Fondssparpläne an. Unter www.test.de, Suchwort „Riester-Fondssparpläne“, sollten Sie prüfen, ob es aktuelle Untersuchungen zu Riester-Fondssparplänen gibt. Bisher waren die Uni-Profirente und die DWS Toprente Dynamik die überzeugendsten Produkte.

2 Die UniProfirente bekommen Sie bei einer Volksbank vor Ort. Die DWS Toprente Dynamik können Sie zum Beispiel im Netz über www.dwsdirekt.de bei der Fondsgesellschaft DWS abschließen, und das sogar mit einem Rabatt von 50 Prozent auf den Ausgabeaufschlag. Achten Sie dabei darauf, dass im Antrag nicht DWS Toprente Balance, sondern DWS Toprente Dynamik angekreuzt ist. Sie können sie auch über freie Fondsvermittler abschließen, sollten aber darauf achten, dass Sie dann mindestens 50 Prozent Rabatt bekommen. Eine Liste von freien Vermittlern finden Sie unter www.test.de/freie-fondsvermittler. Die DWS Riesterrente Premium lohnt sich nur, wenn Sie die Abschlusskosten reduzieren können, die in den ersten fünf Jahren anfallen. Dazu gehen Sie am besten zu einem freien Fondsvermittler und fragen nach einem Rabatt.

3 Füllen Sie die Unterlagen inklusive Zulagenantrag aus, drucken Sie sie zusammen mit dem Postident-Coupon aus und unterschreiben Sie sie. Damit gehen Sie zu einer Filiale der Deutschen Post und legitimieren sich über das Postident-Verfahren.

4 Nach einigen Tagen bekommen Sie die Zugangsdaten für Ihr Depot, wo Sie die Wertentwicklung Ihrer Fondsanteile täglich online verfolgen können.

RIESTER-FONDSPOLICEN

Riestern mit Fonds können Sie nicht nur mit Fondssparplänen. Häufig werden auch fondsgebundene Rentenversicherungen angeboten. Sie werden auch Fondspolicen genannt. Eine Fondspolice ist eine Kombination aus Fondsanlage und Rentenversicherung, die aber keiner der beiden Produktarten wirklich gerecht wird.

Eine Fondspolice vereint die Nachteile der Rentenversicherung mit denen eines Fondssparplans. Sie hat die hohen Abschluss- und Verwaltungskosten einer Versicherung, die in den ersten Jahren einen Wechsel ohne Verluste kaum möglich machen, kann aber meist nicht mit deren Planbarkeit und Sicherheit durch eine garantierte Mindestrente punkten.

Die Risiken des Aktieninvestments machen das Produkt sogar noch unflexibler. Wie bei einem Fondssparplan wissen Sie wegen der Kursschwankungen durch die wechselhaften Börsenentwicklungen nie, was Ihre Anlage zu einem bestimmten Zeitpunkt wert sein wird. Ein Vertragswechsel zu einem ungünstigen Zeitpunkt kann hohe Verluste für Sie bedeuten. Die Riester-Garantie gilt nämlich wie immer nur für den Beginn der Auszahlphase, nicht für den Fall einer vorzeitigen Auflösung des Vertrags (siehe auch Seite 101).

Hybridangebote mit Zinsgarantie

Es gibt auch abgeschwächte Fondspolicen, sogenannte Hybridangebote. Hier erhält der Kunde wie bei der klassischen Rentenversicherung eine Zinszusage von derzeit 1,75 Prozent. Und nur das, was darüber hinaus erwirtschaftet wird, die Überschüsse, werden in Fonds investiert.

Doch auch diese Minimalgarantie macht die hohen Kosten für das Versicherungskorsett nicht wett. Wir empfehlen deshalb auch diese Hybrid-Verträge nicht. Fondsinteressenten sind mit Riester-Fondssparplänen in der Regel deutlich besser bedient.

Auch der etwaige Steuervorteil gegenüber Fondssparplänen in der Auszahlphase – Fondspolicen unterliegen unter bestimmten Voraussetzungen nicht der Abgeltungsteuer – entfällt. Denn alle staatlich geförderten Riester-Produkte werden in der Auszahlphase gleich besteuert.

Günstiger auf die Rentenhöhe kann sich allerdings auswirken, dass bei deren Berechnung die bei Vertragsabschluss geltende durchschnittliche Lebenserwartung zugrunde gelegt wird. Bei Fondssparplänen gilt die dann eher höhere durchschnittliche Lebenserwartung zu Beginn der Auszahlphase.

Preisunterschiede zwischen den Angeboten

Obwohl sie insgesamt eher wenig empfehlenswert sind, verkaufen sich die Fondspolicen nicht schlecht. Sie wurden deutlich häufiger abgeschlossen als Fondssparpläne. Das liegt auch daran, dass Vermittler gut an diesen verdienen und das Produkt in einem guten Licht erscheinen lassen, ohne auf die Nachteile aufmerksam zu machen.

Die Kosten der Fondspolicen unterscheiden sich enorm. Je nach Laufzeit des Vertrags und Kalkulation des Versicherers fallen zwischen 3 und sogar mehr als

KOMPASS **Fondsgebundene Rentenversicherung**

Für wen ist sie geeignet? Sie eignet sich für fast niemanden.

Wie funktioniert sie? Es ist eine Rentenversicherung, bei der Ihr Sparanteil ganz oder teilweise in Investmentfonds fließt.

Lohnt sich das Investment? Die Renditeerwartung ist eher bescheiden. Sie können zwar von Kursgewinnen an der Börse profitieren. Die hohen Kosten schmälern aber die Rendite.

Welche Garantie gibt es? Es gibt meist nur die gesetzlich festgelegte Mindestgarantie auf die eingezahlten Beiträge und Zulagen zu Rentenbeginn, aber keine Renditezusage.

Wie hoch sind die Kosten? Sie sind sehr hoch. Zu den hohen Versicherungskosten für Abschluss und Verwaltung kommen zusätzlich Fondskosten.

Wie flexibel ist sie? Eine Fondspolice ist sehr unflexibel. Weil die hohen Abschlusskosten in den ersten fünf Jahren von Ihren Beiträgen abgezogen werden, können Sie bei einem Wechsel in den ersten Vertragsjahren deutliche Verluste machen. Darüber hinaus ist ein Umstieg nur nach einer guten Börsenphase sinnvoll, ansonsten drohen Ihnen auch hier Verluste.

Wie gut kann ich planen? Die Planbarkeit der Auszahlung ist meist schlecht. Die Höhe der späteren Rente ist bei Vertragsschluss weitgehend ungewiss.

22 Prozent der Einzahlungen an. Es ist also nicht erstaunlich, dass Versicherer versuchen, die Höhe der Gesamtkosten möglichst undurchsichtig zu halten.

Oftmals wissen Sparer gar nicht, dass sie in eine Fondspolice einzahlen. Sie schließen das ab, was Ihnen der Vermittler als besonders renditestark anpreist. Besonders wenn Sie einen teuren Vertrag wie die fondsgebundene Kaiserrente der ehemaligen Hamburg-Mannheimer oder der Victoria Förderrente dual – beide gehören inzwischen zum Ergo-Konzern – abgeschlossen haben, ist es wahrscheinlich sinnvoller, zu einem anderen Produkttyp zu wechseln (siehe Tipp).

Doch nicht absolut jede Riester-Fondspolice muss schlecht sein. Wenn Sie eine abschließen wollen, sollten Sie auf niedrige Kosten und ein gutes Fondsangebot achten. Zudem sollten Sie nicht älter als 35 Jahre sein, damit Ihnen wie bei den Fondssparplänen genug Zeit bleibt, eventuelle Kursschwankungen an der Börse auszusitzen.

Grüne Fonds nur mit Versicherungen

Auch wenn es Ihnen sehr wichtig ist, ökologisch anzulegen, ist eine Fondspolice oft Ihre einzige Möglichkeit. Denn ökologisches Riestern mit Fonds ist fast ausschließlich über diese möglich. Es gibt eine Reihe von Fondspolicen, die einen oder mehrere Nachhaltigkeits- oder Umwelttechnologiefonds enthalten (siehe Seite 68). Bei Fondssparplänen dagegen ist ein speziell grünes Investment bisher Fehlanzeige.

TIPP Hilfe bei schlechten Fondspolicen

Im Minus: Ihr Anbieter schickt Ihnen jedes Jahr Standmitteilungen zu, die Ihnen Aufschluss über die Entwicklung Ihres Ersparten geben. Liegt Ihr Guthaben unter Ihren Einzahlungen, sind dafür vermutlich die hohen Anfangskosten und eine nur moderate Fondsentwicklung verantwortlich. Wenn Sie unzufrieden sind, können Sie die Einzahlung in Ihre Police sofort stoppen und Ihr Investment bis zur Auszahlungsphase ruhen lassen. Der Anbieter muss zu Ihrem Rentenbeginn trotzdem komplett das bisher eingezahlte Geld inklusive Zulagen bereithalten. Suchen Sie sich für Ihre weitere Altersvorsorge dann einen besseren Riester-Vertrag. Mehr zum Wechseln von Riester-Verträgen finden Sie auf Seite 103.

Gute Fonds: Wenn Sie Ihre Fondspolice behalten wollen, sollten Sie auf jeden Fall herausfinden, wie erfolgreich die einzelnen Fonds sind, und gegebenenfalls Ihr Geld in gut bewertete Fonds umleiten. Überprüfen können Sie die Qualität Ihrer Fonds mit unserer Produktdatenbank im Internet unter www.test.de/fonds.

ETHISCH UND ÖKOLOGISCH ANLEGEN MIT RIESTER

Sind Ihnen neben Sicherheit und Rendite bei der Riester-Rente ethische oder ökologische Aspekte wichtig, werden Sie bisher noch ein wenig allein gelassen. Das beginnt schon mit dem Durcheinander an Begriffen wie „grün", „sozial", „nachhaltig", „ethisch", „ökologisch", die nicht eindeutig voneinander abgegrenzt sind. Generell sollen diese Bezeichnungen darauf hinweisen, dass das Investment nicht allein nach wirtschaftlichen Gesichtspunkten geschieht.

Kein Gütesiegel

Eine ökologisch nachhaltige Anlage könnte sich zum Beispiel darauf beziehen, dass der Anbieter in bestimmte Branchen wie Atomkraft nicht investiert oder nur Unternehmen auswählt, die bewusst auf Energieeffizienz und Umweltmanagementsysteme setzen. Ein ethisch nachhaltiges Investment könnte auch den Ausschluss bestimmter Branchen wie Tabakindustrie oder Praktiken wie Kinderarbeit bedeuten, oder aber zum Beispiel das gezielte Investment in Unternehmen mit hohen Sozialstandards für ihre Mitarbeiter.

Es gibt bisher kein staatliches Gütesiegel für soziale und ökologische Anlageformen. Sie müssen also selbst überprüfen, welche Anlegekriterien die Riester-Anbieter haben. Die Anbieter sind zwar verpflichtet, ihre Anlagekriterien darzulegen. Vor Abschluss des Vertrags und auch später in ihren jährlichen Standmitteilungen müssen sie Sie informieren, ob und wie sie soziale, ethische oder ökologische Aspekte in ihrer Anlagepolitik beachten. Allzu informativ fallen diese Angaben allerdings meist nicht aus.

Denn der sie beaufsichtigenden Bundesanstalt für Finanzdienstleistungsaufsicht (Bafin) gegenüber müssen sie nur bestätigen, ob sie ethische oder ökologische Kriterien bei ihrer Anlage berücksichtigen. Wie diese im Detail aussehen und ob die

KOMPASS **Ethische und ökologische Riester-Verträge**

Für wen sind sie geeignet? Für alle, die ihr Geld nach ethischen oder ökologischen Kriterien anlegen wollen.
Wie funktioniert es? Es gibt klassische Rentenversicherungen, fondsgebundene Rentenversicherungen und Banksparpläne, bei denen das Geld nach ethischen oder ökologischen Kriterien angelegt wird. In den Punkten Renditeerwartung, Kosten, Garantie, Flexibilität und Planbarkeit unterscheiden sich die nachhaltigen Produkte nicht maßgeblich von den konventionellen Angeboten. Mehr Informationen zu den einzelnen Produkttypen finden Sie auf den vorhergehenden Seiten.

Informationen verbraucherfreundlich gestaltet sind, überprüft die Bafin nicht.

Vorsicht Streubomben

Als Riester-Sparer müssen Sie – nicht anders als bei anderen Finanzprodukten – sogar oft damit rechnen, dass Ihr Geld bei Streubombenherstellern angelegt sein kann. Und das, obwohl die Waffen in Deutschland verboten und seit dem 1. August 2010 auch international geächtet sind.

Wir haben Anfang des Jahres 2011 immerhin 174 Anbieter von Riester-Produkten befragt und kamen zu dem Ergebnis, dass gerade mal zwölf der befragten Institute die Anlage in Streubombenproduzeten ausschließen und das auch glaubhaft belegen konnten. In der Zwischenzeit ist ein dreizehnter Anbieter hinzugekommen, der auf unsere Untersuchung reagiert hat und nun darauf achtet, dass er nicht mehr in Streubombenhersteller investiert (siehe Checkliste unten). Die Ethikbank und die Bank für Kirche und Caritas haben sogar generell Rüstungsgüter ausgeschlossen.

Dies heißt im Umkehrschluss nicht, dass alle anderen tatsächlich in die Hersteller von Streubomben investieren. So wollten 68 von 86 Banken sowie knapp die Hälfte der Versicherer, die wir befragten, nicht an der Umfrage teilnehmen. Andere behaupteten, dass sie keine Aktien oder Anleihen von Streubombenproduzenten kaufen, konnten das aber nicht belegen. Letztendlich können Sie so nicht

CHECKLISTE: Streubomben ausschließen

Die folgenden Anbieter achten darauf, dass ihre Riester-Produkte nichts mit Streubomben zu tun haben:

- **Fondsgesellschaften:** Allianz Global Investors, DWS, Union Investment
- **Versicherungsgesellschaften:** AachenMünchener, Axa, CosmosDirekt, Debeka, Generali, oeco capital, Zurich
- **Banken:** Bank für Kirche und Caritas, Ethikbank, Raiffeisenbank Rastede

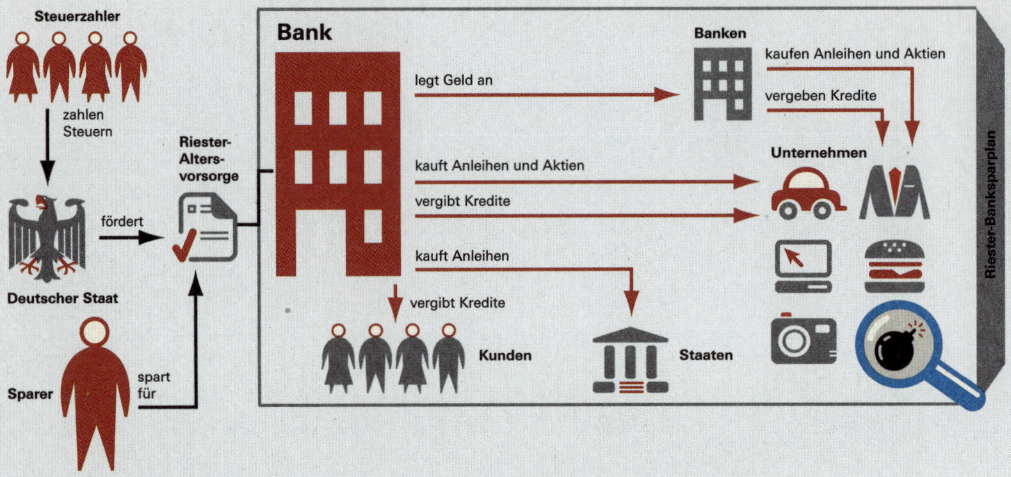

Viele Wege führen zum Streubombenhersteller: Das Schaubild zeigt am Beispiel der Banken, auf welche Weise das Geld der Riester-Sparer und die staatliche Riester-Förderung bei Streumunitionsherstellern landen kann: Banken vergeben Kredite an Unternehmen, legen das Geld ihrer Kunden aber auch im eigenen Haus in Wertpapieren an. Ganz ähnlich ist das bei Versicherungen und Fonds: Versicherungen verwalten die Beiträge ihrer Kunden in der Eigenanlage. Sie kaufen dafür zum großen Teil Anleihen, aber auch Aktien und Fonds. Bei fondsgebundenen Versicherungen fließt ein Teil der Versicherungsbeiträge in oftmals frei wählbare Fonds. Fonds kaufen Aktien und Anleihen.

sicher ausschließen, dass Sie bei solchen Anbietern auch Produzenten dieser Waffen unterstützen.

Nachhaltige Anlagestrategien

Aber woran können Sie sich orientieren, wenn Sie nicht nur Wert darauf legen, dass Ihr Geld keine Produzenten von geächteten Waffen unterstützt, sondern Sie insgesamt ethisch und ökologisch einwandfrei investieren möchten?

Hier verfolgen die Institute, die solche Riester-Produkte anbieten, unterschiedliche Ansätze, nach denen sie Nachhaltigkeit bewerten. Im Folgenden aufgelistet finden Sie die vier gängigsten. Sie können sich jeweils nur auf ein bestimmtes Produkt beziehen, das ein Versicherer oder eine Bank anbietet, oder aber auf die Anlagestrategie des Anbieters insgesamt.

- Positivkriterien: Gezielt kaufen die Banken oder Versicherer für ein Produkt nur Wertpapiere von Firmen, die zum Beispiel regenerative Energien gewinnen, umweltschonende Verfahren verwenden oder Sozialstandards einhalten.
- Negativkriterien: Die Banken und Versicherer investieren nicht in Wertpapiere von Unternehmen, die zum Beispiel Kriegswaffen herstellen, Atomenergie erzeugen, Gentechnik verwenden oder Tierversuche zulassen.
- Best-in-Class-Ansatz: Banken und Versicherer wählen unter Unternehmen diejenigen aus, die innerhalb der Branche am umweltschonendsten oder sozial verträglichsten arbeiten.
- Nachhaltigkeitsindizes: Es werden nur solche Wertpapiere gekauft, die in einem bestimmten Index vertreten sind. Ein Index

ist ein Barometer, das die Kurs-, beziehungsweise Marktentwicklung des Aktienmarktes oder einer einzelnen Branche widerspiegelt. Nachhaltigkeitsindizes sind zum Beispiel der NAI (Natur-Aktien-Index) oder der DJSI World (Dow Jones Sustainability World Index).

Eingeschränkte Produktauswahl

Wenn Sie Wert auf ein ethisch einwandfreies Investment legen, ist Ihre Auswahl an Riester-Produkten, genau wie bei anderen Finanzprodukten, deutlich eingeschränkt. Die Palette umfasst bislang nur ein paar Banksparpläne und Versicherungen.

Sozial engagiert per Banksparplan und Versicherung

Dass sich erfolgreiche Geldanlage und Moral nicht grundsätzlich ausschließen müssen, zeigt vor allem die Bank für Kirche und Caritas aus Paderborn. Diese Kirchenbank legt generell streng nach ethisch-ökologischen Kriterien an. Und ihr Banksparplan gehörte in unserer Untersuchung im Jahr 2010 aufgrund seiner guten Ertragschancen sogar zu den guten. Der Haken: Er ist nur für Mitarbeiter von katholischen und kirchlich-karitativen Einrichtungen des Erzbistums Paderborn und einiger weiterer Bistümer geöffnet.

TIPP **Riestern ohne Waffen**

Druck machen: Gleich, welche Art von Riester-Vertrag Sie haben oder abschließen wollen, Sie finden in jeder Produktkategorie Angebote ohne zweifelhafte Waffeninvestments. Sie sollten Ihre Berater unbedingt darauf aufmerksam machen, dass Ihnen ethisches Anlegen wichtig ist. Wenn Sie bereits einen Riester-Vertrag haben, fordern Sie ihn schriftlich dazu auf, künftig auf Anlagen in Hersteller von Streumunition zu verzichten. Je größer die Nachfrage nach solchen Produkten wird und je mehr Druck von Seiten der Kunden kommt, desto schneller werden die Anbieter darauf reagieren.
Wechseln: Wenn Sie zu einem Anbieter wechseln wollen, der definitiv nicht in Hersteller von Streubomben investiert, können Sie das jederzeit. Sie müssen dafür Gebühren zahlen. Bei Fondssparplänen sind das meist 50 Euro, bei Banksparplänen zwischen 50 und 100 Euro, die Versicherer nehmen häufig 100 bis 150 Euro. Es kann sein, dass Sie Verluste machen, wenn Sie Geld aus Fondssparplänen oder Versicherungen herausnehmen, um es in ein anderes Produkt zu investieren. Ihr neuer Anbieter garantiert Ihnen nur die Summe, die Sie übertragen, nicht die ursprünglichen Einzahlungen. Bei Fonds und Versicherungen kann zwischenzeitlich aber weniger Geld vorhanden sein, als Sie eingezahlt haben (siehe Seite 104).

Auch die Ethikbank, die zur Volksbank Eisenberg Direkt gehört, legt nach ethisch-ökologischen Kriterien an. Sie arbeitet sowohl mit Positiv- als auch mit Negativkriterien. Genaueres können Sie auf ihrer Internetseite erfahren. Bei der Ethikbank können alle Riester-Förderberechtigten einen Banksparplan abschließen. Allerdings landete der bei unserer letzten Untersuchung Ende 2010 nur im Mittelfeld.

Es gibt auch zwei Rentenversicherer, die ein ethisch-ökologisches Riester-Produkt anbieten. Zum einen ist das der Versicherer oeco capital, der ebenfalls Negativ- und Positivkriterien anlegt. Er hat einen Beirat eingesetzt, der überwacht, ob die Firmen die Anlagekriterien einhalten, und informiert seine Kunden sehr genau über die Verwendung der Beiträge. Für die Riester-Sparer hat er die „Förder-Rente" aufgelegt. Ihre Beiträge fließen in Firmen, die nachhaltige und soziale Kriterien berücksichtigen. An unserem Test im Jahr 2010 hat der Versicherer aber nicht teilgenommen, sodass wir keine Einschätzung zu seiner Qualität geben können.

Seit Oktober 2010 verkauft oeco capital auch noch einen weiteren Tarif: die „Förder-Rente futur". Sie kombiniert Altersvorsorge und die Absicherung für den Fall der Pflegebedürftigkeit. Ist der Versicherte bei Rentenbeginn pflegebedürftig, hat er Anspruch auf eine höhere Altersrente. Oft gehen solche Extras aber zu Lasten der Rendite (mehr hierzu auf Seite 114).

Eine weitere nachhaltige Rentenversicherung für Riester-Sparer bietet der Hamburger Verein für alternative Versorgungskonzepte (VAV) zusammen mit dem Versicherer neue leben an. Sie heißt „transparente" und wird von Maklern vermittelt, die sich auf grüne Geldanlagen spezialisiert haben. Sie ist identisch mit dem Riester-Produkt „Riesterrente R7" der neuen leben. In unserer Untersuchung im Jahr 2010 schnitt diese „befriedigend" ab.

Wenn Sie in diese Riester-Rentenversicherung investieren, legt der Versicherer neue leben Ihr Geld bis auf die Kosten, die er abzieht, nachhaltig an. Dabei gibt der Verein für alternative Versorgungskonzepte die sozialen und ökologischen Anlagekriterien vor und wählt aus, wohin das Geld fließt. Ein Teil Ihrer Beiträge geht in saubere Geldanlagen, der andere Teil in nachhaltige, regionale Projekte wie ökologische Architektur, umweltfreundliche Energieerzeugung, Bildungseinrichtungen, Dorf- und Wohnprojekte, integrative Gesundheitseinrichtungen oder Unternehmen mit herausragenden Sozialleistungen.

Nachhaltige Fonds

Wollen Sie als Riester-Sparer ethisch-ökologisch und in Fonds investieren, wird es richtig schwierig. Bisher gibt es keinen einzigen Fondssparplan, der diesen Kriterien genügt. Ihnen bleibt dann nur die Möglichkeit, Ihr Geld in eine fondsgebundene Rentenversicherung mit all ihren Nachteilen zu stecken (siehe Seite 61). Denn hier finden sich ein paar, die einen oder auch mehrere Öko-, Nachhaltigkeits- oder Umwelttechnologiefonds zur Auswahl

haben. Es gibt zudem einige Finanzdienstleister und Makler, die sich auf grüne und nachhaltige Geldanlagen spezialisiert haben.

Rundum grün ist eine solche Riester-Fondspolice aber nie. Das liegt daran, dass ein Teil Ihres Beitrags nicht in Fonds fließt, sondern an den Versicherer. Denn der muss ja sicherstellen, dass zu Beginn der Auszahlphase mindestens die Summe aus Ihren Einzahlungen und den Zulagen noch vorhanden ist. In der Regel wird der Teil des Geldes, der für diese Kapitalgarantie vorgesehen ist, konventionell angelegt. Nur der nicht für die Garantie benötigte Teil fließt in Ökofonds.

Anbieter solcher fondsgebundenen Rentenversicherungen sind beispielsweise die Allianz (Allianz Riesterrente Invest alpha Balance), Alte Leipziger (ALfonds-Riester, FR50), Continentale (Vorsorge Plusplan, VR3), CosmosDirect (Fondgebundene Riester-Rente CFR-A), Versiko/Continentale (Versirente Riester) und der Volkswohl Bund (Riester Rente Tarif AWR/AFR).

RIESTERN ÜBER DEN BETRIEB

Betriebliche Altersversorgung umfasst alle Leistungen, die Ihr Arbeitgeber Ihnen zur Altersversorgung, zur Hinterbliebenenversorgung oder zum Invaliditätsschutz zusagt. Sie wird entweder alleine von Ihrem Arbeitgeber, von Ihnen beiden oder ausschließlich von Ihnen selbst finanziert. Wenn Sie selbst Geld einzahlen, vereinbaren Sie mit dem Arbeitgeber, Teile Ihres Gehalts in eine Betriebsrente – oder offiziell in eine Zusage auf spätere Versorgungsleistungen – umzuwandeln.

Es gibt insgesamt fünf verschiedene Wege, wie ein Arbeitgeber eine betriebliche Altersversorgung durchführen kann. Über eine solche betriebliche Altersversorgung können Sie auch riestern. Von den fünf Durchführungswegen der betrieblichen Altersversorgung sind allerdings nur die Vorsorge durch eine Direktversicherung, eine Pensionskasse oder einen Pensionsfonds förderfähig. Die Versorgung durch eine Pensionszusage oder eine Unterstützungskasse bleibt außen vor, denn hier leisten Sie keine eigenen Beiträge, und die sind beim Riestern ja nötig. Als Beamter, Soldat oder Richter können Sie aufgrund Ihres andersgearteten Altersversorgungssystems nicht betrieblich riestern.

Auf den Durchführungsweg und den Anbieter haben Sie anders als bei privaten Riester-Verträgen allerdings keinen Einfluss. Das entscheidet der Arbeitgeber. In tariflich gebundenen Unternehmen kann dies auch durch den Tarifvertrag festgelegt sein.

Die drei Möglichkeiten

Es bleiben also drei Möglichkeiten, betrieblich zu riestern:

- Direktversicherung: Bei einer Direktversicherung schließt der Arbeitgeber für Sie eine Rentenversicherung ab. Er ist der Versicherungsnehmer und wählt auch den Anbieter aus. Sie sind die versicherte Person, an die später die Rente ausgezahlt wird. Riester-förderfähig sind nur solche Beiträge für eine Direktversicherung, die aus Ihrem individuell versteuerten Ein-

KOMPASS **Betriebsrente mit Riester**

Für wen ist sie geeignet? Sie eignet sich für bequeme Sparer mit festem Job, deren Arbeitgeber das Riestern über einen Gruppenvertrag kostengünstig anbietet. Auch interessant, wenn Sie aus gesundheitlichen Gründen keinen ausreichenden Hinterbliebenenschutz oder Invaliditätsschutz auf dem freien Markt bekommen.

Wie funktioniert sie? Betrieblich riestern können Sie je nach Arbeitgeber über eine Pensionskasse, einen Pensionsfonds oder eine Direktversicherung. In allen drei Fällen haben Sie keinen Einfluss auf die Produktauswahl. Die übernimmt der Arbeitgeber.

Lohnt sich das Investment? Deutlich getrübt ist Ihre Renditeerwartung dadurch, dass die Auszahlungen des Betriebs-Riester sozialabgabenpflichtig sind. Rund 17 Prozent gehen dadurch von der Auszahlung verloren. Bei privaten Riester-Verträgen ist das nur selten der Fall.

Wie hoch sind die Kosten? Die Kosten sind durch Gruppenrabatte oft niedrig.

Welche Garantie gibt es? Die Garantien sind je nach Durchführungsweg unterschiedlich. Sie haben aber auch hier mindestens die gesetzlich festgelegte Mindestgarantie auf die eingezahlten Beiträge und Zulagen zu Rentenbeginn.

Wie flexibel ist es? Riestern über den Betrieb ist sehr unflexibel, denn es hängt vom Arbeitgeber ab. Sie können auch kein Geld zur Immobilienfinanzierung entnehmen.

Wie gut kann ich planen? Die Planbarkeit der späteren Auszahlung ist gut. Bei klassischen Produktarten und festem Job ist die Prognose, die Sie über die Auszahlung bekommen, weitgehend sicher.

kommen finanziert werden, auf das Sie auch Sozialabgaben bezahlt haben. Voraussetzung ist außerdem, dass der Vertrag so gestaltet ist, dass die späteren Auszahlungen ein Leben lang fließen.

- Pensionskasse: Eine Pensionskasse ist ein Versicherer, der Beiträge zum Ansparen einer betrieblichen Altersversorgung für die Mitarbeiter eines oder mehrerer Unternehmen erhält und verwaltet, um für diese später eine Rente zu zahlen. Die Beiträge zahlen entweder Sie selbst per Gehaltsumwandlung oder der Arbeitgeber. Riester-förderfähig sind nur Beiträge, die Sie per Gehaltsumwandlung zahlen, und auch nur dann, wenn Sie sie zuvor individuell versteuert und Sozialabgaben auf diese gezahlt haben.
- Pensionsfonds: Ein Pensionsfonds ist eine einem Versicherer ähnliche Versorgungseinrichtung, die Ihnen später lebenslange Rentenzahlungen garantiert. Die Beiträge zahlen entweder Sie selbst per Gehaltsumwandlung oder der Arbeitgeber. Anders als bei der Pensionskasse kann ein Pensionsfonds die Beiträge stärker in Aktien und Investmentfonds anlegen. Riester-förderfähig sind nur solche Beiträge, die Sie per Gehaltsumwandlung zahlen, und auch nur dann, wenn Sie sie zuvor individuell versteuert und Sozialabgaben auf diese gezahlt haben.

Vorteile durchs Kollektiv

Der Vorteil beim Riestern über den Betrieb sind niedrige Kosten. Denn der Arbeitgeber kann bei Abschluss- und Verwaltungskosten meistens Gruppenrabatte bekommen. Auch steuert der Arbeitgeber oft etwas zur Zusatzversorgung seiner Mitarbeiter bei, was noch ein Pluspunkt ist.

Einen weiteren großen Vorteil hat diese Art zu riestern, wenn Sie aus gesundheitlichen Gründen auf dem freien Markt keinen privaten Einzelvertrag für Invaliditäts- oder Hinterbliebenenschutz bekommen.

Mit einem Riester-Gruppenvertrag über Ihren Betrieb können Sie nämlich ohne die

KURZ UND KNAPP **Gesundheitsprüfung**

Wenn Sie privat eine Berufsunfähigkeitsversicherung zur finanziellen Absicherung einer eventuellen Invalidität oder eine Risikolebensversicherung zur Absicherung Ihrer Angehörigen abschließen wollen, prüfen die Versicherer zunächst Ihren Gesundheitszustand. Stellt sich heraus, dass Sie zum Beispiel starker Raucher sind, schon einmal eine Psychotherapie gemacht haben oder Sie unter starken Rückenproblemen leiden, kann es schwierig sein, einen Vertrag zu bekommen. Klappt es doch, sind die Leistungen oft eingeschränkt oder Sie müssen einen Risikozuschlag zahlen.

üblichen, zu niedrigen Obergrenzen (siehe Seite 109) Ihre Angehörigen absichern oder Leistungen bei Invalidität einschließen. Aus diesen Gründen sind in großen Konzernen mit obligatorischer Betriebsrente diese Riester-Verträge gar nicht so selten.

Ist keine tarifliche Lösung vorgeschrieben und hat Ihr Arbeitgeber die betriebliche Altersversorgung nicht kollektiv geregelt, können Sie zwar verlangen, dass er für Sie einen Einzelvertrag über eine Riester-taugliche Direktversicherung abschließt. Die gibt es nämlich sowohl als Gruppen- als auch als Einzelverträge. Damit sind die Vorteile durchs Kollektiv allerdings dahin, und die Nachteile überwiegen dann deutlich.

Nachteile beim Betriebs-Riestern

Der größte Nachteil beim betrieblichen Riestern ist, dass von den späteren Auszahlungen Sozialabgaben abgehen. Das ist bei den meisten privaten Riester-Verträgen nicht der Fall.

Das hängt damit zusammen, dass Betriebsrenten auch ohne Riester staatlich gefördert werden und sich die beiden Förderwege sozusagen in die Quere kommen. Betriebsrenten werden staatlich gefördert, indem Sie für das Geld, das Sie in Ihre Betriebsrente stecken, keine Steuern oder Sozialabgaben zahlen müssen.

Zweimal Sozialabgaben

Diese Abgaben fallen erst im Rentenalter auf die Auszahlungen aus der Betriebsrente an. Bei privaten Riester-Verträgen ist das jedoch genau andersherum. Sie zahlen zwar in der Ansparphase Sozialabgaben, aber auf die Riester-Auszahlungen später in den meisten Fällen keine Krankenversicherungsbeiträge. Und die Abgaben für die gesetzliche Kranken- und Pflegeversicherung schlagen deutlich zu Buche. Rund 17 Prozent niedriger sind die Riester-Auszahlungen dadurch.

Die Krux: Anders als bei den reinen Betriebsrenten ist für den Abschluss von Riester-Betriebsrenten Voraussetzung, dass Sie auf das Geld für die Beiträge während der Ansparphase zuvor auch schon Sozialabgaben zahlen und es nach Ihrem individuellen Steuersatz versteuern. Sie zahlen als Riester-Betriebsrentner bisher also zweimal Sozialabgaben. Einmal in der Ansparphase und dann in der Auszahlphase. Und das macht das be-

KURZ UND KNAPP **Sozialabgaben**

Zu den Sozialabgaben zählen die Beiträge für Kranken-, Pflege-, Renten- und Arbeitslosenversicherung. Sie werden vom Arbeitgeber direkt vom Bruttogehalt abgezogen und an die Sozialversicherungsträger weitergeleitet. Im Rentenalter fallen die Beiträge zur Renten- und Arbeitslosenversicherung weg.

triebliche Riestern, vor allem das über einen Einzelvertrag, eher unattraktiv.

Nur wenn Sie später im Alter zu den wenigen freiwillig gesetzlich krankenversicherten Rentnern gehören, müssen Sie auch auf die private Riester-Rente Sozialabgaben zahlen. Dann macht es in dieser Hinsicht keinen Unterschied, ob Sie betrieblich oder privat riestern (siehe Seite 158).

Privat weitergeführte Direktversicherungen

Allerdings gibt es eine Neuerung, wenn Sie eine Direktversicherung zwar über Ihren Arbeitgeber abgeschlossen, diese dann aber privat – zum Beispiel nach einem Arbeitgeberwechsel – weitergeführt haben. Bisher mussten Sie auf die gesamte spätere Rente Kassenbeiträge zahlen. Selbst dann, wenn der Vertrag zum Beispiel nur ein Jahr über den Arbeitgeber, dann aber 19 Jahre privat über Sie selbst gelaufen ist.

Damit waren Sie anderen privat Rentenversicherten gegenüber im Nachteil. Denn auf deren Rente fielen keine Sozialabgaben an.

Das sah das Bundessozialgericht mittlerweile auch so. Es hat im Mai 2011 bestätigt, dass Arbeitnehmer, die als Versicherungsnehmer privat die ursprüngliche Betriebsrente fortführen, als gesetzlich krankenversicherte Rentner auf diesen Rentenanteil keine Kranken- und Pflegeversicherungsbeiträge abführen müssen (Az. B 12 Kr 24/09-R). Die Richter forderten die Entwicklung einer Berechnungsmethode, um die Rente in beitragsfreie und beitragspflichtige Anteile zu unterteilen.

Sollten Sie eine Direktversicherung privat weiterführen, müssen Sie selbst auch Versicherungsnehmer der Police werden. Das war im Betrieb nämlich Ihr Arbeitgeber und Sie waren nur die begünstigte Person.

Wenn Sie als Rentner freiwilliges Mitglied in der gesetzlichen Krankenversicherung (GKV) sind, müssen Sie allerdings weiterhin auf alle Einkünfte Beiträge zahlen, auch auf privat gesparte Anteile einer Betriebsrente aus einer Direktversicherung. Es wird aber günstiger, wenn Sie in der Privatphase als Versicherungsnehmer im Vertrag stehen. Denn dann brauchen Sie nach einer Entscheidung des Spitzenverbands der gesetzlichen Krankenversicherung nicht den allgemeinen Beitragssatz von 15,5 Prozent, sondern nur den ermäßigten von 14,9 Prozent zu zahlen.

Betriebs-Riestern ist unflexibel

Die Sozialabgaben sind nicht das einzige Problem beim Betriebs-Riestern. Die Verträge sind im Vergleich zum privaten Riestern auch deutlich unflexibler:

- Sie können kein Geld aus dem Vertrag nehmen, um eine Immobilie zu finanzieren.
- Sie können in den meisten Fällen auch keinen reinen Zulagenvertrag für Ihren Ehepartner abschließen.
- Es ist unsicher, ob Sie Ihren Vertrag beim Wechsel des Arbeitgebers nahtlos fortsetzen können.

So funktioniert Riestern im Betrieb

Die Beiträge für den betrieblichen Riester-Vertrag zieht Ihnen der Arbeitgeber direkt von Ihrem Gehalt ab und überweist sie an den Anbieter. Auch für die Verwaltung der Zulagen ist eigentlich der Arbeitgeber zuständig. Meist übernimmt dies aber der Anbieter direkt, der Ihnen einen Zulagenantrag zum Ausfüllen und Unterschreiben zuschickt. Den müssen Sie dann, oft über die Personalstelle Ihrer Firma, an den An-

TIPP **Betriebs-Riestern und Krankenversicherung**

Gesetzlich Krankenversicherte: Suchen Sie sich als gesetzlich Krankenversicherter besser ein gutes privates Angebot. Die Pflicht, bei Betriebsrenten im Alter Sozialabgaben zu zahlen, schmälert die Rendite. Außerdem ist der Vertrag sehr unflexibel. Es lohnt sich nur, wenn Ihr Arbeitgeber ein besonders günstiges Produkt auswählt oder sich großzügig an Ihrer Altersvorsorge beteiligt.

Wenn Ihr Geld reicht, kann es sinnvoll sein, zusätzlich neben einem privaten Riester-Vertrag die normale (nicht geriesterte) Fördervariante der betrieblichen Altersversorgung zu nutzen und steuer- und sozialabgabenfrei in eine Betriebsrente einzuzahlen. Denn eine Rentenlücke bleibt oft noch trotz Riester-Vertrag.

Privat Krankenversicherte: Werden Sie als Rentner privat krankenversichert sein, fallen für Sie auf Betriebsrenten keine Abgaben für die gesetzliche Kranken- und Pflegeversicherung an. Betriebsrenten sind für Sie deshalb meist eine gute Geldanlage – ob mit Riester oder ohne.

bieter zurückgeben. Dann erst fließen die Zulagen von der zentralen Zulagenstelle auf Ihr Vorsorgekonto.

Sie können die staatliche Förderung komplett für Ihren betrieblichen Riester-Vertrag nutzen, können sie aber auch auf einen betrieblichen und einen privaten Vertrag verteilen. Mehr als zwei Verträge fördert der Staat allerdings nicht.

Wenn Sie Ihren Arbeitgeber wechseln, können Sie Ihren Vertrag theoretisch auf ein Angebot des neuen Arbeitgebers übertragen. Die neuen Konditionen müssen Sie sich dabei aber genau ansehen, denn die können von Betrieb zu Betrieb stark variieren. Im Zweifel kann es besser sein, den Vertrag beim alten Arbeitgeber ruhen zu lassen und einen neuen privat abzuschließen.

Die Kostenvorteile sind bei einem Wechsel von einem betrieblichen Gruppenvertrag zu einem privaten Einzelvertrag zwar weg. Aber Sie gewinnen an Flexibilität und müssen auf die Auszahlungen des neuen Vertrags im Alter auch keine Sozialabgaben zahlen.

Die Zusatzvorsorge von Arbeitnehmern im öffentlichen Dienst wird zum Großteil von der Versorgungsanstalt des Bundes und der Länder (VBL) organisiert. Wenn Sie einen VBL-Riester-Vertrag haben, können Sie diesen anders als andere Arbeitnehmer weder auf einen anderen betrieblichen noch auf einen privaten Riester-Vertrag übertragen. Sie können ihn aber ruhen lassen und anderswo weiter riestern. Meist ist das ohnehin die beste Alternative.

MIT RIESTER WOHNEN

Auch ein eigenes Heim ist Altersvorsorge. Wer später keine Miete zahlt, hat deutlich mehr von der gesetzlichen Rente. Deshalb können Sie die Riester-Förderung auch für den Bau oder Kauf einer selbstgenutzten Immobilie verwenden. Das lohnt sich, denn durch die Förderung sind Sie viel schneller schuldenfrei. Welcher Vertrag für Sie geeignet ist, wenn Sie Ihren Traum vom Eigenheim jetzt oder später verwirklichen möchten, erfahren Sie in diesem Kapitel.

DIE FÖRDERUNG FÜRS EIGENHEIM NUTZEN

Seit 2008 können Sie mit Riester-Verträgen deutlich besser und vielfältiger in eine Immobilie investieren. Die Voraussetzung für die staatliche Förderung ist, dass Sie die Immobilie selbst bewohnen. Es muss sich um Ihre Hauptwohnung oder um den Mittelpunkt Ihrer Lebensinteressen handeln.

Sie müssen aber nicht der alleinige Eigentümer der Wohnung oder des Hauses sein, und Ihre Miteigentümer müssen auch nicht selbst riestern oder zulagenberechtigt sein. Doch der Teil der Immobilie, der Ihnen gehört, muss von Ihnen bewohnt werden, und der geförderte Betrag darf die Summe Ihres selbstgenutzten Eigentumanteils nicht überschreiten.

Wenn Sie bereits in einem selbstgenutzten Eigenheim wohnen, können Sie Ihren Riester-Vertrag allerdings nicht dazu nutzen, dieses zu renovieren oder modernisieren. Selbst dann nicht, wenn es dabei um Energiesparmaßnahmen geht. Auch der An- oder Ausbau ist ausgeschlossen. Für Ferienwohnungen oder Wohneigentum, das Sie vermieten, können Sie ebenfalls keine Riester-Förderung beanspruchen.

Mehrere Optionen

In Stein gemeißelt ist Wohn-Riestern in seiner jetzigen Form nicht. Es sind immer wieder Änderungen im Gespräch. Bisher gibt es drei Möglichkeiten, Riester für die eigenen vier Wände zu nutzen.

Entnahme: Sie entnehmen während der Ansparphase Ihr Kapital aus einem Riester-Sparvertrag für die Finanzierung der eigenen vier Wände. Sie können dieses Geld in den Bau oder Kauf einer Immobilie, in eine Genossenschaftswohnung oder ein eigentumsähnliches oder lebenslanges Dauerwohnrecht zum Beispiel in einem Seniorenheim investieren. Für diese Zwecke dürfen Sie bis zu 75 Prozent oder aber gleich alles, also 100 Prozent, des vorhandenen Kapitals einsetzen.

Darlehen: Sie erhalten die Förderung für die Tilgung, also die Rückzahlung, eines Darlehens, das Sie aufgenommen haben, um eine selbstgenutzte Immobilie zu finanzieren. Dafür haben Banken und Bausparkassen spezielle Produkte entwickelt:

- Riester-Bausparverträge,
- Riester-Darlehen und
- Riester-Kombikredite.

Entschuldung: Sie setzen das angesparte Kapital zu Beginn der Auszahlphase, das heißt, wenn Sie in Rente gehen, ein, um damit Ihre selbstgenutzte Immobilie zu entschulden.

Riester-Vermögen entnehmen

Sie müssen keinen Riester-Bausparvertrag abgeschlossen haben, um Ihr Riester-Kapital in den Bau oder Kauf eines Eigenheims zu investieren. Sie dürfen es aus jedem Riester-Vertrag entnehmen, um es als Eigenkapital für die Finanzierung Ihrer Immobilie zu verwenden. Ausgenommen sind Riester-Verträge im Rahmen der betrieblichen Altersversorgung (siehe Seite 69).

Der Betrag, den Sie aus einem Sparvertrag für die Finanzierung Ihrer vier Wände herausnehmen, heißt „Altersvorsorge-Eigenheimbetrag". Sie können wählen, ob Sie nur einen Teil des angesparten Vermögens als Altersvorsorge-Eigenheimbetrag verwenden oder gleich alles. Wenn Sie sich für einen Teil entscheiden, dürfen Sie bis zu 75 Prozent entnehmen. Der Rest muss dann im Sparvertrag bleiben. Ein Sparvertrag mit weniger würde sich auch kaum

TIPP **Optimal Wohn-Riestern**

Altvertrag. Wenn Sie ein Riester-Darlehen abschließen, sollten Sie die Förderung künftig allein dafür nutzen. Falls Sie schon einen Riester-Vertrag haben, stoppen Sie die Einzahlungen dafür. In der Regel ist es auch sinnvoll, das angesparte Kapital als Eigenkapital fürs Eigenheim zu verwenden.

Steuern. Im Rentenalter müssen Sie Steuern auf die im Riester-Darlehen geförderten Beiträge zahlen. Bitten Sie die Bank oder Bausparkasse, Ihnen auszurechnen, welche Summe Sie etwa werden versteuern müssen. Lassen Sie sich durch die Steuern aber nicht abschrecken. Die Vorteile überwiegen.

Verkauf. Wenn Sie Ihre Wohn-Riester-geförderte Immobilie verkaufen wollen, verlieren Sie die Förderung nicht, wenn Sie die Fördersumme innerhalb eines Jahres in einem neuen Riester-Vertrag anlegen oder innerhalb von vier Jahren wieder in eine selbstbewohnte Immobilie investieren.

lohnen. Als zukünftiger Hauseigentümer macht es jedoch Sinn, Ihr gesamtes Riester-Vermögen als Eigenkapital zu nutzen.

Es eignen sich aber nicht alle Sparverträge gleich gut für die Entnahme von Kapital. Bei Banksparplänen gibt es keine Probleme. Bei Fondssparplänen müssen Sie darauf achten, dass Sie nicht gerade während einer schlechten Börsenphase aussteigen. Denn dann können Sie deutliche Verluste machen. Auch bei einer Rentenversicherung ist eine Entnahme wegen der hohen Abschlusskosten, die in den ersten fünf Jahren von Ihren Beiträgen abgezogen werden, ziemlich lange nicht günstig. Für Fondspolicen gilt das Gleiche, aber hier müssen Sie wie bei Fondssparplänen noch zusätzlich auf die Kursentwicklung achten.

Die Entnahme Ihres Riester-Kapitals müssen Sie bei der Zentralen Zulagestelle für Altersvermögen (ZfA) beantragen. Da Sie das Geld aber ohne Verlust der Förderung nur entnehmen dürfen, wenn Sie es auch unmittelbar für eine selbstgenutzte Immobilie einsetzen, gibt es zeitliche Grenzen: Sie müssen das Geld innerhalb eines Zeitraums von einem Monat vor Antrag auf Entnahme bei der ZfA und spätestens zwölf Monate nach der Auszahlung für den Bau oder Kauf einer Immobilie ausgeben.

Sie müssen also bereits beim Bau oder Kauf entscheiden, ob Sie Ihren bestehenden Riester-Vertrag für die Finanzierung

INFO Eigenkapital

Bevor Sie anfangen, nach einem neuen Zuhause zu suchen, sollten Sie einen Kassensturz machen. Je höher Ihr Eigenkapital – also das Geld, das Sie bereits zusammenhaben, um die Immobilie zu finanzieren –, desto geringer ist Ihre Zinsbelastung und desto günstiger bieten Banken Ihnen ihre Kredite an. Bis auf eine Sicherheitsreserve von drei bis sechs Nettomonatslöhnen sollten Sie deshalb all Ihr Erspartes ins Eigenkapital stecken.

Ideal ist es, wenn Sie mindestens 20 Prozent des Kaufpreises und zusätzlich das Geld für die Nebenkosten haben, die bei einem Immobilienkauf oder -bau anfallen. Die wichtigsten Posten sind Grunderwerbsteuer, Notar-, Grundbuchgebühren und eventuell eine Maklerprovision. Mit weniger Eigenkapital wird die Finanzierung zwar nicht unmöglich, aber teurer und risikoreicher. Die Vollfinanzierung einer Immobilie durch die Bank birgt hohe Risiken und ist allenfalls geeignet, wenn Sie ein hohes und langfristig sicheres Einkommen haben. Die Risikozuschläge für den Kredit und die monatlichen Raten sind hoch. Wenn Sie Ihr Haus nach einigen Jahren verkaufen, reicht der Verkaufserlös möglicherweise nicht für die Kreditrückzahlung aus.

Ihrer Immobilie nutzen möchten. Jahre später ist es nicht mehr möglich, Kapital zu entnehmen, um es als Sondertilgung in eine bestehende Finanzierung zu stecken.

Erst wieder zu Beginn der Auszahlphase, also bei Rentenbeginn, kommen Sie dann an das Kapital ran und können sich entscheiden, ob Sie Ihr Vorsorgevermögen ganz oder teilweise verwenden, um eventuell noch verbliebene Schulden zurückzuzahlen. Allerdings dürfen Sie nur so viel Kapital entnehmen, wie Sie wirklich benötigen, um die Restschuld zu begleichen.

Spezielle Wohn-Riester-Produkte

Die Nutzung des Riester-Vermögens als Teil des Eigenkapitals ist meist nur der erste Schritt, wenn Sie eine Immobilie finanzieren wollen. Denn nur selten wird das Angesparte reichen, um das Eigenheim komplett zu bezahlen.

Als zweiten Schritt müssen Sie sich dann ein Darlehen, also einen großen Kredit, von einer Bank oder Bausparkasse organisieren. Damit Sie die staatliche Förderung der Altersvorsorge ausschöpfen können, haben Banken und Bausparkassen spezielle Riester-Darlehen entwickelt. Anders ist hier natürlich, dass die Förderung Ihnen nicht beim Sparen hilft, sondern dabei, Ihre Schulden schneller zurückzuzahlen.

Ansonsten müssen die Riester-Darlehen aber die gleichen Bedingungen erfüllen wie die Riester-Sparprodukte auch. Sie müssen vom Bundeszentralamt für Steuern zertifiziert sein und der Kredit muss spätestens bis zum 68. Lebensjahr getilgt sein. Auch muss jeder Ehepartner einen eigenen Kreditvertrag abschließen, um die Förderung voll auszuschöpfen.

Gemeinsam mit den Sparverträgen haben die Riester-Darlehen auch, dass Sie mindestens 4 Prozent Ihres rentenversicherungspflichtigen Vorjahreseinkommens abzüglich der Zulagen für die volle Förderung investieren müssen. Nur diesmal nicht zum Sparen, sondern zur Tilgung des Darlehens. So viel werden Sie in der Regel ohnehin mindestens tilgen müssen, wenn Sie eine Immobilie finanzieren.

Es gibt unterschiedliche Riester-Varianten, um an ein Darlehen zu kommen. Welche für Sie geeignet ist, hängt davon ab, ob Sie bereits genug Eigenkapital für ein Riester-Darlehen zusammenhaben und gleich kaufen oder bauen möchten oder erst noch sparen und später bauen oder kaufen.

Sie wollen erst später kaufen oder bauen

Wenn Sie sicher sind, dass Sie in Zukunft in eine Immobilie investieren möchten, ist vor allem zurzeit ein Bausparvertrag das richtige Produkt. Mit einem Bausparvertrag sichern Sie sich jetzt schon einen günstigen Kredit für später. Momentan sind die Zinsen am Kapitalmarkt relativ niedrig. In zehn Jahren kann das ganz anders aussehen.

Sie wollen sofort kaufen oder bauen

Wenn Sie sofort kaufen oder bauen wollen, gibt es wiederum zwei Möglichkeiten, mit Riester Ihre Finanzierung zinssicher zu machen:

Viel schneller schuldenfrei

Ein Ehepaar mit einem Kind und einem Bruttoeinkommen von 70 000 Euro im Jahr nimmt für 200 000 Euro Kredit auf. Mit einem Riester-Darlehen ist das Paar nach 25 Jahren schuldenfrei.[1)] Mit einem ungeförderten Darlehen hätte es dann noch 57 000 Euro Schulden – bei gleicher monatlicher Belastung.

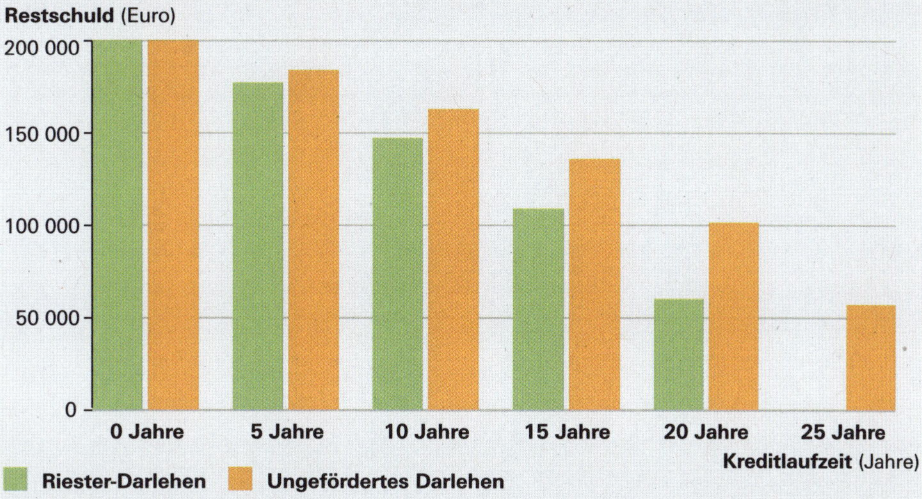

1) Zinssatz 5 Prozent, Tilgung 1,44 Prozent

- Ein Riester-Baudarlehen mit direkter Tilgung, also Rückzahlung. Es wird auch Annuitätendarlehen genannt. Sie bekommen dieses meist bei Banken, aber auch einige Bausparkassen bieten Annuitätendarlehen an (siehe Seite 88).
- Ein Kombikredit einer Bausparkasse mit festen Zinsen während der gesamten Laufzeit. Statt zu tilgen, spart der Kreditnehmer in dieser Variante zuerst einen Bausparvertrag an, bekommt aber anders als beim klassischen Bausparen zur gleichen Zeit bereits ein Vorausdarlehen. Dieses löst er dann mit dem angesparten Kapital und einem zusätzlichen Bauspardarlehen nach beispielsweise zehn Jahren ab. Der Zinssatz für das Vorausdarlehen ist bis zur Zuteilung des Bausparvertrags festgeschrieben. Da auch die Zinsen für das anschließende Bauspardarlehen fest sind, hat der Kunde kein Zinserhöhungsrisiko (siehe Seite 93).

Besonderheit Wohnförderkonto

Ebenso wie Riester-Sparer müssen Sie als Bauherr oder Wohnungskäufer im Rentenalter auf die geförderten Beträge Steuern zahlen. Das ändert aber nichts daran, dass Sie durch Zulagen und Steuervorteile insgesamt viele Tausend Euro sparen.

Die Besonderheit beim Wohn-Riestern ist das Wohnförderkonto. Da ein Hauseigentümer keine Rente aus den geförderten eigenen vier Wänden bekommt, die besteuert werden könnte, hat sich der Gesetzgeber das Wohnförderkonto ausgedacht. Ihr Anbieter richtet es für Sie ein. Auf ihm werden alle Tilgungsraten, Zulagen und die Entnahme eines Altersvorsorge-Eigenheimbetrags aus einem anderen Riester-

Vertrag als fiktives steuerpflichtiges Guthaben eingebucht und bis zu Ihrem Rentenbeginn mit 2 Prozent jährlich verzinst. Es bildet dann die Grundlage für die Besteuerung später, wenn Sie in Rente gehen (siehe Seite 156).

Die 2 Prozent Zinsen kommen obendrauf, um Riester-Kunden mit Sparverträgen nicht schlechter dastehen zu lassen als Wohn-Riester-Kunden. Denn bei einem normalen Riester-Sparvertrag kann der Anleger das angesparte Kapital in der Ansparphase nicht nutzen, auch nicht die Wertzuwächse zum Beispiel durch Zinsen, die sich in dieser Zeit ergeben. Sie bleiben auf dem Konto und müssen später versteuert werden.

Beim Wohnförderkonto ist das angesparte Kapital in der Wohnimmobilie gebunden. Als Wohn-Riester-Kunde können Sie Ihr Haus oder Ihre Wohnung aber bereits in der Ansparphase nutzen. Als Ausgleich für diese Nutzungsmöglichkeit wird das Wohnförderkonto um 2 Prozent jährlich erhöht. Würde der Gesetzgeber darauf verzichten, wäre es, als ob Sie beim angesparten Altersvorsorgevermögen später nur den Nominalbetrag versteuern müssten.

Sollten Sie Ihren Wohn-Riester-Anbieter wechseln, können Sie wählen, ob die Zentrale Zulagenstelle für Altersvermögen (ZfA) Ihr Wohnförderkonto von dem alten Anbieter übernimmt und weiterführt oder ob Sie es mit dem Wohnförderkonto des neuen Anbieters zusammenführen möchten.

Schädliche Verwendung

Wenn Sie Ihr Eigenheim nicht mehr selbst nutzen, sieht der Gesetzgeber dies als schädliche Verwendung der staatlichen Förderung. Wie bei den Sparverträgen müssen auch Wohn-Riester-Kunden mit ungünstigen Folgen bei einer schädlichen Verwendung rechnen. Allerdings sehen diese ein wenig anders aus. Sie müssen nicht die komplette Förderung zurückzahlen, sondern es werden Steuern auf das fiktive Guthaben Ihres Wohnförderkontos fällig. Es wird komplett und auf einen Schlag Ihrem zu versteuernden Einkommen hinzugerechnet. Und das kann zu sehr hohen Steuerzahlungen in diesem Jahr führen.

Zu einer schädlichen Verwendung beim Wohn-Riestern kommt es immer dann, wenn Sie Ihre Immobilie endgültig nicht mehr selbst nutzen. Die ZfA überprüft deshalb in bestimmten Zeitintervallen, ob Sie diese tatsächlich auch selbst bewohnen. Darüber hinaus haben Sie aber die Pflicht, Ihren Anbieter oder die ZfA – je nachdem, wer von beiden zu diesem Zeitpunkt Ihr Wohnförderkonto führt – sofort davon in Kenntnis zu setzen, sollte dies nicht mehr der Fall sein.

Das heißt aber nicht, dass Sie ununterbrochen oder gar Ihr Leben lang an diese eine Immobilie gebunden sind. Wenn Sie Folgendes beachten, müssen Sie das Wohnförderkonto nicht vorzeitig versteuern:

- Sie nutzen Ihr Wohneigentum nur vorübergehend – bis zu einem Jahr – nicht selbst.
- Sie verkaufen Ihre Immobilie, legen sich aber innerhalb von vier Jahren eine neue zu, in die Sie selbst einziehen. Dazu zählt auch der Kauf eines Dauerwohnrechts in einem Senioren- oder Pflegeheim oder von Genossenschaftsanteilen einer Wohnungsgenossenschaft.
- Wenn Sie sich kein Wohneigentum mehr anschaffen wollen, können Sie die Summe der geförderten Beträge aus Ihrem Wohnförderkonto binnen eines Jahres auf einen herkömmlichen Riester-Sparvertrag einzahlen.
- Sie können die Wohnung befristet vermieten, wenn Sie aus beruflichen Gründen umziehen. Spätestens bis zum 67. Lebensjahr müssen Sie aber wieder einziehen.

RIESTER-BAUSPARVERTRÄGE

Um ein Eigenheim zu kaufen oder zu bauen, brauchen Sie Eigenkapital und ein Darlehen. Wenn Sie nicht genug Eigenkapital beisammen haben und mittel- oder langfristig planen, in Ihre eigenen vier Wände zu ziehen, ist ein Riester-Bausparvertrag die beste Option.

Bei einem Bausparvertrag vereinbaren Sie mit der Bausparkasse eine bestimmte Bausparsumme, die Sie später zur Finanzierung Ihrer Immobilie einsetzen können. Ein Bausparvertrag wird allerdings nur ein Baustein in Ihrer Finanzierung sein. Zum einen werden Sie über die geförderten Beträge keine Bausparsumme erreichen, mit der Sie ein gesamtes Haus finanzieren können. Zum anderen müssen die Darlehen aus Bausparverträgen anders als Bankdarlehen in relativ kurzer Zeit zurückgezahlt werden. Das führt zu hohen Tilgungsraten, die sich die meisten nur für einen Teil der Summe, die sie finanzieren müssen, leisten können.

Wie funktionieren sie?

Bevor die Bank Ihnen die Bausparsumme auszahlt, müssen Sie erst mal einige Jahre sparen. Sie zahlen in dieser Ansparphase regelmäßige Raten in Ihren Vertrag ein. Wenn Sie zwischen 30 und 50 Prozent der

Bausparsumme beisammen und eine ausreichend hohe Bewertungszahl erreicht haben, zahlt Ihnen die Bausparkasse Ihr Guthaben aus und gewährt Ihnen ein günstiges Darlehen.

Die Bewertungszahl wird von den Bausparkassen berechnet und hängt vor allem davon ab, wie lange Ihr Vertrag schon läuft und wie viel Sie schon gespart haben. Sie haben keine Garantie, wann die Zuteilung stattfindet. Doch kann Ihnen die Bausparkasse genau ausrechnen, wann Sie mit der Zuteilung der Bausparsumme rechnen können, wenn in der Ansparphase alles nach Plan läuft.

Darlehen und Guthaben zusammen entsprechen meist der vereinbarten Bausparsumme. Je nach Tarif kann die Gesamtauszahlung die vereinbarte Bausparsumme aber auch übersteigen.

Mit einem Bausparvertrag können Sie sich gut vor einem zukünftigen Zinsanstieg

KOMPASS **Bausparvertrag**

Für wen ist er geeignet? Ein Bausparvertrag eignet sich für Sie, wenn Sie sicher sind, dass Sie später eine Immobilie kaufen oder bauen wollen

Wie funktioniert er? Ein Bausparvertrag ist ein Sparvertrag mit niedrigem festen Zins und der Möglichkeit, später ein zinsgünstiges Darlehen aufzunehmen.

Lohnt sich das Investment? Die Bausparkassen zahlen zwar nur niedrige Sparzinsen. Die Sparrendite ist bei Bausparverträgen allerdings nicht entscheidend. Der Vorteil ist, dass Sie sich ein Darlehen zu einem niedrigen Zinssatz sichern.

Wie hoch sind die Kosten? Die Abschlussgebühr beträgt 1 Prozent der Bausparsumme. Dazu kommen bei einigen Bausparkassen Kontogebühren zwischen 10 und 30 Euro im Jahr. Für das Darlehen fallen Zinsen und eventuell Darlehensgebühren an.

Welche Garantie gibt es? Es gibt eine Zinsgarantie für die gesamte Spar- und Darlehensphase.

Wie flexibel ist er? Ein Bausparvertrag ist wenig flexibel. Zwar sind die Sparraten während der Sparphase flexibel und Sie haben auch Wahlrechte vor oder zu Beginn der Darlehensphase. Bausparen ist aber nur für die zukünftige Eigenheimfinanzierung geeignet. Wenn Sie das Darlehen später nicht in Anspruch nehmen, ist er nur ein ziemlich schlecht verzinster Sparvertrag.

Wie gut kann ich planen? Die Planbarkeit ist gut. Der Zinssatz für das Darlehen steht bei Abschluss schon fest, aber nicht genau, wann Sie dieses nutzen können. Das hängt von verschiedenen Kriterien, vor allem Ihrer Sparleistung ab. Wenn Ihre Bau- oder Kaufpläne konkret werden, müssen Sie den Vertrag eventuell anpassen.

für Ihren Immobilienkredit schützen. Denn der Zinssatz für das Darlehen von zum Beispiel 3,5 Prozent steht schon ganz zu Beginn bei Vertragsabschluss für die gesamte Vertragslaufzeit fest, unabhängig davon, wie sich die Zinsen am Kapitalmarkt entwickeln werden.

Der Nachteil ist: Ihr Guthaben wird sehr niedrig verzinst. Nur 0,5 oder 1 Prozent Sparzinsen bieten die Bausparkassen Ihnen zurzeit. Davon bleibt nach Abzug der Abschluss- und Kontogebühren oft nicht mehr viel übrig. Es kann sogar passieren, dass Sie nach sieben oder zehn Jahren noch nicht einmal die gezahlten Sparbeiträge und Zulagen zurückbekommen. Wenn Sie das optionale Darlehen später nicht in Anspruch nehmen, macht Bausparen eher keinen Sinn.

Die Riester-Bausparverträge sind anderen, konventionellen Bausparverträgen immer vorzuziehen. Denn über die Jahre kommen bei diesen viele Tausend Euro an Förderung zusammen – erst erhalten Sie Zulagen und Steuervorteile auf Ihre Bausparverträge, und nach dem Bau oder Kauf der Immobilie hilft Ihnen die staatliche Förderung, das Bauspardarlehen schneller zurückzuzahlen.

Bausparen oder Banksparplan?

Die Alternative zum Bausparen ist, einen Riester-Banksparplan abzuschließen und dann später, wenn Sie genug Eigenkapital zusammenhaben, ein Riester-Darlehen aufzunehmen. Welches die bessere Alternative ist, hängt von der zukünftigen Zinsentwicklung ab.

Bausparen ist gegenüber einem Banksparplan klar im Vorteil, wenn das Zinsniveau bei Abschluss des Vertrags noch recht lange niedrig ist, sich aber, wenn Sie dann das Darlehen tatsächlich brauchen, zum Beispiel zehn Jahre später, schon deutlich erhöht hat. Denn dann hätten Sie sich, anders als ein Banksparer, ein Darlehen mit immer noch niedrigen Zinsen gesichert. Der Banksparer könnte nur eines zu einem höheren Zinssatz abschließen. Er hätte aber aufgrund des zuvor eher niedrigen Zinsniveaus keine allzu großen Vorteile bei der Verzinsung seines Sparguthabens gehabt.

Anders sieht es aus, wenn das Zinsniveau bei Abschluss hoch, zum Zeitpunkt der Zuteilung aber gefallen ist. Der Banksparer hat dann höhere Zinsen für sein Guthaben bekommen. Für den Bausparer wäre die Option auf das Bauspardarlehen wertlos, weil Banken das gleiche Darlehen womöglich noch billiger anbieten.

Das Problem dabei: Wie hoch die Hypothekenzinsen, also die Zinsen für Immobilienkredite, in sieben oder zehn Jahren sein werden, kann heute keiner genau vorhersagen. Orientieren können Sie sich jedoch an dem Grenzzinssatz. Der gibt an, wie hoch die Zinsen für Hypothekendarlehen von der Bank mindestens steigen müssen, damit ein Bausparvertrag im Ganzen günstiger ist als ein Banksparplan und ein separates Darlehen (siehe Beispiel). Je niedriger der Grenzzinssatz ist, desto mehr lohnt es sich, einen Bausparvertrag abzuschließen.

Das größte Handicap bei einem Riester-Bausparvertrag ist, dass Sie sich nach einigen Jahren umentscheiden und doch nicht mehr in eine Immobilie investieren wollen oder können; sei es, weil sie beruflich ins Ausland gehen, Ihre Beziehung in die Brüche gegangen ist oder eine Tante Ihnen unerwartet ein Haus vererbt hat. Im Vergleich zu einem Banksparplan bleiben Sie dann auf einem Zinsverlust sitzen, der je nach Länge der Laufzeit in die Tausende gehen kann.

INFO **Bausparen gegen Banksparen: Ein Beispiel**

Sie planen den Kauf einer Wohnung in sieben Jahren und zahlen monatlich 150 Euro in einen Riester-Bausparvertrag ein. Dazu kommen jährlich 524 Euro Zulagen für Sie selbst und Ihre beiden Kinder. Nach sieben Jahren haben Sie ein Guthaben von 16 113 Euro. Das entspricht einer mickrigen Rendite von 0,7 Prozent. Im Gegenzug erhalten Sie aber jetzt ein günstiges Bauspardarlehen, um die Wohnung kaufen zu können. Sie bekommen 33 390 Euro für einen Zinssatz von 3,9 Prozent.
Schließen Sie stattdessen einen Riester-Banksparplan ab, steht Ihnen bei einer Rendite von 2,5 Prozent nach sieben Jahren ein Guthaben von 17 140 Euro zur Verfügung. Sie können die Finanzierung über ein Darlehen also mit 1 027 Euro mehr an Eigenkapital starten.
Doch das heißt erst mal nichts. Denn ausgehend von heute wird ein Darlehen von der Bank in sieben Jahren sehr wahrscheinlich teurer sein als das von der Bausparkasse. Also fängt bei einem Bankzinssatz von mehr als 3,9 Prozent der Vorteil des Banksparers an zu schmelzen. Bei einem Zinssatz von 4,91 Prozent wäre er komplett dahin. Dieser Wendepunkt, an dem der anfängliche Nachteil beim Bausparen in einen Vorteil umschlägt, ist der Grenzzinssatz. Wenn Sie also davon ausgehen, dass Sie in sieben Jahren kein Darlehen bekommen, das unterhalb des Grenzzinssatzes liegt, spricht einiges für einen Bausparvertrag.

Je unsicherer Sie sind, ob Sie wirklich in eine Immobilie investieren wollen, desto weniger eignet sich ein Bausparvertrag für Sie. Wenn das eigene Heim mehr schwammige Zukunftsvision als konkreter Plan ist, fahren Sie mit einem gut verzinsten Banksparplan besser.

DIE SCHRITTE ZUM KAUF

1 Prüfen Sie, ob es unter www.test.de, Suchwort „Riester-Bausparverträge“, aktuelle Tests zu Riester-Bausparverträgen gibt, und kontaktieren Sie die Anbieter der besten. Sind die Ergebnisse schon etwas älter, sollten Sie sich von mindestens fünf Bausparkassen individuelle Angebote erstellen lassen.

2 Mit unserem kostenlosen Bausparrechner können Sie Angebote von Bausparkassen prüfen und miteinander vergleichen. Das Excel-Programm berechnet außerdem den Vor- oder Nachteil gegenüber einer vergleichbaren Bankfinanzierung und den Grenzzinssatz von Bankkrediten, ab dem der Bausparvertrag vorneliegt. Sie finden ihn unter www.test.de/bausparrechner. Sie können die Angebote auch von einer Verbraucherzentrale überprüfen lassen. Deren Adressen finden Sie unter www.verbraucherzentrale.com.

3 Sagen Sie dem Anbieter, wie viel Sie monatlich sparen können und wann die Bausparsumme ungefähr für den Bau oder Kauf zur Verfügung stehen soll. Lassen Sie sich auch für jedes Angebot einen persönlichen Spar- und Tilgungsplan erstellen, aus dem hervorgeht, wann der Vertrag voraussichtlich zugeteilt wird, wie hoch Ihr Guthaben dann ist, welches Darlehen Sie bekommen und welche Rate Sie dafür bis zur Schuldentilgung zahlen müssen. Achten Sie darauf, dass die voraussichtliche Zuteilung zumindest ungefähr an Ihrem Wunschtermin erfolgt.

4 Haben Sie sich für ein Angebot entschieden, kümmert sich die Bausparkasse um die Vertragsabwicklung. Sie müssen nur den Bausparantrag unterschreiben. Prüfen Sie aber vorher, ob der Tarif, die Bausparsumme und der Sparbeitrag im Bausparantrag mit den Angaben im Angebot übereinstimmen. Eine Baufinanzierung können Sie auch über Internet und Telefon abschließen.

RIESTER-BAUDARLEHEN

Wenn Sie bereits genug Eigenkapital zusammen und Ihr Traumhaus gefunden haben, müssen Sie nur noch das richtige Darlehen finden. In aller Regel lohnt sich ein Riester-Darlehen, weil Ihr Eigenheim dadurch viele Tausend Euro billiger wird. In unseren Beispielrechnungen belaufen sich die Vorteile aus der Förderung bis zum Rentenbeginn auf 12 000 bis 49 000 Euro – je nach Einkommen, Familienstand und Finanzierung. Und obwohl Sie im Alter Steuern auf die geförderten Beträge zahlen müssen, bleibt unterm Strich ein großes Plus (siehe Tabelle Seite 90/91).

Jetzt kommt es darauf an, ob Sie sich für ein Annuitätendarlehen mit direkter Tilgung und einer Zinsbindung von zum Beispiel 10, 15 oder 20 Jahren entscheiden oder für einen Kombikredit von einer Bausparkasse (siehe Seite 93). Bei einem Annuitätendarlehen fangen Sie, sobald die Bank Ihnen das Geld für den Hauskauf ge-

KOMPASS Baudarlehen

Für wen ist es geeignet? Ein Bau- oder Annuitätendarlehen eignet sich für Sie, wenn Sie jetzt eine Immobilie kaufen oder bauen wollen, um selbst darin zu wohnen.

Wie funktioniert es? Es ist ein Kredit mit festem Zinssatz über einen gewissen Zeitraum, zum Beispiel von 10 oder 15 Jahren, bei dem die Riester-Förderung in die Tilgung fließt.

Lohnt sich das Investment? Die schnellere Tilgung durch die Riester-Förderung spart deutlich Zinsen. Riester-Baudarlehen eignen sich, um den Immobilienerwerb zu einer lohnenden Anlage zu machen.

Welche Garantie gibt es? Es gibt eine Zinsgarantie während der Zinsbindung.

Wie hoch sind die Kosten? Es fallen Zinsen für das Darlehen an. Je niedriger, desto besser. Alle weiteren Kosten sind sehr gering. Nur vereinzelt gibt es Bearbeitungs- und Kontogebühren oder Gebühren für die Wertermittlung.

Wie flexibel ist es? Das Darlehen ist sehr unflexibel. Sie können die Zinszahlung nicht aussetzen und die Tilgung höchstens auf 1 Prozent reduzieren. Die Flexibilität hängt aber auch vom einzelnen Vertrag ab (zum Beispiel Sondertilgungsrechte, Änderung der laufenden Raten). Es sind auch Sondertilgungen zur Ausschöpfung steuerlicher Höchstbeträge möglich.

Wie gut kann ich planen? Die Planbarkeit ist sehr gut. Sie haben Sicherheit durch eine lange Zinsbindung. Solange Sie die Kreditraten aufbringen können, müssen Sie sich in dieser Zeit nicht um den Vertrag kümmern.

geben hat, an, es in Raten inklusive Zinsen zurückzuzahlen. Zinsbindung heißt, dass die Banken in dem vereinbarten Zeitraum die Zinsen nicht erhöhen, sodass Sie Planungssicherheit haben und nicht plötzlich sehr viel höhere monatliche Raten zahlen müssen.

Was günstiger ist, Darlehen oder Kombikredit, lässt sich nicht pauschal sagen. In den letzten Jahren hatten die Kombikredite oft die Nase vorn. Doch die Konditionen für Baukredite können sich täglich ändern.

Vorteile von Baudarlehen

Ein klarer Vorteil der Annuitätendarlehen mit fester Zinsbindung ist, dass sie transparenter konstruiert und leichter nachzuvollziehen sind als Kombikredite. Außerdem sind Banken bei der Vergabe der Kredite meist großzügiger als die Bausparkassen. Das kommt Ihnen zugute, wenn Sie eher wenig Eigenkapital besitzen. Wenn Ihr Einkommen hoch genug ist, vergeben die Banken Kredite gegen Zinsaufschlag auch bis zu 90 oder sogar 100 Prozent des Kaufpreises. Darauf sollten Sie sich aber nur einlassen, wenn Sie Gutverdiener mit einem sicheren Job sind.

... und ihre Nachteile

Ein Nachteil bei den Riester-Baudarlehen: Es ist nicht leicht, eines zu finden. Bei den meisten Bausparkassen gibt es die Kombikredite in beiden Varianten – mit und ohne staatliche Förderung. Einige Bausparkassen bieten sogar zusätzlich Riester-Baudarlehen mit direkter Tilgung an.

Bei den Banken sieht es dagegen mau aus. Die meisten haben immer noch keine eigenen Riester-Darlehen. Gut im Geschäft sind vor allem die Allianz, die zur Postbank gehörende DSL Bank und die WL Bank, eine Hypothekenbank im Verbund der Volks- und Raiffeisenbanken. Die Darlehen dieser Banken werden auch von Finanzdienstleistern und anderen Banken vermittelt.

Solange es so wenig Auswahl gibt, müssen Sie genau hinschauen, ob die Riester-Baudarlehen, die angeboten werden, nicht viel zu teuer sind. Denn dann haben Sie kaum etwas von der Förderung. Ab einem Zinsaufschlag von ungefähr einem halben Prozentpunkt bleibt von der Riester-Förderung wenig übrig. Sie sollten deshalb darauf achten, ob und in welcher Höhe Sie einen Aufschlag gegenüber einem ungeförderten Darlehen zahlen müssen.

Ein weiterer Nachteil der Annuitätendarlehen mit direkter Tilgung gegenüber den Kombikrediten ist, dass der Zinssatz nur für eine begrenzte Zeit festgeschrieben ist, bei den Kombikrediten stehen dagegen Zinsen und monatliche Raten für die volle Laufzeit der Finanzierung fest. Um bei einem Darlehen eine ähnliche Sicher-

TIPP **Kredit ablösen**

Sie können auch Ihren bestehenden Immobilienkredit mit einem Riester-Darlehen ablösen. In der Regel ist das aber erst möglich, wenn die Zinsbindung Ihres alten Kredits ausläuft.

INFO Wohn-Riester im Vergleich: So haben wir gerechnet

Die Tabelle unten zeigt die Vorteile der Riester-Finanzierung für verschiedene Modellfälle. Wie wir gerechnet haben, erklären wir am Beispiel des Arbeitnehmer-Ehepaars (beide 35) mit einem Kind und einem gemeinsamen Bruttoeinkommen von 70 000 Euro (in der Tabelle die erste Zeile). Für den Hauskauf benötigt das Ehepaar 200 000 Euro Kredit. Bei einem Zinssatz von 5,0 Prozent, 1,4 Prozent Tilgung, und einer Monatsrate von 1 074 Euro wäre ein normales Darlehen zum Rentenbeginn in 30 Jahren getilgt.

Die Tilgung. Besser sieht die Rechnung aus, wenn die Eheleute zwei Riester-Darlehen à 100 000 Euro aufnehmen und gleiche Monatsraten zahlen. Dann bekommen sie für die Tilgung insgesamt 12 800 Euro Zulagen. Zusätzlich sparen sie rund 17 800 Euro Steuern. Nutzen sie neben den Zulagen die Steuerersparnis für Sondertilgungen, sind sie nach knapp 25 Jahren schuldenfrei – fünf Jahre früher als beim Darlehen ohne Riester. Zu diesem Zeitpunkt hätten sie mit dem ungeförderten Darlehen noch fast 58 000 Euro Schulden.

Das Vermögen. Durch die schnellere Tilgung spart das Ehepaar bis zum Rentenbeginn jeden Monat 1 084 Euro

MIT WOHN-RIESTER IM PLUS

Die Tabelle zeigt den Vorteil einer Riester-Finanzierung für verschiedene Modellfälle. Dabei sind auch die im Rentenalter

Modellfall: **Bau oder Kauf einer selbstgenutzten Wohnung und Finanzierung mit Riester-Darlehen.**	**Kreditlaufzeit [1]**	
	Ohne Riester (Jahre/Monate)	**Mit Riester (Jahre/Monate)**
Arbeitnehmer-Ehepaar (beide 35), 1 Kind (2008 geboren), gemeinsames Bruttoeinkommen 70 000 Euro pro Jahr. Finanzierung: Darlehen 200 000 Euro, Zins 5 Prozent, Tilgung 1,4 Prozent. Rente in 30 Jahren.	30/0	24/11
Arbeitnehmer-Ehepaar (beide 40), 2 Kinder (2002/2005 geboren), gemeinsames Bruttoeinkommen 50 000 Euro pro Jahr. Finanzierung: Darlehen 150 000 Euro, Zins 5 Prozent, Tilgung 2,0 Prozent. Rente in 25 Jahren.	25/0	21/0
Ehepaar (beide 40), 2 Kinder (2002/2005 geboren), Alleinverdiener mit Bruttoeinkommen 50 000 Euro pro Jahr. Finanzierung: Darlehen 150 000 Euro, Zins 5 Prozent, Tilgung 2,0 Prozent. Rente in 25 Jahren.	25/0	22/5
Alleinstehender (45) ohne Kinder, Bruttoeinkommen 40 000 Euro pro Jahr. Finanzierung: 80 000 Euro Darlehen, Zins 5 Prozent, Tilgung 2,9 Prozent. Rente in 20 Jahren.	20/0	17/0

1) Beim Riester-Darlehen haben wir unterstellt, dass der Kreditnehmer neben den Zulagen auch die Steuervorteile für Sondertilgungen einsetzt.
2) Kinderzulagen wurden jeweils bis zum 20. Lebensjahr berücksichtigt.
3) Inklusive Zinsvorteile aus der Riester-Förderung. Der Riester-Hauseigentümer spart bis zum Rentenbeginn die Kreditraten, die er bei einer Finanzierung ohne Riester noch zahlen müsste. Legt er das Geld zu einem Zinssatz von 3 Prozent nach Steuern an, entspricht das Anlagevermögen zu Rentenbeginn dem Bruttovorteil.

an Kreditraten. Legt es das Geld zu einem Zinssatz von 3,0 Prozent nach Steuern an, hat es pünktlich zur Rente neben dem Haus ein Vermögen von rund 72 300 Euro.

Die Steuern. Nach Rentenbeginn müssen die beiden Steuern auf ihre Wohnförderkonten (siehe Seite 156) zahlen – jährlich 1 552 Euro bis zum 85. Lebensjahr. Dafür zwacken sie 23 100 Euro vom Vermögen ab und legen es in einen Bankauszahlplan an. Die Summe reicht bei einem Zinssatz von 3,0 Prozent nach Steuern genau aus, um die Steuerschuld zu begleichen.

Die Bilanz. Bei der Finanzierung zahlt das Ehepaar keinen Cent mehr als beim ungeförderten Darlehen. Doch zu Rentenbeginn hat es 49 200 Euro mehr, alle Steuern im Rentenalter schon mit eingerechnet. Einen so hohen Vorteil erzielt es aber nur, wenn es für das Riester-Darlehen keinen höheren Zinssatz zahlt als für ein ungefördertes Darlehen. Wäre das Riester-Darlehen ein Zehntel Prozentpunkt teurer, würde der Vorteil bis zur Rente um rund 9 000 Euro auf nur noch 40 100 Euro schmelzen. Ab einem Zinsaufschlag von einem halben Prozent bliebe von der Förderung nichts mehr.

zu zahlenden Steuern berücksichtigt.

Riester-Zulagen [2] (Euro)	Steuervorteile (Euro)	Bruttovorteil zu Rentenbeginn [3] (Euro)	Steuern im Rentenalter [4] (Euro)	Vorteil zu Rentenbeginn [5] (Euro)
12 800	17 800	72 300	23 100	49 200
11 093	11 800	46 200	14 900	31 300
11 709	2 400	28 500	8 300	20 200
2 618	8 800	19 900	7 700	12 200

4) Genannt ist der Barwert der Steuerzahlungen zu Rentenbeginn. Der Barwert entspricht dem Betrag, den der Hauseigentümer zu Rentenbeginn in einen Bankauszahlplan anlegen muss, um aus den Auszahlungen die bis zum 85. Lebensjahr auf das Wohnförderkonto zu zahlenden Steuern zu begleichen. Bei der Steuerrechnung wurde unterstellt, dass der Steuersatz im Rentenalter 10 Prozentpunkte unter dem Steuersatz vor Rentenbeginn liegt.

5) Bruttovorteil der Riester-Finanzierung abzüglich Steuern gegenüber der Finanzierung ohne Riester.

heit wie beim Kombikredit zu erhalten, müssten Sie eine Zinsbindung von 20 Jahren vereinbaren. Aber das kostet: Je länger die Zinsbindung, desto höher ist für gewöhnlich der Zinssatz.

DIE SCHRITTE ZUM KAUF

1 Lassen Sie sich nicht abschrecken, wenn Ihre Hausbank kein Riester-Baudarlehen anbietet oder pauschal davon abrät. Es gibt auch für Riester-Baudarlehen eine Reihe sehr günstiger Angebote. In unserem jüngsten Test waren die Riester-Baudarlehen einiger Bausparkassen sogar deutlich günstiger als die besten herkömmlichen Bankdarlehen – Zulagen und Steuervorteile noch gar nicht mit eingerechnet. Auch hier gilt: Informieren Sie sich unter www.test.de, Suchwort „Riester-Darlehen", ob es aktuelle Untersuchungen gibt, und holen Sie von mehreren Anbietern, die gut abgeschnitten haben, Angebote ein.

2 Lassen Sie sich für jedes interessante Angebot einen persönlichen Tilgungsplan erstellen. Daraus muss hervorgehen, welches Darlehen Sie bekommen, wann der Kredit voraussichtlich zurückgezahlt ist und welche monatliche Rate Sie dafür bis zur Schuldentilgung zahlen müssen.

3 Im Rentenalter müssen Sie Steuern auf die im Riester-Darlehen geförderten Beträge zahlen. Deshalb sollte Ihnen die Bank oder Bausparkasse ausrechnen, welche Summe Sie etwa versteuern müssen. Lassen Sie sich durch die Steuern aber nicht von einer Riester-Finanzierung abhalten. Die Vorteile überwiegen.

4 Um Kredite vergleichen zu können, müssen Sie darauf achten, dass sie alle eine annähernd gleiche Zinsbindung haben. Der Effektivzins schließt neben dem Sollzins alle Beträge ein, die den Preis für den Kredit ausmachen, wie Bearbeitungsgebühren, Verrechnung von Zins- und Tilgungsleistungen oder Vermittlungsprovisionen. Vorsicht vor Immobilienkrediten, bei denen der Effektivzins niedriger als der Sollzinssatz ist. Verlangen Sie, dass die Bank den Effektivzins nur für die Zeit bis zum Ende der Zinsbindung nennt.

5 Sie können unsere Excel-Rechner nutzen, um den wahren Effektivzins von Bank- und Bausparkrediten zu berechnen, Kreditangebote zu vergleichen, die Höhe der Rückzahlrate oder den passenden Tilgungssatz zu berechnen. Sie finden sie unter www.test.de/rechner. Sie können die Angebote aber auch von einer Verbraucherzentrale überprüfen und vergleichen lassen. Adressen finden Sie unter www.verbraucherzentrale.com.

RIESTER-KOMBIKREDITE

Riester-Kombikredite sind zurzeit die erste Wahl, wenn Sie ein Eigenheim finanzieren möchten. Sie sind vergleichsweise günstig und sicher und helfen so, den Immobilienkauf zu einem finanziellen Erfolg zu machen.

Die Kombikredite werden von Bausparkassen angeboten und sind eine Kombination aus klassischem Bausparvertrag und tilgungsfreiem Darlehen. Der größte Unterschied ist, dass Sie gleich Geld von der Bausparkasse bekommen, um eine Immobilie zu kaufen, und nicht erst einige Jahre sparen müssen.

Wie funktionieren sie?

Sie schließen einen Bausparvertrag mit einer Bausparsumme (siehe Seite 83) in Höhe Ihres Kreditbedarfs ab. Gleichzeitig erhalten Sie ein tilgungsfreies Darlehen in gleicher Höhe zur Finanzierung Ihrer Immobilie.

KOMPASS **Kombikredit**

Für wen ist er geeignet? Ein Kombikredit eignet sich für Sie, wenn Sie jetzt eine Immobilie kaufen oder bauen wollen, um selbst darin zu wohnen. Sie benötigen allerdings eine recht hohe Summe an Eigenkapital – meist zwischen 25 und 40 Prozent der Gesamtkosten.

Wie funktioniert er? Er ist eine Kombination aus Bausparvertrag und tilgungsfreiem Vorausdarlehen.

Lohnt sich das Investment? Die schnellere Tilgung durch die Riester-Förderung spart deutlich Zinsen. Riester-Kombikredite sind sehr gut geeignet, um den Immobilienkauf zu einem lohnenden Investment zu machen.

Welche Garantie gibt es? Die Garantie bei einem Kombikredit ist sehr gut, denn bei den meisten Angeboten gibt es eine Zinsgarantie über die gesamte Laufzeit.

Wie hoch sind die Kosten? Es fallen Zinsen für das Darlehen an. Je niedriger diese sind, desto besser. Zudem gibt es Abschluss- und Kontoführungsgebühren und eventuell auch Darlehensgebühren.

Wie flexibel ist er? Die Flexibilität ist sehr niedrig. Sie können die Ratenzahlungen nicht aussetzen und in der Regel auch nicht reduzieren. Nach der Zuteilung sind aber Sondertilgungen immer möglich. Vor der Zuteilung sind sie oft nicht zulässig oder begrenzt.

Wie gut kann ich planen? Die Planbarkeit ist sehr gut. Sie haben Sicherheit durch die Zinsgarantie. Solange Sie die Zinsen, Spar- und Kreditraten aufbringen können, müssen Sie sich nicht viel um den Vertrag kümmern.

Tilgungsfrei deshalb, weil Sie zunächst Sparraten in den Bausparvertrag einzahlen und dort ein Guthaben aufbauen, anstatt gleich anzufangen, das Darlehen zurückzuzahlen. Da die Banken Ihnen aber nicht umsonst Geld leihen, zahlen Sie für das Vorausdarlehen natürlich trotzdem Zinsen.

Sobald Sie ein Mindestguthaben von beispielsweise 40 Prozent der Bausparsumme angespart haben und der Bausparvertrag zugeteilt wird, bekommen Sie die Bausparsumme ausgezahlt. Sie besteht aus Ihrem Guthaben aus dem Bausparvertrag und einem Bauspardarlehen. Dann lösen Sie das Vorausdarlehen mit der Bausparsumme ab. Anschließend zahlen Sie nur noch Raten für das Bauspardarlehen.

Bausparvertrag und Vorausdarlehen sind dabei oft so aufeinander abgestimmt, dass die monatliche Belastung während der gesamten Laufzeit gleich bleibt. Das nennt sich dann Konstantmodell. Auch der Zinssatz für das Vorausdarlehen ist in der Regel bis zur Zuteilung des Bausparvertrags festgeschrieben, und da der Zinssatz für das Bauspardarlehen ebenfalls feststeht, können Bausparkassen in dieser Kombination feste Zinsen für eine Laufzeit bis über 30 Jahre anbieten.

INFO **Kredit schneller zurückzahlen: Ein Beispiel**

Wir haben in einem Test Bauspar- und Bankkredite mit Riester-Förderung anhand eines typischen Modellfalls untersucht und mit einer ungeförderten Finanzierung verglichen: Ein Arbeitnehmer-Ehepaar – beide 38 Jahre alt – mit zwei Kindern und einem gemeinsamen Bruttolohn von 70 000 Euro im Jahr kauft ein Haus für 210 000 Euro. 150 000 Euro muss die Familie über einen Kredit finanzieren. Wenn sie ihre Schulden innerhalb von 22 Jahren zurückzahlt, erhält sie in dieser Zeit für alle Familienmitglieder zusammen rund 12 000 Euro an Zulagen vom Staat. Dazu kommt noch eine Steuerersparnis von insgesamt mehr als 15 000 Euro. Und weil die Familie durch die Förderung ihren Kredit zudem schneller zurückzahlen kann, spart sie außerdem bis zu 14 000 Euro an Zinsen.

Sondertilgungen auf das Bauspardarlehen sind in beliebiger Höhe kostenlos möglich. Wenn Sie zum Beispiel einen Bonus von Ihrem Arbeitgeber erhalten, können Sie diesen problemlos zur Tilgung Ihrer Schulden verwenden.

Mit Riester lohnen sich die Kombikredite dann so richtig: Vor der Zuteilung helfen die Zulagen beim Sparen, nach der Zuteilung beim Tilgen.

Vorzugszinsen für Riester-Kunden

Gerade wenn Sie riestern, können Sie bei den Bauspar-Kombikrediten profitieren. Denn einige Bausparkassen bieten seit einiger Zeit Zinsnachlässe für die Vorausdarlehen an, wenn Sie einen Vertrag mit Riester-Förderung abschließen. Und je weniger Zinsen Sie für das Vorausdarlehen zahlen müssen, desto weniger fällt ins Gewicht, dass Sie für Ihren Sparvertrag kaum welche bekommen.

Wie günstig oder teuer ein Kombikredit dann wirklich ist, erkennen Sie am Gesamteffektivzins, der neben den unterschiedlichen Zinsen alle Kosten für den Bausparvertrag berücksichtigt. An diesem können Sie auch erkennen, dass derzeit viele Bausparangebote günstiger sind als die Bankdarlehen mit langer Zinsbindung.

Allerdings gibt es einen Haken an diesen günstigen Kombiprodukten: Die Bausparkassen vergeben ihre Kredite nur bis zu 72 oder 80 Prozent des Immobilienwerts. Sie benötigen also mindestens 20 bis 28 Prozent Eigenkapital – und zusätzlich Geld für Nebenkosten wie Maklerprovision, Grunderwerbsteuer, Grundbuch- und Notargebühren. Insgesamt müssen Sie deshalb 25 bis 40 Prozent der Gesamtkosten schon vorher zusammensparen, wenn Sie eines der günstigen Angebote der Bausparkassen im Auge haben.

Wenn Sie weniger Eigenkapital besitzen, müssen Sie auf teurere Produkte ausweichen. Die Banken sind hier oft weniger streng als die Bausparkassen.

DIE SCHRITTE ZUM KAUF

1 Die Zinsen für Immobilienkredite ändern sich ständig. Holen Sie sich daher neben Angeboten für Kombikredite Angebote für ein Riester-Darlehen mit direkter Tilgung ein. Auch hier können Sie unter www.test.de, Suchwort „Riester-Kombikredite“, prüfen, ob es aktuelle Tests gibt.

2 Lassen Sie sich für jedes Angebot einen persönlichen Finanzierungsplan samt Anspar- und Tilgungsplan für den Bausparvertrag erstellen. Daraus muss hervorgehen, wann der Vertrag voraussichtlich zugeteilt wird, wie hoch Ihr Guthaben dann ist, welches Darlehen Sie bekommen und welche Rate Sie dafür bis zur Schuldentilgung zahlen müssen. Achten Sie darauf, dass die voraussichtliche Zuteilung zumindest ungefähr an Ihrem Wunschtermin erfolgt.

3 Sie müssen im Rentenalter Steuern auf die im Riester-Darlehen geförderten Beträge zahlen. Bitten Sie deshalb den Anbieter auszurechnen, welche Summe Sie etwa versteuern müssen.

4 Kombikredite sind oft schwer vergleichbar. Denn viele Bausparkassen nennen nicht den Effektivzins der gesamten Finanzierung, sondern geben Effektivzinsen gesondert für das Vorausdarlehen und für das Bauspardarlehen an. Dabei bleibt die unrentable Sparphase des Bausparvertrags unberücksichtigt und günstige Zinskonditionen werden vorgetäuscht. Achten Sie bei Kombikrediten der Bausparkassen auf den Gesamteffektivzins – von den Bausparkassen „Gesamtkosten als jährlicher Prozentsatz“ genannt. Nur über diese Angabe können Sie die Bausparmodelle mit anderen Angeboten ähnlicher Laufzeit vergleichen. Unser Rechner hilft Ihnen, die verschiedenen Bausparangebote untereinander oder mit Hypothekendarlehen von Banken zu vergleichen. Sie finden ihn unter www.test.de, Stichwort „Bausparen Sofortfinanzierung“.

5 Haben Sie sich für ein Angebot entschieden, kümmert sich die Bausparkasse um die Vertragsabwicklung. Prüfen Sie vorm Unterschreiben aber, ob Angaben zum Vorausdarlehen, Sparraten, Kreditsumme, Zuteilungszeitpunkt, monatliche Kreditraten und Laufzeit mit denen im Angebot übereinstimmen.

GEFÖRDERTE GENOSSENSCHAFTSWOHNUNGEN

Sie dürfen Ihr auf einem Riester-Vertrag gespartes Vermögen nicht nur für den Bau oder Kauf einer Immobilie verwenden, sondern auch für den Kauf von Pflichtanteilen an einer Wohnungsgenossenschaft. Die Pflichtanteile sind die Anteile, die Sie als Zulageberechtigter erwerben müssen, um eine Genossenschaftswohnung selbst beziehen zu können.

Anzahl und Höhe der Anteile sind je nach Genossenschaft verschieden. Als neues Mitglied zahlen Sie oft nur wenige Hundert Euro, es können aber auch schon mal mehr als 5 000 Euro sein.

Wohnungsgenossenschaften können Ihnen als Mitglied aber auch spezielle Riester-Sparverträge anbieten. Von denen gibt es bisher aber kaum welche. Sie funktionieren so, dass Sie damit weitere Geschäftsanteile an der Genossenschaft kaufen. Neben der staatlichen Förderung bekommen Sie auch Dividenden, also einen Anteil vom Gewinn, den die Genossenschaft macht.

Zu Rentenbeginn werden Ihre Geschäftsanteile dann aufgelöst und dafür verwendet, Ihre Miete – auch Nutzungsentgelt genannt – für die Wohnung dauerhaft oder befristet zu senken. Wird sie nur befristet gesenkt, muss sich eine lebenslange Rente anschließen, wenn der Vertrag förderfähig sein soll. Darüber hinaus müssen Mietersparnis und Rente gleich hoch bleiben oder steigen. Beides ist in voller Höhe zu versteuern.

Auch Genossenschaften müssen ihre Sparverträge zertifizieren lassen und Auflagen erfüllen. So darf die Satzung nicht vorsehen, dass Sie im Falle einer Pleite mehr Geld nachschießen müssen. Zudem müssen pro Vertrag mindestens 20 000 Euro durch eine Versicherung oder Bankgarantie gesichert sein, und die Genossenschaft muss eine Unbedenklichkeitsbescheinigung ihres zuständigen Prüfverbands vorlegen.

KURZ UND KNAPP **Wohnungsgenossenschaft**

In Deutschland wurden die ersten Wohnungsgenossenschaften vor über 130 Jahren gegründet. Ihr Ziel damals wie heute: ihren Mitgliedern sichere und erschwingliche Wohnungen für eine dauerhafte Nutzung zur Verfügung zu stellen. In Deutschland gibt es heute rund 2 000 Wohnungsgenossenschaften, die über einen Bestand von mehr als zwei Millionen Wohnungen verfügen. Die Mitgliedschaft steht jedem Bürger offen. Mitglied können Sie durch den Erwerb von Anteilen an der Genossenschaft werden.

RUND UM DEN VERTRAG

Riester ist nicht gleich Riester. Der Gesetzgeber hat zwar die groben Spielregeln für alle Riester-Produkte festgelegt. Trotzdem haben die einzelnen Anbieter noch genug Gestaltungsspielraum und nutzen diesen auch. Viel hängt daher vom Kleingedruckten der einzelnen Angebote ab. Worauf Sie vor, bei und nach dem Abschluss Ihres Vertrags achten müssen, finden Sie in diesem Kapitel.

BEIM FINANZBERATER

Ein Handicap auf dem Weg zu einem guten Vertrag sind oft die Berater der Banken, Versicherer, Bausparkassen, Makler und freien Finanzvermittler. Es gibt sie wie Sand am Meer. Es ist also leicht, an einen Riester-Vertrag zu kommen. Aber es ist nicht leicht, den richtigen abzuschließen.

Denn diese Berater sind eigentlich Verkäufer. Sie bieten Ihnen deshalb auch nicht unbedingt das beste Produkt an, sondern das, an dem sie am meisten verdienen können.

Vor allem bei den Rentenversicherungen sind die Abschlusskosten hoch, Banksparverträge sind dagegen für die Verkäufer wenig profitabel. Wenig erstaunlich ist es darum, dass am häufigsten Versicherungsprodukte empfohlen werden. Mitte 2011 standen rund 10,6 Millionen abgeschlossene Riester-Rentenversicherungen rund 719 000 abgeschlossenen Riester-Banksparplänen gegenüber.

Es kommt sogar immer wieder vor, dass Banken hauseigene Alternativprodukte wie Riester-Fondssparpläne verschweigen und stattdessen Versicherungen von Tochterfirmen oder Kooperationspartnern anpreisen.

Die Verbraucherzentralen beobachten in ihrer Beratung, dass viele Verbraucher nicht das für sie optimale Riester-Produkt abgeschlossen haben. Oft werden teure und unflexible Lösungen empfohlen, teilweise passen die Produkte auch nicht zur individuellen Risikobereitschaft.

Auch über die konkrete Funktion der Förderung und die zu erbringenden Eigenbeiträge informieren die Vermittler nach

Erkenntnissen der Verbraucherzentralen häufig nicht ausreichend.

Entscheiden Sie deshalb nach eigener Recherche oder mit Unterstützung unabhängiger Verbraucherberater besser selbst, welches Riester-Produkt das richtige für Sie ist. Wenden Sie sich erst an einen Finanzberater, wenn Sie wissen, was Sie wollen. Sie können dann viel besser einschätzen, was Ihnen angeboten wird, kritisch nachhaken und mit anderen Angeboten des gleichen Produkttyps vergleichen.

Bei vielen Anbietern hilft auch das Internet weiter. Oft können Sie dort online Ihre Beiträge ausrechnen, ein Angebot anfordern und zum Teil auch den Vertrag abschließen.

CHECKLISTE: Beim Riester-Vermittler

- **Kritisch sein:** Vertrauen Sie nicht den Empfehlungen eines Versicherungsvermittlers oder Bankberaters, selbst wenn er einen kompetenten Eindruck macht. Informieren Sie sich unabhängig vor einem Treffen und fragen Sie nach den Kosten und Risiken des angebotenen Produkts. Lassen Sie sich erklären, warum es gerade für Sie das richtige Produkt ist, und fragen Sie nach, wenn Ihnen etwas unverständlich erscheint.
- **Sich Zeit lassen:** Lassen Sie sich nicht zu einer Unterschrift drängen. Nehmen Sie die Unterlagen mit nach Hause, damit Sie sie nochmals in Ruhe anschauen können. Sie können den Vertrag noch Tage später unterschreiben. Vertreter, die Ihnen suggerieren, bestimmte Angebote gebe es nur noch für kurze Zeit, sind unseriös. Riester-Produkte sind langfristig kalkuliert. Eng kann es höchstens ganz am Jahresende werden, wenn Sie noch die Zulage fürs laufende Jahr mitnehmen wollen.
- **Nichts aufschwatzen lassen:** Viele Vermittler oder Berater nutzen die Situation auch gerne, um Sie noch vom Abschluss weiterer Produkte zu überzeugen, zum Beispiel Unfallversicherungen oder Krankenzusatzschutz. Lassen Sie sich nicht darauf ein und machen Sie deutlich, dass es Ihnen im Moment ausschließlich um einen Riester-Vertrag geht.
- **Beratungsprotokoll mitnehmen:** Bei der Vermittlung von Riester-Rentenversicherungen und -Fondssparplänen haben Sie das Recht auf ein Beratungsprotokoll vom Vermittler. Darin muss er wiedergeben, wie seine Beratung abgelaufen ist. Verzichten Sie darauf nicht. Es kann Ihnen helfen, wenn Sie nachweisen wollen, dass Sie falsch beraten worden sind.
- **Mehrere Angebote einholen:** Sie sollten auf jeden Fall immer mehrere Angebote eines Produkttyps vergleichen. Hierzu können Sie die Onlineberechnungen der Versicherer im Internet nutzen, unsere regelmäßigen Untersuchungen oder das Beratungsangebot der Verbraucherzentralen.

DEN VERTRAG KÜNDIGEN, ANPASSEN, UNTERBRECHEN

Haben Sie erst einmal einen Riester-Vertrag unterschrieben, gibt es eine ganz klare Empfehlung, und die heißt: niemals kündigen! Es sei denn, Sie tun dies nur, um zu einem anderen Riester-Angebot zu wechseln. Denn eine Kündigung und endgültige Abkehr von Riester ist eine schädliche Verwendung und führt zu finanziellen Einbußen.

Riester soll die Menschen ihr Leben lang begleiten, um ihr Alterseinkommen bis zum Tod zu sichern. Das unterstützt der Gesetzgeber finanziell. Wenn Sie kündigen, also das Geld aus dem Vertrag entnehmen, ist nicht sicher, ob Sie es weiterhin in Ihre eigene Altersvorsorge investieren oder in ein neues Auto, und deshalb fordert der Staat dann die gesamte Förderung von Ihnen zurück: die Altersvorsorgezulagen ebenso wie die über die Steuererklärung gewährten zusätzlichen Steuervorteile. Zuständig dafür ist die Zentrale Zulagenstelle für Altersvermögen (ZfA). Auch bei Wohn-Riester-Verträgen hat eine schädliche Verwendung negative finanzielle Auswirkungen.

Den Betrag, den Sie selbst angespart haben, und auch die Wertsteigerung zum Beispiel durch Zinsen dürfen Sie aber natürlich behalten. Allerdings müssen Sie die Erträge und Wertsteigerungen voll versteuern. Den zu versteuernden Betrag können Sie berechnen, indem Sie vom angesparten Vermögen die Eigenbeiträge und die Zulagen abziehen. Was übrig bleibt, ist steuerpflichtig, sobald Sie das Geld entnehmen.

Wenn Sie den Vertrag kündigen, weil Sie dringend Kapital benötigen, prüfen Sie zunächst, ob Sie vielleicht auch nicht geförderte Beiträge eingezahlt haben. Das sind alle Einzahlungen in den Riester-Vertrag, die über 4 Prozent Ihres rentenversicherungspflichtigen Einkommens

INFO **Schädliche Verwendung: Ein Beispiel für die Besteuerung**

Sie sind 55 Jahre und Ihr gefördertes Altersvorsorgevermögen in Ihrem Banksparplan beträgt 50 000 Euro, als Sie den Vertrag vorzeitig kündigen. Davon sind insgesamt 3 080 Euro Zulagen. Zudem haben Sie mit 4 000 Euro vom Steuervorteil profitiert. Ihr Anbieter zahlt Ihnen das Altersvorsorgevermögen minus der Zulagen und der Steuerermäßigung, also 42 920 Euro aus. (50 000 Euro – 3 080 Euro – 4 000 Euro = 42 920 Euro). Von diesen 42 920 Euro müssen Sie nun den Wertzuwachs von 8 920 Euro voll versteuern. Der berechnet sich aus dem Altersvorsorgevermögen in Ihrem Vertrag minus der Zulagen und Eigenbeiträge (50 000 Euro – 3 080 Euro – 38 000 Euro = 8 920 Euro).

hinausgingen. Das kann Ihnen ausgezahlt werden, ohne dass Sie die Förderung verlieren.

Beiträge anpassen

Wenn Sie den Vertrag kündigen wollen, weil die Beiträge einfach zu hoch sind, gibt es andere Alternativen. Sie können die Raten senken. Denn Sie müssen nicht unbedingt 4 Prozent Ihres Einkommens ansparen. Sie können ruhig weniger einzahlen, bekommen dann nur anteilsmäßig weniger Zulagen.

Meist ist es völlig problemlos, Ihre Beiträge zu ändern oder Ihren Vertrag von monatliche auf jährliche Zahlungsweise umzustellen. Allerdings kann es hier schwarze Schafe unter den Anbietern geben, die dafür Kosten berechnen. Sie sollten auf jeden Fall nachfragen.

Welche Zahlungsweise am besten ist, hängt von Ihnen ab: Mit einer jährlichen Zahlungsweise zu Beginn des Jahres können Sie eventuell Ihre Rendite steigern, da Sie zum Beispiel bei einem Banksparplan dann für das ganze Jahr Zinsen für den vollen Betrag bekommen. Wenn Sie den Betrag in monatlichen, vierteljährlichen oder halbjährlichen Raten überweisen, können Sie die finanzielle Belastung besser verteilen. Aber auch dafür berechnen wiederum viele Anbieter Verwaltungskosten.

Vertrag beitragsfrei stellen

Auch wenn das Geld ganz knapp wird und Sie zumindest zeitweise nichts mehr für eine zusätzliche Altersvorsorge abknapsen können, müssen Sie nicht kündigen. Es ist auch möglich, den Vertrag ruhen zu lassen. Das heißt, Sie zahlen nichts mehr ein und verzichten für einige Zeit komplett auf die Förderung. Der Vertrag gewinnt zum Beispiel durch Zinsen trotzdem weiterhin an Wert.

Sobald Sie genügend Geld zur Verfügung haben, nehmen Sie die Zahlungen wieder auf und erhalten auch wieder die staatliche Förderung. Rückwirkend können Sie allerdings keine Zulagen bekommen, selbst wenn Sie den Betrag, der dafür nötig gewesen wäre, nachzahlen.

Das Gleiche gilt, wenn Sie Ihren Anspruch auf Förderung verlieren, weil Sie sich zum Beispiel selbstständig machen. Sie können den Vertrag ebenfalls beitragsfrei stellen und ihn später, wenn Sie durch eine Festanstellung oder einen riesternden Ehepartner wieder förderberechtigt sind, aufleben lassen.

Einige Berufsgruppen wie Künstler, Publizisten oder Handwerker (siehe Seite 25) können ohnehin weiter riestern, da sie automatisch unter die Pflichtversicherung der gesetzlichen Rentenversicherung fallen und damit auch in der Selbstständigkeit förderberechtigt sind.

Für die Freistellung vom Beitrag verlangen die Anbieter je nach Produkttyp unterschiedlich hohe Gebühren (siehe Tabelle Seite 108). Doch selbst bei hohen Gebühren ist es sehr viel günstiger, den Vertrag ruhen zu lassen, als ihn zu kündigen.

Den Vertrag wechseln

Am besten fahren Sie, wenn Sie mit Ihrer Auswahl des Riester-Produkts von Anfang an richtig liegen. Deshalb ist es auch so wichtig, sich vor dem Abschluss genau zu überlegen, welches das passende ist.

Vor allem Vermittler von Rentenversicherungen versuchen immer wieder Riester-Sparer zum Wechseln zu einer anderen Rentenversicherung zu bewegen. Dabei haben sie meist nur ihre eigene Provision im Sinn, die sie bekommen, wenn Sie zu einem anderen Anbieter überwechseln. Für viele Riester-Sparer bringt ein Wechsel Nachteile mit sich.

Was, wenn Sie aber tatsächlich feststellen, dass Sie den falschen Vertrag, abgeschlossen haben? Einen, der viel zu teuer ist, oder einen, der gar nicht wirklich zu Ihnen passt? Zum Beispiel einen Bausparvertrag und Sie sind sich aber plötzlich sicher, dass Sie gar kein Eigenheim wollen?

Die Förderung behalten dürfen Sie, wenn Sie nicht kündigen, aber zu einem anderen Riester-Vertrag wechseln. Dabei gibt es zwei Möglichkeiten:

- Sie lassen Ihr Geld beim alten Anbieter stehen, besparen Ihren Vertrag dort aber nicht weiter und fangen bei einem anderen von neuem an zu sparen, oder
- Sie nehmen Ihr Geld aus dem alten Vertrag heraus und nehmen das bisher Gesparte mit zu dem neuen Riester-Anbieter. In diesem Fall können Sie kündigen, ohne Ihre Förderung einzubüßen.

Welche Variante sinnvoller ist, hängt vor allem von der Art des Produktes ab, das Sie abgeschlossen haben. Wenn Sie Ihr Geld beim alten Unternehmen stehen lassen, gewinnt es dort weiter an Wert,

TIPP **So klappt der Umstieg**

Wenn Sie Ihren Riester-Vertrag kündigen wollen, um zu einem anderen zu wechseln, ist das vierteljährlich möglich. Sie müssen jeweils eine Frist von drei Monaten zum Quartalsende einhalten. Beispiel: Wenn Sie im März 2012 kündigen, können Sie zum 1. Juli 2012 wechseln. Auf jeden Fall sollten Sie den neuen Vertrag, auf den Ihr alter Anbieter Ihr Kapital übertragen soll, bereits abgeschlossen haben. Die neuen Vertragsdaten geben Sie am besten gleich mit der Kündigung beim alten Anbieter ab. Ansonsten überweist er das Geld zunächst auf Ihr Konto, Zulagen und Steuervorteile werden abgezogen. Das macht den Wechsel unnötig kompliziert.

was Ihre spätere Rente erhöht. Und selbst wenn es nicht gut läuft, muss der Anbieter zum Rentenbeginn weiterhin für Sie mindestens alle bisherigen Beiträge einschließlich Zulagen bereithalten. Auch eventuelle Verluste durch Kosten oder durch Kursschwankungen bei Fonds muss er tragen.

Anders sieht es aber aus, wenn Sie Ihr Vermögen aus einem Vertrag herausnehmen, um es auf einen anderen zu übertragen. Die Garantie für den Kapitalerhalt gilt hier noch nicht, sondern erst zu Beginn der Auszahlphase. Im schlechten Fall nehmen Sie dann eventuell deutlich weniger mit, als Sie auf das Konto eingezahlt haben.

Rentenversicherung: Viele Nachteile beim Wechsel

Ein Umsatteln lassen sich die Versicherer bezahlen. Die Wechselgebühren, die das verlassene Unternehmen von Ihnen verlangt, liegen oft zwischen 100 und 150 Euro. Manchmal nehmen Versicherer auch variable Kosten, die sich an der Höhe des Vermögens orientieren. Das kann sich dann schnell auf mehrere Hundert Euro summieren. Diese Kosten sind ärgerlich, aber nicht der eigentliche Grund, warum der Wechsel von Rentenversicherungen oft nachteilig ist.

Vor allem wenn Sie Ihr Erspartes zu einem anderen Versicherer mitnehmen wollen, kann das bei einer Rentenversicherung noch viel teurer werden. Denn die Versicherer verlangen sehr hohe Abschlusskosten von mehreren Tausend Euro. Diese ziehen sie Ihnen von den Beiträgen, die Sie in den Vertrag zahlen, erst einmal ab. Bei Rentenversicherungen starten Sie also mit einem Minusgeschäft, das sich erst durch eine lange Laufzeit wieder ausgleicht.

Je nachdem, wie lange Sie schon in die alte Versicherung einzahlen, haben Sie die Kosten bereits voll bezahlt. Denn die Versicherer behalten die Abschlusskosten für die gesamte Laufzeit schon in den ersten fünf Jahren ein.

Zurück bekommen Sie dieses Geld bei einem Wechsel nicht. Vielmehr fallen bei einem neuen Versicherer wiederum neue hohe Abschlusskosten an. Ihr Angespartes ist in den Anfangsjahren dadurch also überdurchschnittlich mit Kosten belastet. Wenn Sie im sechsten Jahr kündigen, haben Sie gerade mal die Gebühren für Ihren Abschluss bezahlt. Es ist also weit weniger im Vertrag, als Sie eingezahlt haben, und das eigentliche Sparen mit Ertrag beginnt gerade erst jetzt, wo die Kosten nicht mehr anfallen. Das nutzt Ihnen aber nur, wenn Sie bleiben.

Auch würden Sie die Garantieverzinsung von 2,25 Prozent verlieren, wenn Sie Ihre Rentenversicherung noch vor 2012 abgeschlossen haben. Das ist der Zinssatz, zu dem Ihnen die Versicherer Ihr Erspartes mindestens verzinsen. Seit 2012 gilt allgemein ein niedrigerer Garantiezins von 1,75 Prozent. Wenn Sie Ihr Geld bei einem Wechsel zu einer anderen Rentenversicherung mitnehmen, würde der dann für Ihr gesamtes Erspartes gelten.

CHECKLISTE: Vor dem Wechsel der Rentenversicherung

Vermittler wollen Kunden oft von einem Wechsel zu einer neuen, vermeintlich besseren Rentenversicherung überzeugen. Wenn Sie mit Ihrer Rentenversicherung nicht zufrieden sind und trotz eventueller Nachteile wechseln wollen, sollten Sie auch andere Riester-Produkte in Erwägung ziehen. Schließen Sie erneut eine Rentenversicherung ab, klären Sie zuvor folgende Punkte:

- **Höhe des Garantiezinses:** Wenn Sie bis Ende des Jahres 2003 eine klassische Riester-Rentenversicherung abgeschlossen haben, liegt der garantierte Zins, den alle Versicherer für die gesamte Laufzeit Ihres Vertrags mindestens zahlen, bei 3,25 Prozent. Haben Sie zwischen den Jahren 2004 und 2006 einen Rentenversicherungsvertrag abgeschlossen, bekommen Sie noch einen Garantiezins von 2,75 Prozent, zwischen 2007 und 2011 lag er bei 2,25 Prozent und seit Anfang 2012 nur noch bei 1,75 Prozent. Je höher der Garantiezins bei Ihrem Vertrag ist, desto besser.
- **Unisex oder nicht:** Wenn Sie als Mann Ihren Riester-Vertrag bereits vor dem Jahr 2006 abgeschlossen haben, haben Sie dort noch günstigere Bedingungen als in späteren Verträgen. Denn vor dem Jahr 2006 durften private Versicherer die Höhe der späteren Rente vom Geschlecht abhängig machen. Da die Lebenserwartung von Männern geringer ist als die von Frauen, erhalten Männer in diesen Verträgen noch eine höhere Rente bei gleicher Einzahlung.
- **Rentabilität des neuen Vertrags:** Fragen Sie Ihren alten Versicherer nach Ihrer garantierten Rente, wenn Sie Ihren Vertrag beitragsfrei stellen. Und fragen Sie Ihren neuen Anbieter nach der garantierten Rente für den neuen Riester-Vertrag. Sind beide zusammen höher als die Garantierente des alten Vertrags, würden Sie diesen weiterführen, kann sich ein Wechsel für Sie lohnen. Ein Vergleich mit anderen Produkten wie einem Riester-Fondssparplan oder einem Riester-Banksparplan funktioniert so aber nicht. Hier wird Ihnen keine garantierte Rente mitgeteilt.
- **Unbezahlte Kosten:** Wenn Sie bereits kurz nach dem Abschluss merken, dass Ihre Rentenversicherung nicht gut ist, und Sie einen deutlich besseren Vertrag im Auge haben, kann ein Wechsel noch sinnvoll sein. Da Sie erst einen geringen Teil der Abschlusskosten bezahlt haben, können Sie diese mit dem besseren Vertrag wieder ausgleichen. In den Standmitteilungen (siehe Seite 33), die Ihnen Ihr Versicherer jedes Jahr zuschickt, erfahren Sie, welchen Anteil der Kosten Sie bereits bezahlt haben.
- **Bezahlte Kosten:** Vor 2005 mussten die Anbieter die Abschlusskosten noch über zehn Jahre verteilen, seit 2005 nur noch über fünf Jahre. Wenn Sie gerade alle Kosten bezahlt haben, lohnt sich der Umstieg zu einer anderen Rentenversicherung nicht, denn dort fallen wieder hohe Kosten an. Wenn schon wechseln, dann das bisher gesparte Geld im alten Vertrag ruhen lassen und mit einem anderen Produkt ohne hohe Abschlusskosten neu beginnen.

Wenn Sie wirklich wechseln wollen, lassen Sie Ihr Geld besser beim alten Anbieter stehen, stellen den Vertrag also beitragsfrei, und schließen einen neuen Vertrag ab. Vorzugsweise einen Produkttyp ohne hohe Abschlusskosten wie einen Banksparplan. Doch auch dafür, dass Sie Ihren Vertrag beitragsfrei stellen, knöpfen Ihnen die Versicherer Gebühren ab: Sie liegen grob zwischen 50 und 120 Euro.

Fondssparplan:
Beim Wechsel kommt es auf den Zeitpunkt an

Auch bei einem Fondssparplan kann es manchmal besser sein, Ihr Angespartes zumindest eine Zeit lang beim alten Anbieter zu lassen. Und zwar dann, wenn zum geplanten Ausstieg die Kurse gerade im Keller sind und Sie dadurch Verluste auf Ihrem Riester-Konto verzeichnen. Denn dass der Anbieter Ihnen zu Rentenbeginn mindestens das gesamte eingezahlte Kapital für Ihre Rente bereithalten muss, heißt nicht, dass Ihr Konto sich nicht zwischendurch mal ins Minus drehen darf. Und da die Garantie für den Kapitalerhalt nicht für Vermögen gilt, das ein Kunde aus einem Vertrag herausnimmt und auf einen anderen überträgt, kann das einen deutlichen Verlust für Sie bedeuten. Ihr Geld zu einem anderen Vertrag mitzunehmen ist also nur während einer guten Börsenphase empfehlenswert.

Die Wechselgebühren bei Fondssparplänen sind günstiger als bei den Versicherern. Sie liegen meist bei 50 Euro. Lassen Sie Ihr bisher angespartes Vermögen bei der Fondsgesellschaft und stellen Ihren Vertrag nur beitragsfrei, fallen dafür keine Kosten an.

Fondspolice: Wechseln wird teuer

Bei einer fondsgebundenen Rentenversicherung gilt eigentlich das Gleiche wie bei einer normalen Rentenversicherung (siehe Seite 104), nur dass Sie zusätzlich noch die Nachteile, die sich aus einem Fondsinvestment ergeben, berücksichtigen müssen. Das heißt: bei Kursverlusten niemals das Geld mitnehmen, sondern den Vertrag ruhen lassen. Auf den Garantiezins brauchen Sie dagegen keine Rücksicht zu nehmen. Den gibt es bei fondsgebundenen Rentenversicherungen nämlich sowieso nicht.

Auch bei fondsgebundenen Rentenversicherungen fallen Wechselgebühren an. Sie liegen wie bei den klassischen Rentenversicherungen zwischen 100 und 150 Euro. Für das Beitragsfreistellen zahlen Sie meist zwischen 50 und 125 Euro; manchmal jedoch deutlich mehr.

Banksparplan: Ein Wechsel ist unbedenklich

Der Banksparplan ist ein Produkt, mit dem Sie bei einem Wechsel recht flexibel sind. Denn hier haben Sie keine Abschlusskosten bezahlt und müssen auch nicht die Kursentwicklung im Auge behalten. Willkürliches Wechseln sollten Sie dennoch vermeiden. Vermittler, die versuchen, Sie abzuwerben, haben oft nur ihre Provision im Sinn. Und auch hier werden Wechsel-

gebühren zwischen 50 und 100 Euro fällig, in Ausnahmefällen bis zu 200 Euro. Wenn Sie den Vertrag nur beitragsfrei stellen, nehmen die Banken meist keine Gebühren.

Bausparen: Wechseln lohnt in der Regel nicht

Beim Bausparen ist wie bei der Rentenversicherung die Abschlussgebühr ziemlich hoch. Sie liegt bei 1, manchmal auch 1,6 Prozent der vereinbarten Bausparsumme. Dieses Geld oder zumindest der Anteil, den Sie bis zum Wechsel gezahlt haben, ist in jedem Fall verloren. Es lohnt sich deshalb in aller Regel nicht, von einem Bausparvertrag zu einem anderen Bausparvertrag zu wechseln und erneut eine Abschlussgebühr zu zahlen. Hinzu kommt, dass Sie durch so einen Wechsel bereits erworbene Darlehensansprüche verlieren und beim neuen Bausparvertrag wieder bei null anfangen müssten. Zudem sind die Unterschiede zwischen den Bausparverträgen in aller Regel nicht so groß, dass die Nachteile des Wechsels durch bessere Konditionen wieder hereingeholt werden.

Die einzige Grund zu wechseln wäre, wenn Sie definitiv nicht mehr für eine eigene Immobilie sparen wollen, weil Sie zum Beispiel unerwartet eine geerbt haben. Dann sollten Sie tatsächlich zu einem anderen Riester-Produkt wechseln, da Sie ansonsten bis zu Ihrer Rente in der Regel nur 0,5 oder 1 Prozent Zin-sen aufs Guthaben bekommen. Als reiner Sparvertrag ohne Darlehen macht Bausparen keinen Sinn. Sie sollten deshalb Ihr Vermögen bei einem Wechsel auf jeden Fall mitnehmen. Die Wechselgebühren liegen meist bei 100 Euro.

Riester-Darlehen: Ein Wechsel kann von Vorteil sein

Bei Riester-Darlehen ist ein Wechsel – wie bei anderen Darlehen auch – nur zum Ende der Zinsbindung möglich; also zu dem Zeitpunkt, bis zu dem Sie sich mit Ihrem Anbieter auf einen festen Zinssatz festgelegt haben. Danach würde ohnehin neu verhandelt, und Sie könnten sich dann einen neuen Anbieter suchen.

Nachteile gibt es bei einem Wechsel nicht. Wechselgebühren fallen nicht an. Umsatteln zu einem anderen Darlehensgeber ist sogar empfehlenswert, wenn Sie einen finden, der Ihnen einen günstigeren Effektivzins bietet als Ihre alte Bank.

Normalerweise fallen bei Darlehen keine gesonderten Abschlusskosten an. Ausgenommen sind hier Bauspar-Kombikredite. Bei denen müssen Sie die für den Bausparvertrag übliche Abschlussgebühr zahlen.

Ein Wechsel vom Riester-Darlehen zu einem anderen Riester-Produkt ist dagegen nur indirekt möglich. Beispiel: Sie verkaufen Ihr Riester-gefördertes Haus. Damit Sie die Förderung nicht verlieren, zahlen Sie einen Betrag in Höhe des Wohnförderkontos, auf dem Ihre geförderten Tilgungsleistungen verbucht sind, in einen anderen Riester-Vertrag ein. Machen Sie das nicht und legen sich innerhalb von vier Jahren auch keine neue selbstgenutzte Immobilie zu, müssten Sie das Wohnförderkonto sofort versteuern (mehr dazu auf Seite 83).

WECHSELKOSTEN

Ob es sich für Sie lohnt, Ihr Riester-Produkt zu wechseln, hängt stark von der Kosten ab, die damit verbunden sind. Vor allem bei Produkten mit Abschlusskosten müssen Sie aufpassen. Die werden je nach Anbieter anders berechnet und fallen auch unterschiedlich aus. Das kann von mehreren Hundert Euro bis weit über tausend Euro sein. Teuer sind sie in jedem Fall. In der Tabelle finden Sie eine grobe Einordnung der Kosten.

Produkttyp	**Kosten (Euro)**		
	Abschluss	**Wechsel**	**Beitragsfreistellung**
Rentenversicherungen (klassisch und fondsgebunden)	Hoch, zwischen mehreren Hundert und mehreren Tausend Euro je nach Anbieter	100 bis 150, in Ausnahmefällen deutlich mehr	50 bis 125
Fondssparplan	0	Zirka 50	Zirka 50
Banksparplan	0	50 bis 100, in Ausnahmefällen bis 200	0
Bausparvertrag	Hoch, 1 bis 1,6 Prozent der Bausparsumme	Zirka 100	In der Ansparphase 0 Euro, in der Darlehensphase nicht möglich
Darlehen	0	0	Nicht möglich

HINTERBLIEBENENSCHUTZ BEI RIESTER

Der Riester-Vertrag ist für Ihre eigene Altersvorsorge gedacht, nicht zum Vermögensaufbau von Erben. Was passiert aber mit dem angesparten Vermögen, wenn Sie versterben? Das Geld ist dann meist nicht komplett weg, und Ihre Erben können oft zumindest teilweise über das Vermögen verfügen.

Wie und was von Ihrem Riester-Vermögen geerbt wird, hängt davon ab,

- wer erbt,
- welches Produkt Sie haben,
- ob Sie in der Anspar- oder Auszahlphase versterben.

Ehepartner sind begünstigt

Ihr Ehepartner ist im Falle Ihres Todes als Erbe begünstigt. Während andere Erben die Förderung zurückzahlen müssen, kann Ihr Ehepartner diese meist behalten, wenn er folgende Bedingungen erfüllt:

- Er lebt zum Zeitpunkt Ihres Todes mit Ihnen zusammen.
- Er investiert das ererbte Riester-Vermögen ebenfalls in ein Riester-Produkt.

Um die staatliche Förderung zu behalten, darf Ihr erbender Partner das Geld nicht sofort ausgeben, sondern muss es für seine eigene Altersversorgung nutzen. Das Gute dabei: Er selbst muss nicht förderberechtigt gewesen sein. Er kann speziell für die Übertragung des geerbten Riester-Vermögens einen eigenen Altersvorsorge-Vertrag abschließen. Ist er bereits Riester-Sparer, kann er Ihr Vorsorgevermögen auf seinen eigenen Riester-Vertrag übertragen lassen. Eine Frist, innerhalb der das passieren muss, gibt es nicht. Das geerbte Kapital bekommt er je nach Alter sofort oder später als lebenslange Rente ausgezahlt.

Ihr Ehepartner kann sich das Riester-Vermögen natürlich auch auf einen Schlag auszahlen lassen, dann allerdings bekommt er es, wie alle anderen Erben auch, nur abzüglich der Förderung von Ihrem Anbieter ausgezahlt.

Keine Sonderbehandlung für Kinder

Was die Förderung anbelangt, können Ihre Kinder bei Ihrem Tod anders als Ihr Ehepartner nicht auf eine Sonderbehandlung zählen. Sie müssen sie wie alle anderen Erben zurückzahlen.

Bei Rentenversicherungen, bei denen eigentlich gar kein Geld an Erben zurückfließt, wenn Sie während der Auszahlphase sterben, können Sie aber einen gesonderten Hinterbliebenenschutz für Ihre Kinder und Ihren Ehepartner vereinbaren (siehe Seite 112).

Banksparpläne vererben

Vergleichsweise einfach ist das Vererben von Riester-Vermögen bei Banksparplänen. Ihr Ehepartner kann Ihr Vermögen inklusive Förderung und erwirtschaftetem Ertrag erben, wenn er es wie oben beschrieben in einen eigenen Vertrag überträgt.

Versterben Sie noch während der Ansparphase, kann er den gesamten Betrag in einen eigenen Altersvorsorgevertrag stecken. Sterben Sie während des ersten Teils der Auszahlphase bis zu Ihrem 85. Geburtstag, bekommt Ihr Ehepartner nur das Geld, das noch nicht verbraucht wurde. Der Betrag, der zu Beginn der Auszahlphase von Ihrem Anbieter für die spätere Restverrentung ab 85 Jahren (siehe Seite 147) abgezweigt wurde, ist in diesem Fall weg.

Erst wenn Sie dann die Restverrentungsphase erreicht haben, ist das Vererben des verbliebenen Vermögens in den überwiegenden Fällen nicht mehr möglich. Die Restverrentungsphase beginnt mit Ihrem 85. Geburtstag. Von diesem Tag an muss der Banksparplan durch eine Rentenversicherung abgelöst werden, die dem Riester-Sparer eine Rente bis zum Ende seines Lebens sichert.

Es gibt inzwischen allerdings auch schon Versicherer, die für die Restverrentung ab 85 Jahren eine Beitragsrückgewähr anbieten. Damit können Sie auch das für die Versicherung abgezweigte Kapital für Ihre Erben sichern.

Handelt es sich bei Ihren Erben nicht um Ihren Ehepartner, können diese Ihr Riester-Vermögen nur ohne die staatliche Förderung aus Zulagen und Steuervorteil erben. Der Anbieter zieht diese vor der Auszahlung immer erst ab.

Im Fall, dass Sie während des ersten Teils der Auszahlphase sterben, zieht der

CHECKLISTE: Hinterbliebenenschutz bei Riester-Sparverträgen

Ansparphase

- In der Ansparphase kann Ihr Riester-Kapital grundsätzlich vererbt werden. Bei einer Rentenversicherung müssen Sie aber darauf achten, dass das im Vertrag vereinbart ist.
- **Bei Ehepartnern:** Ihr Ehepartner kann das gesamte Kapital in seinen eigenen Riester-Vertrag übernehmen oder in eine Hinterbliebenenrente umwandeln. Ihr Ehepartner kann sich das Kapital auch auszahlen lassen, muss dann aber die staatlichen Zuschüsse zurückgeben.
- **Andere Erben:** Geht das angesparte Kapital an andere Erben, müssen diese die staatliche Förderung immer erstatten.

Auszahlphase

- **Bei Bank- und Fondssparplänen:** Ihr Ehepartner kann das Restkapital ohne Abzug der Förderung für eine eigene Rente nutzen. Andere Erben können sich das Restkapital nur unter Abzug der staatlichen Förderung auszahlen lassen. Ab Ihrem 85. Geburtstag ist ein Vererben des Restvermögens allerdings in den meisten Fällen nicht mehr vorgesehen.
- **Bei Rentenversicherungen:** Das Vererben des Kapitals aus Rentenversicherungen ist grundsätzlich nicht vorgesehen. Sie können aber eine Rentengarantie oder eine extra Hinterbliebenenzusatzversicherung für Ihren Ehepartner und Ihre Kinder vereinbaren. Beides kostet.

Anbieter die Förderung natürlich nicht komplett ab, sondern nur den Anteil, der auf Ihr Restvermögen entfällt. In einen anderen Altersvorsorgevertrag umwandeln müssen diese Erben ihr geerbtes Vermögen dann selbstverständlich nicht. Sie können es sich auf einen Schlag auszahlen lassen und es steht ihnen danach zur freien Verfügung.

Fondssparpläne vererben

Vom Prinzip läuft das Erben von Fondssparplänen wie bei Banksparplänen. Aber einen wichtigen Unterschied gibt es doch: Anders als bei Banksparplänen kann es bei Fondssparplänen zwischendurch zu Kursverlusten kommen. Sterben Sie während der Ansparphase, kann es passieren, dass das Fondsvermögen zu diesem Zeitpunkt weniger wert ist als die Summe der Einzahlungen. Die Kapitalgarantie, die es für jeden Riester-Vertrag gibt, gilt immer nur zum Beginn der Auszahlphase, aber nicht vorher.

Rentenversicherungen vererben

Auch bei einer Rentenversicherung kann das Riester-Vermögen wie bei einem Banksparplan während der Ansparphase abzüglich der Förderung an Ihre Erben fließen. Oder Ihr Ehepartner kann es inklusive Förderung für eine eigene Rente nutzen. Hier müssen Sie aber darauf achten, dass eine Leistung bei Tod in der Ansparphase im Vertrag vereinbart ist. Das ist zwar meist der Fall. Wenn nicht, gehen die Erben jedoch leer aus.

Allerdings gibt es auch bei einer entsprechenden Vereinbarung in den ersten Jahren nach Abschluss der Rentenversicherung kaum Geld zurück. Denn von den Sparbeiträgen der ersten fünf Jahre wird viel für die Kosten der Versicherung abgezogen. Erst später während der Ansparphase ist durch Zinsgewinne mehr drin.

Seltener sind bei Riester-Rentenversicherungen Verträge mit Beitragsrückgewähr. Bei denen bekommen Ihre Erben mindestens das, was Sie eingezahlt haben, statt nur des angesparten Kapitals (also das, was nach Abzug der Kosten von Ihren Beiträgen übrig geblieben ist). Ihre Zinsgewinne bleiben aber auch bei einer Beitragsrückgewähr bei Ihrem Rentenversicherer.

Auszahlphase: Geld nur bei Rentengarantie

Während der Auszahlphase der Riester-Rentenversicherung ist ein Vererben eigentlich nicht vorgesehen. Sie können aber einen Zeitraum vereinbaren, in dem die Rente auf jeden Fall fließt. Vereinbaren Sie zum Beispiel eine Rentengarantiezeit von zehn Jahren, und Sie sterben vier Jahre nach Auszahlungsbeginn, bekommen Ihre Erben die Zahlungen noch sechs Jahre weiter.

Je länger die Garantiezeit laufen soll, desto teurer wird sie. Zehn Jahre Rentengarantiezeit verringern Ihre Rente zum Beispiel um etwa 1 Prozent, 20 Jahre Garantie um etwa 2,5 Prozent.

Ob die Vereinbarung einer solchen Rentengarantie sinnvoll ist, hängt davon ab, ob und wie lange Ihre Angehörigen versorgt werden müssen. Auch bei einer Rentengarantie gilt: Die Förderung muss anteilig zurückgegeben werden. Nur Ihr Ehepartner kann abzugsfrei profitieren, wenn er das Restkapital für einen eigenen Riester-Vertrag nutzt.

Generell gilt: Todesfallleistungen bei Rentenversicherungen kosten. Wenn Sie auf jegliche Zahlungen an Erben im Fall Ihres Tods verzichten, erhöhen Sie so Ihren garantierten Rentenanspruch um 2 bis 3 Prozent.

Zusatzversicherung

Wenn Sie mehr Schutz für Ihre Angehörigen wünschen, gibt es auch die Möglichkeit, eine Zusatzversicherung für Ihre Hinterbliebenen abzuschließen. Bei Riester-Rentenversicherungen können Sie die Zahlung im Todesfall meistens durch eine solche Zusatzversicherung für Ihren Ehepartner oder Ihre Kinder ergänzen.

Ihre Angehörigen bekommen dann, wenn Sie sterben, eine steuerpflichtige Rente. Ihre Kinder können diese aber nur beziehen, solange sie Kindergeld bekommen.

Eine wirklich gute Vorsorge für Ihre Angehörigen ist das nicht, denn die Anbieter begrenzen den Beitragsanteil für die zusätzliche Todesfallleistung meist auf 15 Prozent. Das ist für einen ausreichenden Hinterbliebenenschutz viel zu wenig. Sinnvoller ist es, für die Absicherung Ihrer Angehörigen eine gesonderte Risikolebensversicherung abzuschließen.

Wohn-Riester vererben

Wenn Sie einen Bausparvertrag haben und versterben, noch bevor Sie ein gefördertes Eigenheim gekauft haben, gibt es ebenfalls ähnliche Regelungen wie für Banksparpläne.

Haben Sie das Haus bereits gekauft und sterben vor Ihrem Rentenbeginn, gilt auch Ihr Tod als Aufgabe der Selbstnutzung Ihrer Immobilie. Das hat zur Folge, dass das fiktive Guthaben auf dem Wohnförderkonto (siehe Seite 156) versteuert werden muss. Der Betrag wird noch Ihnen, als Erblasser, zugerechnet und mit der Steuererklärung Ihres Todesjahres versteuert. Die staatliche Förderung verlangt die ZfA aber nicht zurück.

Sterben Sie nach der Tilgung des Darlehens, muss in Ihrem Todesjahr noch der Restbetrag, den das Wohnförderkonto

KURZ UND KNAPP **Wohnförderkonto**

Im Wohnförderkonto verbucht die Zentrale Zulagenstelle für Altersvermögen (ZfA) alle Ihre geförderten Beträge (Tilgungsraten, Entnahmebeträge aus anderen Riester-Verträgen und staatliche Förderung) als fiktives Guthaben, das mit 2 Prozent im Jahr verzinst wird. Auf diese Summe zahlen Sie dann nach Eintritt in den Ruhestand Steuern (siehe auch Seite 150).

ausweist, versteuert werden. Wie bei den anderen Produkten auch hat Ihr Ehepartner in beiden Fällen die Möglichkeit, die sofortige Steuerzahlung auf einen Schlag zu umgehen. Dazu muss er innerhalb eines Jahres Ihren Eigentumsanteil an der Immobilie auf sich übertragen.

Haben Sie sich zu Rentenbeginn entschieden, die fälligen Steuern auf einen Schlag zu bezahlen, und somit Ihr Wohnförderkonto komplett zurückgeführt, fallen dafür keine weiteren Steuerzahlungen mehr an.

Erbschaftsteuer

Bei einem geerbten Riester-Vertrag fällt möglicherweise Erbschaftsteuer an. Wie hoch sie ausfällt, hängt von der Höhe der Erbschaft und dem Verwandtschaftsgrad ab. Eheleute haben mit 500 000 Euro den höchsten Freibetrag und die geringsten Steuersätze. Kinder haben mit 400 000 Euro ebenfalls einen hohen Freibetrag. Erst wenn die Freibeträge überschritten werden, müssen sie Erbschaftsteuer entrichten.

Handelt es sich bei Ihrem Erben jedoch um einen nicht-ehelichen Lebenspartner, sieht es schlecht aus. Das Finanzamt gesteht ihm mit 20 000 Euro nur einen vergleichsweise geringen Freibetrag zu und stuft ihn in die höchste Steuerklasse ein.

ERBSCHAFTSTEUERSÄTZE

Ehepartner und eingetragene Lebenspartner sowie Kinder und Enkel belastet das Finanzamt am wenigsten. Für sie gelten die Prozentangaben in Steuerklasse I. Bei Geschwistern in Steuerklasse II gehen mindestens 15 Prozent Steuern ab. Nicht-eheliche Lebenspartner und gute Freunde sind in Steuerklasse III und zahlen mindestens 30 Prozent.

Steuerpflichtiges Erbe oder Geschenk bis ... Euro	Steuern in Prozent bei Steuerklasse		
	I	II	III
75 000	7	15	30
300 000	11	20	30
600 000	15	25	30
6 000 000	19	30	30
13 000 000	23	35	50
26 000 000	27	40	50
über 26 000 000	30	43	50

INVALIDITÄTSSCHUTZ BEI RIESTER

Als Riester-Sparer können Sie gleichzeitig auch für den Fall vorsorgen, dass Sie einmal berufsunfähig werden. Das geht allerdings ausschließlich mit Rentenversicherungen oder wenn Sie über den Betrieb riestern (siehe Seite 69). Alle anderen Produkttypen bieten diesen Schutz nicht.

Zunächst einmal ist ein solcher Schutz natürlich generell sinnvoll, denn das Risiko, vielleicht einmal berufsunfähig zu werden, ist vergleichsweise hoch und die gesetzliche Rentenversicherung zahlt nur noch dann, wenn Sie gar nicht mehr oder nur sehr eingeschränkt auf dem Arbeitsmarkt tätig sein können.

Privat absichern können Sie sich gegen dieses Risiko mit einer Berufsunfähigkeitsversicherung. Sie zahlt eine Rente, wenn Sie wegen einer Erkrankung oder eines Unfalls nicht mehr in Ihrem Beruf arbeiten können. Diese Versicherungen sind aber für viele sehr teuer. Der Preis hängt von Ihren Vorerkrankungen, Ihrem Alter und Berufsrisiko ab und selbstverständlich von der Preisgestaltung des Anbieters.

Deshalb greifen viele zu günstigeren Zusatzpolicen mit abgespecktem Schutz, die zusammen mit Rentenversicherungen verkauft werden. Auch einige Riester-Rentenversicherungen werden zusammen mit einem solchen Extraschutz angeboten.

Was vielleicht erst mal gut klingt, sollten Sie sich aber überlegen. Denn der Zusatzschutz geht auf Kosten der Höhe Ihrer späteren Altersrente. Auch wie dieser Schutz tatsächlich aussieht, sollten Sie vor Abschluss genau unter die Lupe nehmen. Besonders umfassend ist er nicht.

Maximal 15 Prozent der Gesamtbeiträge für die Riester-Rente dürfen in diese Zusatzversicherung fließen, ohne dass Sie die Förderung aus Zulagen und Steuervorteilen gefährden. Der Anteil für den Invaliditätsschutz zählt also zum Mindesteigenbeitrag, den Sie aufbringen müssen, um Zulagen zu bekommen, und Sie können

TIPP **Berufsunfähigkeitsschutz sollte Lebensunterhalt decken**

Der Berufsunfähigkeitszusatzschutz zur Riester-Rente sichert oft nur Ihre Beiträge für den Riester-Vertrag ab. Er reicht jedoch lange nicht aus, um Ihren Lebensunterhalt zu decken, falls Sie Ihren Beruf nicht mehr ausüben können. Das ist aber eigentlich Sinn dieser Versicherung. Hier ist die Kombination einer Berufsunfähigkeitsversicherung mit einer Risikolebensversicherung oft geeigneter. Sollten Sie sich dennoch für einen Vertrag zur Beitragssicherung entscheiden, müssen Sie darauf achten, dass Sie die Bedingungen erfüllen, auch im Falle der Berufsunfähigkeit weiter forderberechtigt zu sein.

ihn auch steuerlich geltend machen. Im Gegenzug müssten Sie aber im Falle der Invalidität Ihre Berufsunfähigkeitsrente voll versteuern.

Wegen der relativ geringen Einzahlung von 15 Prozent der Gesamtbeiträge ist die Berufsunfähigkeitsrente, die Sie daraus bekommen, niedrig. Oft sind die Zusatzversicherungen so kalkuliert, dass die Höhe einer eventuellen Berufsunfähigkeitsrente den Beiträgen für die Riester-Rente entspricht. Die Zahlungen vom Versicherer würden Ihnen dann lediglich ermöglichen, Ihren Riester-Vertrag weiterzuführen, aber keine finanzielle Hilfe für den Gehaltswegfall bieten.

Voraussetzung, dass Sie auch bei Berufsunfähigkeit weiter die staatliche Riester-Förderung bekommen, ist, dass Sie entweder weiterhin in die Rentenversicherung einzahlen oder von der gesetzlichen Rentenversicherung eine Rente wegen voller Erwerbsminderung, Erwerbsunfähigkeit oder eine Versorgung wegen Dienstunfähigkeit beziehen. Zusätzliche Bedingung ist, dass Sie direkt vor Ihrer Rente oder Versorgung bereits unmittelbar förderberechtigt waren.

BEI PROBLEMEN MIT DEM ANBIETER

Wenn Sie Probleme mit Ihrem Anbieter haben, können Sie sich auch als Riester-Kunde an einen Ombudsmann oder eine Ombudsfrau wenden. Ombudsleute sind Vertrauensleute und gehen auf eine schwedische Rechtstradition zurück. Die Einrichtung wurde geschaffen, um bei Konflikten zwischen Bürgern und Staat oder Unternehmen vermittelnd und schlichtend einzugreifen.

Die Bearbeitung Ihrer Beschwerde ist kostenlos. Ein großer Vorteil, wenn Sie sich nicht ganz sicher sind, ob Sie wirklich richtig liegen. Denn ein Gang vor Gericht kann sehr teuer werden, wenn Sie verlieren. Bei den Ombudsleuten handelt es sich häufig um Experten mit langjähriger Erfahrung, die mit einer gewissen Unabhängigkeit und Autorität Ihrer Beschwerde nachgehen und, wenn diese berechtigt ist, Abhilfe schaffen.

Im Finanzdienstleistungssektor gibt es Ombudsleute für Versicherer, Banken, Bausparkassen und Fondsgesellschaften. Sie kümmern sich unter anderem um Beschwerden über schlechte Beratung, zu hohe Zinssätze oder falsche Bausparsummen. Speziell für Riester-Kunden könnten sie zum Beispiel die Höhe des Übertragungswertes bei einem Anbieterwechsel überprüfen. Auch sind Beschwerden im Zusammenhang mit den staatlichen Zulagen zulässig.

Allerdings prüft der Ombudsmann nicht das Verfahren und das Ergebnis der Zentralen Zulagenstelle für Altersvermögen (ZfA). Denn der Anbieter hat in der

CHECKLISTE: Beim Ombudsmann beschweren

- **Prüfen:** Stellen Sie zuerst fest, welche Beschwerdestelle für Sie zuständig ist. Die Ombudsstellen, die für Sie als Riester-Kunde infrage kommen könnten, finden Sie unten. Da es aber vor allem im Bankenbereich etliche gibt und diese auch teilweise für die Bausparkassen zuständig sind, fragen Sie am besten bei Ihrem Anbieter direkt nach. Eine Schlichtung ist nicht mehr möglich, wenn Ihre Beschwerde bereits vor Gericht liegt oder eine andere Stelle schon darüber entschieden hat.
- **Schreiben:** Schreiben Sie Ihre Beschwerde auf und begründen Sie alles detailliert. Die Bankenverbände bieten Formulare an. Fügen Sie Belege für den Sachverhalt und Kopien des Schriftwechsels mit der Bank bei.
- **Entscheiden:** Die Kundenbeschwerdestelle prüft, ob Ihr Anliegen zulässig ist, und holt bei Ihrem Anbieter eine Stellungnahme ein. Führt dies zu keiner Einigung, bekommt der Ombudsmann den Fall. Er kann ergänzende Meinungen hören, aber anders als der Richter in einem Prozess keine Zeugen vernehmen. Seine Entscheidung teilt er schriftlich mit. Sind Sie mit dem Ergebnis nicht zufrieden, können Sie immer noch die Bafin einschalten oder prozessieren.

Banken und Bausparkassen

Kundenbeschwerdestelle beim Bundesverband deutscher Banken
Postfach 04 03 07
10062 Berlin
Tel. 0 30/16 63 31 66
ombudsmann@bdb.de
www.bankenombudsmann.de

Deutscher Sparkassen- und Giroverband (DSGV)
Schlichtungsstellen liegen bei den jeweiligen Regionalverbänden. Die Adressen finden Sie beim DSGV
Charlottenstraße 47
10117 Berlin
Tel. 0 30/20 22 53 39
www.dsgv.de

Kundenbeschwerdestelle beim Bundesverband der Deutschen Volksbanken und Raiffeisenbanken
Postfach 30 92 63
10760 Berlin
Tel. 0 30/2 02 16 39
kundenbeschwerdestelle@bvr.de
www.bvr.de

Kundenbeschwerdestelle beim Bundesverband Öffentlicher Banken Deutschlands
Postfach 11 02 72
10832 Berlin
Tel. 0 30/8 19 22 95
ombudsmann@voeb.de
www.voeb.de

Verband der Privaten Bausparkassen e. V. Kundenbeschwerdestelle
Postfach 30 30 79
10730 Berlin

Fondsgesellschaften

Büro der Ombudsstelle des BVI Bundesverband Investment und Asset Management e. V.
Unter den Linden 42
10117 Berlin
Tel. 0 30/6 44 90 46-0
info@ombudsstelle-investmentfonds.de
www.ombudsstelle-investmentfonds.de

Versicherer

Versicherungsombudsmann e. V.
Postfach 08 06 32
10006 Berlin
Tel. 0 30/20 60 58-10
beschwerde@versicherungsombudsmann.de
http://www.versicherungsombudsmann.de

Regel Ihre Angaben und Zulagenanträge lediglich an die ZfA weiterzuleiten. Diese übernimmt die Berechnung, Kontrolle und Auszahlung der Zulagen und wendet sich dabei direkt an Finanzämter, Besoldungsstellen und Familienkassen. Auf die Dauer der Bearbeitung durch die ZfA und deren Ergebnis haben der Anbieter und der Ombudsmann keinen Einfluss.

Der Ombudsmann kann jedoch prüfen, ob der Anbieter Ihre Daten korrekt und fristgemäß an die ZfA weitergeleitet hat oder ob bei Vertragsabschluss der Beitrag richtig ermittelt worden ist, damit Sie die vollen staatlichen Zulagen erhalten. Ebenso können dort Fragen zur Zulagenberechtigung oder zur Kindergeldzulage geklärt werden.

Zeigen Ihre Bemühungen, Ärger mit Ihrem Anbieter selbst aus der Welt zu schaffen, keinen Erfolg, können Sie Ihre Beschwerde schriftlich an den zuständigen Ombudsmann schicken. Sie schildern ihm das Problem formlos. Dem Schreiben fügen Sie Belege über den Sachverhalt bei, wie Kopien des bisherigen Schriftwechsels und Vertragsunterlagen.

Zunächst prüft der Ombudsmann dann, ob er überhaupt zuständig ist. Liegt Ihr Fall parallel schon vor Gericht oder hat es gar schon entschieden, kann er Ihnen allerdings nicht mehr helfen. Ist er aber zuständig, übermittelt der Ombudsmann Ihre Beschwerde dem Unternehmen. Es muss sich dann in angemessener Zeit dazu äußern.

Klärt sich der Disput dadurch nicht, trifft der Ombudsmann eine Entscheidung. Meist halten sich die Anbieter daran, auch wenn die Entscheidung rechtlich nicht in allen Fällen bindend für sie ist.

Sind Sie mit dem Schlichterspruch nicht zufrieden, bleibt Ihnen immer noch der Gang vor Gericht. Denn solange Ihre Beschwerde beim Ombudsmann liegt, laufen eventuelle Fristen, die Sie einhalten müssen, erst mal nicht weiter.

Sie können sich bei Ärger aber auch an die Bundesanstalt für Finanzdienstleistungsaufsicht (Bafin) wenden (Graurheindorfer Straße 108, 53117 Bonn, Tel. 02 28/41 08 15 50, www.bafin.de). Die Behörde ist allerdings vorrangig aufsichtsrechtlich tätig. Sie versucht zwar, zwischen den Parteien zu vermitteln, kann aber keinen Schlichterspruch wie ein Ombudsmann fällen.

DIE ZULAGEN MITNEHMEN

Das Kernstück von Riester ist die Altersvorsorgezulage. Sie ist es, die Ihnen ganz konkret beim Sparen für Ihr Alter hilft. Allerdings müssen Sie selbst auch etwas dafür tun – keine Zulage ohne Eigenleistung. In diesem Kapitel geht es darum, wie sie funktioniert und was Sie tun müssen, um die volle Zulage vom Staat zu erhalten.

SO VIEL EIGENLEISTUNG MUSS SEIN

Die Zulage ist Dreh- und Angelpunkt von Riester. Denn sie ist das, was der Staat zum eigenen Sparen fürs Alter dazugibt und den Abschluss von Riester-Produkten so lohnend macht. Sie ist zumindest ein wichtiger Teil davon. Der andere Teil ist die steuerliche Förderung, die vor allem für Sparer mit mittleren und höheren Einkommen interessant ist. Um die geht es im nächsten Kapitel (siehe Seite 131).

Auf die Zulagen können alle Riester-Sparer zählen. Pro Jahr sind es:

- je 154 Euro Grundzulage für Sie selbst und Ihren eventuell mitriesternden Ehepartner,
- 185 Euro für Kinder, die vor 2008 geboren wurden und
- 300 Euro für jedes Kind, das ab 2008 geboren wurde.

Gehören Sie zu den unmittelbar Förderberechtigten, können Sie Ihre Zulage, wenn Sie dies möchten, auf zwei unterschiedliche Riester-Verträge aufteilen – höher fällt sie aber dadurch nicht aus. Bei mittelbar Förderberechtigten muss die Zulage immer in einen einzigen Vertrag fließen.

4 Prozent für volle Zulagen

Doch die Zulage gibt es nicht einfach so. Sie selbst müssen auch etwas dafür tun. Um sie in voller Höhe zu erhalten, müssen Sie mindestens 4 Prozent Ihres rentenversicherungspflichtigen Einkommens oder Ihrer Besoldung aus dem Vorjahr in einen Riester-Vertrag einzahlen. Dabei zählen die Zulagen aber mit. Nur den Rest müssen Sie selbst aufbringen.

Beispiel: Sie haben ein rentenversicherungspflichtiges Bruttoeinkommen von 42 000 Euro im Jahr. Insgesamt müssen also 1 680 Euro im Jahr in Ihren Riester-Vertrag fließen, denn das sind 4 Prozent von 42 000 Euro. Da aber Ihre Grundzulage von 154 Euro mitzählt, müssen Sie selbst nur 1 526 Euro einzahlen, das sind rund 127 Euro monatlich.

Haben Sie einen Ehepartner, der über Sie mittelbar förderberechtigt ist und mindestens den Sockelbetrag von 60 Euro in seinen Riester-Vertrag einzahlt, verringert sich Ihr Mindestbeitrag für die Höchstförderung um weitere 154 Euro auf 1 372 Euro Eigenbeitrag, rund 114 Euro im Monat. Wenn Sie jetzt noch zwei kleine Kinder haben, kommen weitere 600 Euro an Kinderzulagen hinzu und Ihr Mindesteigenbeitrag würde sich auf 772 Euro jährlich oder rund 64 Euro monatlich reduzieren.

Einschließlich der 60 Euro Sockelbeitrag Ihres Ehepartners zahlen Sie gemeinsam also 832 Euro im Jahr aus der eigenen Tasche, haben zusammen aber insgesamt 1 740 Euro in Ihren Sparverträgen, weil Sie 908 Euro an Zulagen bekommen – da müssen konventionelle Altersvorsorgeprodukte erst einmal mithalten.

Sparen Sie allerdings weniger als 4 Prozent Ihres Bruttoeinkommen, zum Beispiel nur 2 Prozent, wird auch Ihre Zulage von 154 Euro entsprechend um 50 Prozent auf 77 Euro im Jahr gekürzt, ebenso wie die Ihres Partners.

DER VORJAHRESVERDIENST ZÄHLT

Ganz wichtig ist es zu beachten, dass es immer um den Verdienst des Vorjahres geht. Wenn Sie zum Beispiel Mitte des Jahres 2012 ein halbes Jahr eine Auszeit von Ihrem Job nehmen und deshalb auch nur halb so viel verdienen, dürfen Sie trotzdem im Jahr 2012 Ihren Riester-Beitrag noch nicht reduzieren, wenn Sie keine Zulagen verschenken wollen. Denn 2012 kommt es darauf an, was Sie 2011 verdient haben. Erst im Jahr 2013, wenn Sie vielleicht schon wieder ein volles Jahresgehalt haben, reicht es, wenn Sie die Hälfte einzahlen.

Die Zentrale Zulagenstelle für Altersvermögen (ZfA) überweist Ihnen zunächst die Zulage anhand der Angaben, die sie von Ihrem Anbieter und der gesetzlichen Rentenversicherung oder Ihrer Besoldungsstelle bekommen hat. Stellt sich später heraus, dass etwas nicht stimmt, kann sie die Zulagen ganz oder anteilig zurückbuchen (siehe Seite 127).

Besondere Regeln für Gut- und Geringverdiener

Nicht gekürzt wird Ihnen die Zulage, wenn Sie als Gutverdiener weniger als 4 Prozent Ihres Vorjahres-Bruttoeinkommens in Ihren Riester-Vertrag einzahlen.

Das liegt daran, dass einschließlich Zulagen maximal 2 100 Euro gefördert werden (2 160 Euro bei riesternden Ehepaaren mit einem mittelbar förderberechtigten Partner). Also auch wenn Sie als Alleinstehender zum Beispiel 60 000 Euro brutto im Jahr verdienen und eigentlich 2 400 Euro in Ihren Vertrag fließen müssten, da dies 4 Prozent Ihres Einkommens sind, reicht es, wenn Sie einschließlich Zulage 2 100 Euro im Jahr sparen. Die volle Zulage erhalten Sie dennoch.

Manche Riester-Kunden zahlen allerdings gezielt mehr in ihren Vertrag ein. Denn zum einen sind Riester-Verträge von der Abgeltungsteuer befreit (siehe Seite 141), zum anderen gilt auch für den extra gezahlten Beitrag die Mindestgarantie. Alle Ihre Einzahlungen und Zulagen müssen also zu Anfang der Auszahlphase mindestens noch da sein. Das ist vor allem für Fondssparer interessant, denn diese Sicherheit, dass bei Beginn der Auszahlphase mindestens die Beiträge und Zulagen vorhanden sein müssen, bieten Fondssparpläne ohne Riester-Förderung nicht.

Ist Ihr Gehalt dagegen so niedrig, dass die Zulagen allein schon mehr als 4 Prozent Ihres versicherungspflichtigen Bruttoeinkommens ausmachen, müssen Sie trotzdem 60 Euro im Jahr in Ihren Riester-Vertrag einzahlen. Das ist der Sockelbetrag, den jeder Förderberechtigte mindestens selbst aufbringen muss. Sogar dann, wenn Sie, zum Beispiel als Hausfrau oder -mann oder während der Elternzeit, gar nichts verdienen.

Eigenbeitrag bei Arbeitslosengeld, Krankengeld und in der Elternzeit

Wenn Sie Arbeitslosen- oder Krankengeld beziehen, kann es passieren, dass Ihre beitragspflichtigen Einnahmen höher ausfallen als das, was Sie tatsächlich an Arbeitslosen- oder Krankengeld bekommen. Für die Berechnung Ihres Mindesteigenbeitrags ist dann aber der niedrigere tatsächlich ausgezahlte Zahlbetrag relevant. Das müssen Sie im Antragsformular extra ausfüllen. Ansonsten verlässt sich die ZfA auf die höher ausfallenden Angaben der Deutschen Rentenversicherung und Sie müssen einen höheren Mindesteigenbeitrag zahlen. Wenn Ihnen das egal ist, lassen Sie das entsprechende Feld im Antrag einfach leer.

Wenn Sie ein Kind bekommen haben und Elterngeld erhalten, wird das Elterngeld nicht bei der Mindesteigenbeitragsberechnung berücksichtigt. Arbeiten Sie in dieser Zeit nicht, müssen Sie nur mindestens den Sockelbetrag von 60 Euro im Jahr in Ihren Vertrag einzahlen.

Wie immer, gilt auch in diesen drei Fällen: Es kommt auf das Vorjahr an. In dem Jahr, in dem Sie ein Kind bekommen, arbeitslos oder krank werden, dürfen Sie Ihren Mindesteigenbeitrag noch nicht reduzieren, wenn Sie die Förderung maximal ausschöpfen möchten.

Die Kinderzulage

Die Kinderzulage bekommen Sie für Ihre Kinder, solange Sie auch Kindergeld für diese erhalten. Bei Verheirateten erhält zunächst immer die Mutter die Kinderzulage – selbst dann, wenn sie nur mittelbar förderberechtigt ist. Sollen die Zulagen für die Kinder auf den Riester-Vertrag des Vaters fließen, muss die Mutter dem schriftlich zustimmen und der Vater die Kinderzulage für seinen Vertrag beantragen.

Eltern mit mehreren Kindern können die Kinderzulagen untereinander aufteilen. Beide Ehepartner müssen ihrem Zulagenantrag dann jeweils den Ergänzungsbogen Kinderzulage (siehe Seite 168) beifügen.

CHECKLISTE: Wie viel verdiene ich eigentlich im Jahr?

Wenn mindestens 4 Prozent Ihres rentenversicherungspflichtigen Vorjahres-Bruttoeinkommens in den Riester-Vertrag fließen sollen, ist es ganz interessant zu wissen, wie hoch dieses in einem bestimmten Jahr überhaupt war. Die Informationen dazu gibt es hier:

- **Arbeitnehmer:** Einmal im Jahr bekommen Sie von Ihrem Arbeitgeber eine Jahresmeldung zur Sozialversicherung. In dieser ist Ihr rentenversicherungspflichtiges Einkommen aus dem Vorjahr angegeben. Im Summenteil Ihrer Lohn- und Gehaltsabrechnung für den Monat Dezember können Sie es auch finden. Wenn Sie Ihren Arbeitgeber wechseln, erhalten Sie entsprechende Änderungsmeldungen. Sie müssen nicht selbst die Höhe Ihres Verdienstes an die ZfA melden. Die Informationen kriegt sie von der gesetzlichen Rentenversicherung. Um die volle Zulage zu bekommen, müssen Sie aber dafür sorgen, dass Sie genug Geld in Ihren Vertrag einzahlen.
- **Beamte:** Ihre Besoldungsstelle meldet der ZfA jeweils bis zum 31. März des Folgejahres die Höhe Ihres maßgeblichen Einkommens für die Berechnung Ihrer Riester-Mindesteigenbeiträge. Hier können Sie auf jeden Fall nachfragen, wenn Sie sichergehen wollen, dass Sie genug in Ihren Vertrag einzahlen.
- **Selbstständige:** Sie können Ihre beitragspflichtigen Einnahmen der Bescheinigung entnehmen, die Sie von Ihrem Rentenversicherungsträger zu Ihren Rentenversicherungsbeiträgen bekommen haben. Zahlen Sie sogenannte einkommensgerechte Beiträge zur Rentenversicherung, finden Sie die relevanten Einkünfte in Ihrem Steuerbescheid.
- **Zulagenrechner:** Sie können sich mithilfe des Zulagenrechners der Deutschen Rentenversicherung ausrechnen, wie hoch Ihre Zulage in einem bestimmten Beitragsjahr ist. Sie finden ihn im Internet unter http://www.deutsche-rentenversicherung-bund.de. Geben Sie „Zulagenrechner“ in die Suchmaske ein.

Wenn Sie als Frau bisher ohne ausreichende Alterssicherung sind, sollten Sie die Kinderzulagen komplett für sich beanspruchen.

Auch als Pflege- oder Adoptiveltern können Sie die Kinderzulage erhalten. Dafür reicht es aus, wenn mindestens ein Monat im Beitragsjahr Kindergeld an Sie gezahlt wurde.

Die Zulage für Ehepartner

Wenn Sie als Ehepartner nur mittelbar förderberechtigt sind und über Ihren Ehemann oder Ihre Ehefrau einen Riester-Vertrag abgeschlossen haben, sind Sie nicht an den Anbieter Ihres Ehepartners gebunden. Sie können ihn frei wählen. Auch müssen Sie nicht wie Ihr Partner 4 Prozent Ihres Einkommens in Ihren Vertrag einzahlen. Der Sockelbetrag von 60 Euro im Jahr reicht für die vollen Zulagen aus. Bis Ende 2011 brauchten Sie als mittelbar Förderberechtigter sogar selbst gar nichts in Ihren Riester-Vertrag einzuzahlen. Es kam nur darauf an, dass Ihr förderberechtigter Ehepartner genug in seinen eigenen Vertrag steckte.

Zahlen Sie allerdings freiwillig mehr als den Sockelbetrag in Ihren Vertrag, was ja prinzipiell sinnvoll ist, denn dann ist auch Ihre Rente später höher, muss Ihr Partner dennoch seinen kompletten Mindesteigenbeitrag leisten, wenn Sie beide von den vollen Zulagen profitieren möchten. Er kann Ihre Zahlungen also nicht auf seinen Beitrag anrechnen. Und: Zahlt er nur 50 Prozent seines Mindesteigenbeitrags, wird nicht nur seine, sondern auch Ihre Zulage um die Hälfte gekürzt – egal, wie viel Sie einzahlen.

Die Zulage nach einer Scheidung

Wenn Sie und Ihr Partner sich trennen, ändert sich erst mal nichts, wenn Sie beide förderberechtigt sind. Sie riestern einfach weiter und bekommen auch weiterhin die Grundzulage.

Haben Sie Kinder, wird es komplizierter. Auf die Kinderzulage hat immer der Partner Anspruch, der auch das Kindergeld bekommt. Bei wem der Kinderfreibetrag auf der Lohnsteuerkarte eingetragen ist, spielt dabei keine Rolle. Wenn Sie beide in einem Jahr nacheinander das Kindergeld

KURZ UND KNAPP **So lange gibt es Kindergeld**

Kindergeld zahlt Ihnen die Familienkasse mindestens bis zum 18. Lebensjahr Ihres Kindes. Befindet sich Ihr Kind in einer Schul- oder Berufsausbildung oder im Studium, wird Kindergeld grundsätzlich maximal bis zur Vollendung seines 25. Lebensjahres gezahlt. Hat Ihr Kind vor seinem Studium oder seiner Ausbildung Zivildienst, Wehrdienst oder ein Bundesfreiwilligenjahr geleistet, verlängert sich der Anspruchszeitraum um die Dauer des Dienstes.

erhalten haben, bekommt derjenige die Zulage, der das Kindergeld im entsprechenden Jahr zuerst erhielt.

War aber nur einer von Ihnen direkt förderberechtigt und der andere nur mittelbar, verliert der mittelbar Förderberechtigte mit Ablauf des Trennungsjahres seine Zulagenberechtigung. Die Förderung, die er bis dahin bekommen hat, kann er aber behalten und den Vertrag dann ohne Förderung weiterführen oder ihn ruhen lassen.

Bei einer Scheidung unterliegt das Altersvorsorgevermögen aus Riester-Verträgen dem Versorgungsausgleich. Der ist dafür da, dass die während der Ehezeit erworbenen Rentenansprüche gerecht unter den Eheleuten aufgeteilt werden, sodass jeder Ehegatte aus der Ehezeit die gleichen Rentenansprüche in sein zukünftiges Leben mitnimmt. Wie der Ausgleich im Einzelnen aussieht, entscheidet das Familiengericht.

Bonus für junge Erwachsene

Der Staat ist daran interessiert, dass junge Menschen vorsorgen. Deshalb gibt es für sie einen zusätzlichen Anreiz in Form einer Prämie: Sind Sie noch keine 25 Jahre alt, können Sie neben der Grundzulage einen einmaligen Berufseinsteiger-Bonus von 200 Euro bekommen.

Dieser Bonus wird Ihnen für das erste Beitragsjahr gewährt, für das Sie eine Altersvorsorgezulage beantragen, wenn Sie zu Beginn des Beitragsjahres das 25. Lebensjahr noch nicht vollendet haben. Die letzte Chance auf den Bonus haben Sie in dem Jahr, in dem Sie 25 werden, denn dann sind Sie zu Jahresbeginn noch keine 25 Jahre alt.

Einen gesonderten Antrag müssen Sie für den Berufseinsteiger-Bonus nicht ausfüllen. Die Grundzulage erhöht sich automatisch, wenn Sie für ein Beitragsjahr eine Altersvorsorgezulage beantragen. In dem Jahr lohnt es sich deshalb besonders, den erforderlichen Mindesteigenbeitrag auf Ihren Riester-Vertrag einzuzahlen, um die volle Zulage zu erhalten.

Zahlen Sie nicht genug ein, wird nämlich nicht nur die Grundzulage, sondern auch der Berufseinsteiger-Bonus entsprechend gekürzt. Den gekürzten Bonus in späteren Jahren nachzuholen, ist nicht möglich. Der Bonus zählt wie die Grundzulage zu den 4 Prozent Mindesteigenbeitrag Ihres sozialversicherungspflichtigen Vorjahres-Bruttoeinkommens. Sie müssen in diesem Jahr also deutlich weniger an Eigenbeitrag leisten, um die volle staatliche Zulage zu bekommen.

Auszubildende im ersten Lehrjahr, die im Jahr zuvor noch kein sozialversicherungspflichtiges Einkommen hatten, müssen mindestens 60 Euro einzahlen. Wenn Sie zum Beispiel im Vorjahr ein Einkommen von 12 000 Euro hatten, müssen Sie 126 Euro im Jahr einzahlen (4 Prozent von 12 000 Euro sind 480 Euro minus 154 Euro Grundzulage und minus 200 Euro Bonus ergibt 126 Euro Mindesteigenbeitrag).

Die Zulage bei Riester-Krediten

Doch wie funktioniert die Zulage, wenn Sie für Ihr Eigenheim ein Riester-Darlehen aufgenommen haben? Schließlich gibt es hier keinen Sparplan, auf den die Zulagen fließen könnten.

Die Zulagen überweist die Zulagenstelle hier als Sondertilgung direkt an die Bank und hilft Ihnen so, Ihre Schulden schneller zurückzuzahlen. Bei einem Riester-Darlehen müssen Sie mindestens 4 Prozent Ihres rentenversicherungspflichtigen Vorjahres-Bruttoeinkommens abzüglich der Zulagen in die Tilgung fließen lassen, um die volle Zulage zu erhalten. Das dürfte kein Problem sein, denn meist sind die Kreditraten für die Tilgung eines Darlehens ohnehin deutlich höher.

Für die Besteuerung im Rentenalter legt die ZfA ein fiktives Konto für Sie an, das sogenannte Wohnförderkonto. Hier werden die staatlich geförderten Tilgungsleistungen und die darauf gewährten Zulagen sowie gegebenenfalls auch der Betrag, der aus einem Riester-Sparvertrag zur Immobilienfinanzierung entnommen wurde, erfasst. Am Ende jeden Jahres wird der Stand des Wohnförderkontos dann um 2 Prozent erhöht. Den Antrag auf Riester-Zulagen brauchen Sie als Kreditnehmer wie die Sparer auch nur einmal beim Anbieter zu stellen. Der bescheinigt die Tilgungsleistungen und leitet den Antrag an die Zulagenstelle. Für die Folgejahre reicht es dann aus, Ihrem Anbieter die Vollmacht zu geben.

ANTRAG AUSFÜLLEN UND GENUG SPAREN

Die Zulagen fließen nicht automatisch auf Ihren Vertrag. Sie müssen sie über Ihren Anbieter bei der Zentralen Zulagenstelle für Altersvermögen (ZfA) in Brandenburg an der Havel beantragen. Sie gehört zur Deutschen Rentenversicherung Bund.

ZWEI JAHRE ZEIT FÜR DEN ANTRAG

Die Riester-Zulage für ein bestimmtes Jahr bekommen Sie, wenn Sie den Antrag innerhalb von zwei Kalenderjahren nach Ablauf des jeweiligen Beitragsjahrs einreichen. Die Frist für die Zulage des Jahres 2012 läuft also am 31. Dezember 2014 ab. Sie können aber auch am Dauerzulageverfahren teilnehmen. Bei diesem Verfahren erteilen Sie Ihrem Anbieter eine Vollmacht, damit er für Sie die Zulage für jedes Beitragsjahr bei der ZfA beantragt.

Das Antragsformular bekommen Sie über Ihren Riester-Anbieter. Hilfe beim Ausfüllen gibt es im Serviceteil ab Seite 160.

Um die Formulare auszufüllen, brauchen Sie Ihre Sozialversicherungsnummer, Ihre Steuernummer und Ihr zuständiges Finanzamt. Für die Kinderzulage gibt es ein gesondertes Formular. Sie müssen hier noch zusätzlich angeben, wer Ihre zuständige Familienkasse ist, und Ihre Kindergeldnummer parat haben.

Haben Sie die Anträge auf Grund- und Kinderzulage ausgefüllt und an Ihren Anbieter zurückgeschickt, leitet der sie weiter an die ZfA. Die ZfA berechnet die staatlichen Zulagen, zahlt sie aus und fordert auch zu viel gezahlte Förderbeträge zurück. Auf einem speziell für Sie eingerichteten Zulagenkonto werden alle ausgezahlten Zulagen und auch die Steuervorteile erfasst. Sollten Sie die Förderung zurückzahlen müssen, weil Sie zum Beispiel Ihren Vertrag vorzeitig kündigen, kann die ZfA so sofort sehen, was Sie dem Staat schulden.

Der Dauerzulagenantrag

Wenn Sie sich nicht jedes Jahr mit Anträgen herumschlagen möchten, sollten Sie Ihren Anbieter schriftlich bevollmächtigen, dies für Sie zu tun. Das nennt sich dann Dauerzulagenantrag. Diese Vollmacht können Sie Ihrem Anbieter gleich geben, wenn Sie den Zulagenantrag zum ersten Mal ausfüllen, Sie können sie aber auch formlos erteilen. Sie gilt dann, solange Sie sie nicht widerrufen. Für bereits abgelaufene Jahre kann sie allerdings nicht widerrufen werden.

So ein Dauerzulagenantrag hat Vorteile: Er erspart Papierkram und verhindert, dass das Beantragen der Zulagen zwischendurch mal vergessen wird. Das sollte Sie aber nicht in falscher Sicherheit wiegen. So ganz bis zur Rente vergessen dürfen Sie die Angelegenheit nicht. Änderungen, die sich auf Ihren Zulagenanspruch auswirken können, sollten Sie immer – Dauerzulagenantrag oder nicht – der ZfA über Ihren Anbieter sofort mitteilen:

- Die Änderung Ihres Familienstands, Geburt eines Kindes, Wegfall des Kindergelds oder eine andere Zuordnung der Kinderzulage.
- Den Wegfall oder Wechsel der unmittelbaren oder mittelbaren Förderberechtigung.

KURZ UND KNAPP **Zulagennummer für Beamte, Soldaten und Richter**

Da Sie als Beamter, Richter oder Berufssoldat in aller Regel keine Sozialversicherungsnummer haben, weil Sie nicht rentenversicherungspflichtig sind, müssen Sie über Ihre Besoldungsstelle bei der ZfA eine Zulagennummer beantragen. Außerdem müssen Sie dort eine Einverständniserklarung zur Weitergabe Ihrer Einkommensdaten an die ZfA abgeben. Da die Rentenversicherungsträger ja anders als bei Arbeitnehmern bei Ihnen keine Daten für die Höhe Ihres Riester-relevanten Einkommens gespeichert haben, muss Ihr Arbeitgeber diese direkt an die ZfA weiterleiten.

- Die Änderung Ihres beruflichen Status, zum Beispiel vom Arbeitnehmer zum Beamten oder Selbstständigen.
- Änderungen bei der Verteilung der Zulage auf mehrere Verträge.

Auch wenn Ihr Einkommen von Jahr zu Jahr schwankt, können Sie sich nicht auf die ruhige Haut legen. Sie müssen dann zwar nicht den Dauerzulagenantrag ändern, denn Ihr Riester-relevantes Einkommen erfährt die ZfA auch von der Rentenversicherung oder, wenn Sie Beamter sind, von Ihrer Besoldungsstelle. Sie müssen aber gegebenenfalls Ihre Beiträge, die Sie ansparen, anpassen.

Wenn Sie mehr verdienen, müssen Sie auch mehr einzahlen, um die volle Zulage zu bekommen. Ein Großteil der Riester-Sparer verschenkt Jahr für Jahr Geld vom Staat, weil sie die Beiträge auf ihre Riester-Verträge nicht an ihr Einkommen anpassen und so nicht den Anspruch auf die volle Zulage haben. Verdienen Sie weniger, müssen Sie nichts ändern, können aber, wenn das Geld knapp wird, Ihren Sparbeitrag reduzieren. Überweisen Sie sowieso den Höchstbeitrag von 2 100 Euro jährlich an Ihren Riester-Anbieter, müssen Sie sich auch nicht weiter um die Anpassung Ihrer Sparbeiträge kümmern.

Rückforderung von Zulagen

Was passiert aber, wenn Sie die staatliche Förderung beantragt und erhalten haben, aber eigentlich gar nicht oder nicht mehr berechtigt waren, diese zu bekommen? Dann kann die ZfA diese ohne Vorwarnung über den Anbieter direkt zurückholen.

Mitte 2011 ist so ganz deutlich geworden, dass vor allem das Beantragen der Zulagen der große Haken bei der Riester-Förderung zu sein scheint. Zulagen aus der Zeit seit 2002 im Wert von 490 Millionen Euro, die zunächst ausgezahlt wurden, hatte die ZfA wieder zurückgebucht.

TIPP

Bequem zu maximalen Zulagen

Wenn Sie den Aufwand möglichst gering halten möchten, können Sie immer mindestens 1 946 Euro im Jahr überweisen. Das ist die Förderhöchstgrenze (2 100 Euro) abzüglich der Grundzulage (154 Euro). Dann spielen Einkommensschwankungen ebenso wenig eine Rolle wie der eventuelle Wegfall von Kinderzulagen: Die volle Förderung ist Ihnen sicher.

Bis zu vier Jahre rückwirkend darf die ZfA ihre Zahlungen stornieren.

Allein für die Jahre 2005 und 2007 zählt die ZfA 1,5 Millionen Fälle. Sie erfasst jede Rückbuchung für jedes Jahr einzeln. Deshalb sind weniger Menschen betroffen, als es Fälle gibt – aber doch Hunderttausende. Besonders unangenehm waren Korrekturen der Zulagenstelle für Sparer, die aus Unwissenheit nichts eingezahlt hatten, obwohl sie einen Mindestbeitrag leisten mussten. Ihnen wurden die Zulagen komplett entzogen.

Die Rückbuchungen sind durch Paragraf 90 Absatz 3 des Einkommensteuergesetzes gedeckt: „Erkennt die Behörde

CHECKLISTE: Immer auf die Zulage achten

- **Antrag:** Auch wenn Sie zwei Jahre Zeit haben, die Zulage zu beantragen – machen Sie dies am besten so früh wie möglich. Denn je früher Sie den Antrag stellen, desto früher fließt die Zulage auf Ihren Vertrag und desto mehr Zinsen bekommen Sie.
- **Unterzahlen:** Wenn Sie zu wenig in Ihren Vertrag eingezahlt haben, um die volle Zulage zu erhalten, können Sie den fehlenden Betrag nach Ablauf des Beitragsjahrs nicht mehr nachzahlen. Sie bekommen nur die anteilig geminderte Zulage. Je nach Ihrer finanziellen Situation kann es deshalb sinnvoll sein, mehr als 4 Prozent Ihres rentenversicherungspflichtigen Vorjahres-Bruttoeinkommens in den Riester-Vertrag einzuzahlen. Besonders dann, wenn Sie jedes Jahr kleinere regelmäßige Gehaltserhöhungen bekommen. Denn dann müssen Sie Ihre Riester-Einzahlungen nicht ständig anpassen. Überprüfen sollten Sie sie aber auch dann noch.
- **Überzahlen.** Wenn Sie aus Versehen mehr als den höchstmöglichen Betrag von 2 100 Euro für die staatliche Förderung gezahlt haben, zum Beispiel weil Sie durch die Geburt Ihres Kindes höhere Zulagen erhalten haben, können Sie den überzahlten Betrag grundsätzlich wieder zurückbekommen. Allerdings muss der Riester-Vertrag, den Sie abgeschlossen haben, das erlauben.
- **Einspruch.** Wenn Sie der Ansicht sind, dass Ihr Zulagenanspruch höher sein müsste, können Sie Einspruch einlegen. Das geht so: Ihr Anbieter teilt Ihnen in den jährlichen Standmitteilungen die Höhe der gutgeschriebenen Zulagen mit. Erscheinen sie Ihnen zu niedrig, müssen Sie innerhalb eines Jahres über Ihren Anbieter einen Festsetzungsantrag stellen. Darin legen Sie auch Ihre Einwendungen dar. Ihr Anbieter leitet ihn an die ZfA weiter. Diese prüft dann Ihren Antrag, setzt die Zulage fest und sendet Ihnen hierüber einen Bescheid.

  Wenn Sie den dann haben und mit der Zulagenfestsetzung nicht einverstanden sind, können Sie bei der ZfA dagegen Einspruch erheben. Bleibt dieser erfolglos, können Sie gegen ihn beim Finanzgericht Berlin-Brandenburg klagen. Welche Fristen hier gelten und andere Informationen können Sie dem Bescheid entnehmen.

nachträglich, dass der Zulageanspruch ganz oder teilweise nicht besteht oder weggefallen ist, so hat sie zu Unrecht gutgeschriebene oder ausgezahlte Zulagen zurückzufordern und dies dem Anbieter durch Datensatz mitzuteilen. Bei bestehendem Vertragsverhältnis hat der Anbieter das Konto zu belasten."

Das empfanden viele Riester-Sparer als sehr ungerecht. Sie hatten die staatlichen Zulagen verloren, weil sie in Elternzeit gingen oder die Pflege von Angehörigen übernommen hatten und in diesen Phasen den nötigen Eigenbeitrag von 60 Euro jährlich nicht in den Vertrag einzahlten. Ihnen war aber gar nicht bewusst gewesen, dass dieser anfiel, da sie zuvor als nur indirekt Förderberechtigte keinen eigenen Beitrag zahlen mussten. Doch der Bund reagierte und lässt in diesen Fällen nun doch Nachzahlungen der Mindesteigenbeiträge zu.

Um solchen Missverständnissen vorzubeugen, entschied er zudem, dass nun auch alle indirekt förderberechtigten Riester-Sparer immer mindestens 60 Euro im Jahr in ihren Vertrag einzahlen müssen. Dadurch müssen zwar einige Sparer einen höheren Eigenbeitrag leisten, aber es bringt mehr Klarheit.

Sollten Sie auch von solchen Rückforderungen betroffen sein, müssen Sie die Beiträge nur bei Ihren Anbietern einzahlen und angeben, für welche Jahre die Zahlungen bestimmt sind. Dafür haben Sie zwei Jahre Zeit, nachdem der Anbieter Sie über die Rückbuchung der Zulage informiert hat. Sobald die Nachzahlung geleistet wurde, bleiben Ihre Riester-Zulagen erhalten.

STEUERN SPAREN

Mit Riester können Sie nicht nur fürs Alter vorsorgen. Sie können zusätzlich auch noch Steuern sparen. Das Geld, das Ihnen das Finanzamt zurückerstattet, müssen Sie nicht in Ihre Altersvorsorge stecken. Sie können damit auch Ihre Urlaubskasse aufstocken. In diesem Kapitel geht es darum, wer von diesem steuerlichen Sonderausgabenabzug profitiert und wie Sie ihn geltend machen.

WIE DER STEUERVORTEIL FUNKTIONIERT

Die Zulage ist der eine Teil der staatlichen Förderung. Der andere ist die steuerliche Förderung, die der Staat Ihnen für Ihre Altersvorsorge gewährt. Und das nicht zu knapp. Wenn Sie alleinstehend sind und im Jahr 2011 52 500 Euro verdient haben, sind allein 645 Euro Steuerersparnis drin – unabhängig davon, ob Sie einen Sparvertrag abgeschlossen haben oder Wohn-Riestern.

Und obwohl Sie die Steuererleichterungen aufgrund Ihrer Altersvorsorge bekommen, müssen Sie die Rückzahlungen vom Finanzamt natürlich nicht auch wieder für diese ausgeben. Wofür Sie sie verwenden, steht Ihnen völlig frei. Wenn Sie meinen, bereits genug für Ihr Alter zu tun, können Sie das Geld auch in den Urlaub oder ein neues Auto investieren, ohne dass dies Ihre Riester-Förderung beeinträchtigt.

Die Steuererleichterung funktioniert, indem Sie für den Teil Ihrer Einkünfte, den Sie in Ihre Altersvorsorge stecken, keine Steuern zahlen müssen. Diese Ausgaben werden als Sonderausgaben für Ihre Altersvorsorge von Ihren Einkünften abgezogen. Das Verfahren nennt sich steuertechnisch deshalb auch Sonderausgabenabzug.

Beispiel: Als Alleinstehender verdienen Sie 30 000 Euro brutto. Sie haben 1 200 Euro in einen Riester-Vertrag eingezahlt: 154 Euro Zulage und 1 046 Euro Eigenbeitrag. Die 1 200 Euro zieht das Finanzamt als Sonderausgaben ab. Für das Jahr 2011 sinkt Ihre Steuerschuld so um 347 Euro (ohne Solidaritätszuschlag). Von den 347 Euro zieht das Finanzamt die 154 Euro Zulage wieder ab. Die restlichen 193 Euro bleiben als Steuerersparnis. Hätten Sie den Höchstbeitrag von 1 946 Euro eingezahlt (2 100 Euro minus 154 Euro Zulage), würden Sie sogar 450 Euro weniger Steuern zahlen.

Gemeinsam riestern

Wenn Sie als Ehepaar beide einen direkten Anspruch auf Förderung haben, können Sie beide bis zu 2 100 Euro jährlich in Ihrer Steuererklärung geltend machen, selbst dann, wenn Sie zusammen veranlagt werden. Nutzt ein Partner jedoch den Höchstbetrag nicht voll aus, kann er diesen nicht auf den anderen übertragen. Es ist also sinnvoll, die Beiträge gleichmäßig zu verteilen.

Anders sieht es aus, wenn nur ein Ehepartner unmittelbar und der andere mittelbar förderberechtigt ist. Höchstens 2 160 Euro sind dann als Sonderausgabenabzug für Sie gemeinsam drin. Allerdings zählen hier die Einzahlungen des nur mittelbar Förderberechtigten bis zur Obergrenze von 2 160 Euro mit.

Beispiel: Als direkt geförderter Ehepartner zahlen Sie bei einem Vorjahres-Bruttoeinkommen von 30 000 Euro 1 046 Euro in Ihren Vertrag. Dazu kommen 154 Euro Zulage. Ihr mittelbar förderberechtigter Ehepartner müsste nicht mehr als 60 Euro einzahlen, zahlt aber freiwillig 960 Euro ein. Zudem fließt auch seine Zulage von 154 Euro in seinen Vertrag. In Ihrer Steuererklärung können Sie als direkt geförderter Ehepartner dann den Höchstförderbetrag von 2 160 Euro als Sonderausgabenabzug geltend machen.

ZULAGEN BEANTRAGEN

Wichtig ist, dass Sie die Zulagen auch wirklich beantragen. Abziehen wird sie das Finanzamt von Ihrer Steuerersparnis nämlich auf jeden Fall – ob Sie nun Ihrem Vertrag gutgeschrieben wurden oder nicht.

Hohes Einkommen + hohe Rate = hohe Steuererstattung

Am meisten von dem Steuervorteil profitieren Gutverdienende. Grund dafür ist die Steuerprogression, die bewirkt, dass sie proportional mehr Steuern zahlen als Durchschnittsverdiener und wesentlich mehr als Geringverdienende. So zahlen Sie zum Beispiel als alleinstehender Arbeitnehmer mit einem zu versteuernden Jahreseinkommen von 52 500 Euro rund 13 900 Euro Einkommensteuer im Jahr 2011. Das sind durchschnittlich rund 26,5 Prozent Steuern.

Als Alleinstehender mit einem zu versteuernden Einkommen von 20 000 Euro zahlen Sie für das Jahr 2011 rund 2 700 Euro Steuern. Das sind durchschnittlich rund 13,5 Prozent Steuern.

Außer von Ihrem Einkommen hängt die Höhe der Steuererstattung logischerweise aber auch noch davon ab, wie viel Sie in Ihren Riester-Vertrag einzahlen. Je mehr Sie einzahlen, desto höher ist der Sonderausgabenabzug. Hätten Sie mit ei-

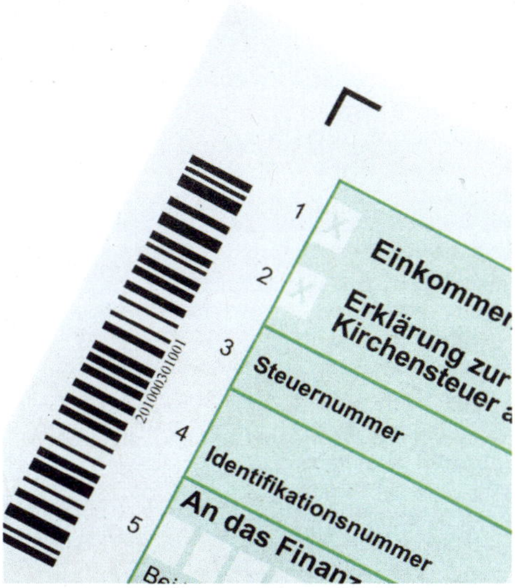

nem 20 000-Euro-Bruttoeinkommen im Jahr 2011 nur den Mindesteigenbeitrag von 800 Euro einschließlich Zulage in Ihren Riester-Vertrag gezahlt, betrüge Ihre Steuerersparnis nur 46 Euro. Hätten Sie den Höchstbetrag von 2 100 Euro einschließlich Zulage in Ihren Riester-Vertrag eingezahlt, würden Sie mit 365 Euro vom Sonderausgabenabzug profitieren.

Doch eine höhere Steuerersparnis nutzt Ihnen natürlich nur dann etwas, wenn Sie sich die höheren Sparraten bequem leisten können.

Bei höheren Bruttoeinkommen ab 52 500 Euro macht es für den Sonderausgabenabzug allerdings keinen Unterschied mehr, wenn Sie mehr als den Mindesteigenbeitrag von 4 Prozent Ihres rentenversicherungspflichtigen Bruttoeinkommens einschließlich Zulagen in den Vertrag einzahlen. Denn der Mindesteigenbeitrag und der Höchstförderbetrag von 2 100 Euro sind bei 52 500 Euro identisch: 4 Prozent von 52 500 sind 2 100.

Das heißt, bei 2 100 Euro im Jahr ist Schluss (beziehungsweise seit 2012 bei 2 160 Euro im Jahr für Ehepaare mit einem mittelbar förderberechtigten Partner). Mehr dürfen Sie von Ihrem zu versteuernden Einkommen nicht abziehen, unabhängig davon, wie viel Sie tatsächlich vorsorgen. Daher kommt es auch, dass Gutverdiener weniger als 4 Prozent ihres Einkommens einzahlen können und trotzdem noch die volle Zulage erhalten.

Dennoch kann ein Überzahlen des Vertrags in manchen Fällen steuerlich Sinn machen. Zwar nicht im Hinblick auf den Sonderausgabenabzug. Aber im Hinblick auf die Abgeltungsteuer, denn bei Riester-Verträgen fällt keine Abgeltungsteuer an. Mehr zu diesem Steuersparmodell finden Sie auf Seite 140.

Die Günstigerprüfung

Doch wie können Sie wissen, ob Sie für eine Steuererstattung genug verdienen und wie hoch die Erstattung ausfällt? Dafür gibt es die Günstigerprüfung vom Finanzamt. Es stellt Ihren Zulagenanspruch Ihrer Steuerminderung gegenüber und prüft, ob Sie die Steuerfreistellung der Altersvorsorgebeiträge bereits durch die Höhe der Zulage erreichen. Der Name Günstigerprüfung ist deshalb ein wenig irreführend. Denn eigentlich geht es nicht darum, zu prüfen, was günstiger ist – Zulage oder Steuererleichterung –, sondern, ob Ihnen

DAS BRINGEN ZULAGEN UND STEUERERSPARNIS

Bruttolohn 2011 und 2012 (Euro)	Mindestbeitrag (Euro)	Höchstbeitrag (Euro)	Steuerersparnis (Euro) bei			
			Mindestbeitrag	Förderquote *)	Höchstbeitrag	Förderquote *)
Alleinstehend ohne Kind (Zulage 154 Euro, maximal geförderter Betrag 1 946 Euro)						
20 000	646	1 946	46	31,0 %	365	26,7 %
30 000	1 046	1 946	193	33,2 %	449	31,0 %
40 000	1 446	1 946	371	36,3 %	532	35,3 %
52 500	1 946	1 946	642	40,9 %	642	40,9 %
Alleinstehend mit einem Kind, Anspruch auf Entlastungsbetrag für Alleinstehende und halben Freibeträgen (Zulage 339 Euro, maximal geförderter Betrag 1 761 Euro)						
20 000	461	1 761	0	73,5 %	164	28,6 %
30 000	861	1 761	0	39,4 %	252	33,6 %
40 000	1 261	1 761	151	38,9 %	301	36,3 %
52 500	1 761	1 761	411	42,6 %	411	42,6 %
Alleinstehend mit einem Kind, geb. 2008, Anspruch auf Entlastungsbetrag für Alleinstehende und halben Freibeträgen (Zulage 454 Euro, maximal geförderter Betrag 1 646 Euro)						
20 000	346	1 646	0	131,2 %	49	30,6 %
30 000	746	1 646	0	60,9 %	137	35,9 %
40 000	1 146	1 646	36	42,8 %	186	38,9 %
52 500	1 646	1 646	296	45,6 %	296	45,6 %
Ehepaare, jeder Partner hat direkt Anspruch auf Riester-Förderung, jeder hat einen Riester-Vertrag, jeder hat den Bruttolohn je zur Hälfte verdient, beide werden zusammen veranlagt (Zulage 308 Euro, maximal geförderter Betrag 3 892 Euro)						
ohne Kinder						
30 000	892	3 892	0	34,5 %	480	20,2 %
40 000	1 292	3 892	92	31,0 %	730	26,7 %
50 000	1 692	3 892	232	31,9 %	816	28,9 %
60 000	2 092	3 892	386	33,2 %	898	31,0 %
70 000	2492	3 892	556	34,7 %	982	33,1 %
80 000	2 892	3 892	742	36,3 %	1 064	35,3 %
90 000	3 292	3 892	942	38,0 %	1 148	37,4 %
105 000	3 892	3 892	1 284	40,9 %	1 284	40,9 %
Mit einem Kind (Zulage 493 Euro, maximal geförderter Betrag 3 707 Euro)						
30 000	707	3 707	0	69,7 %	295	21,3 %
40 000	1 107	3 707	0	44,5 %	545	28,0 %
50 000	1 507	3 707	47	35,8 %	631	30,3 %
60 000	1 907	3 707	201	36,4 %	713	32,5 %
70 000	2 307	3 707	371	37,5 %	797	34,8 %
80 000	2 707	3 707	505	36,9 %	811	35,2 %
90 000	3 107	3 707	699	38,4 %	895	37,4 %
105 000	3 707	3 707	1 031	41,1 %	1 031	41,1 %

Bruttolohn 2011 und 2012 (Euro)	Mindestbeitrag (Euro)	Höchstbeitrag (Euro)	Steuerersparnis (Euro) bei			
			Mindestbeitrag	Förderquote *)	Höchstbeitrag	Förderquote *)
Mit einem Kind, geboren 2008 (Zulage 608 Euro, maximal geförderter Betrag 3 592 Euro)						
30 000	592	3 592	0	102,7 %	180	21,9 %
40 000	992	3 592	0	61,3 %	430	28,9 %
50 000	1 392	3 592	0	43,7 %	516	31,3 %
60 000	1 792	3 592	86	38,7 %	598	33,6 %
70 000	2 192	3 592	256	39,4 %	682	35,9 %
80 000	2 592	3 592	390	38,5 %	696	36,3 %
90 000	2 992	3 592	584	39,8 %	780	38,6 %
105 000	3 592	3 592	916	42,4 %	916	42,4 %
Ehepaare, nur ein Partner hat Einkommen und direkt Anspruch auf Riester-Förderung, jeder hat einen Riester-Vertrag, beide werden zusammen veranlagt, keine Kinderzulagen (Zulage 308 Euro, maximal geförderter Betrag 1 852 Euro)						
20 000	552	1 852	0	55,8 %	0	16,6 %
30 000	952	1 852	0	32,4 %	136	24,0 %
40 000	1 352	1 852	110	30,9 %	236	29,4 %
50 000	1 752	1 852	254	32,1 %	282	31,9 %
52 500	1 852	1 852	292	32,4 %	292	32,4 %
Ehepaare, nur ein Partner hat Einkommen und direkt Anspruch auf Riester-Förderung, jeder hat einen Riester-Vertrag, beide werden zusammen veranlagt, eine Kinderzulage (Zulage 493 Euro, maximal geförderter Betrag 1 667 Euro)						
20 000	367	1 667	0	134,3 %	0	29,6 %
30 000	767	1 667	0	64,3 %	0	29,6 %
40 000	1 167	1 667	0	42,2 %	51	32,6 %
50 000	1 567	1 667	69	35,9 %	97	35,4 %
52 500	1 667	1 667	107	36,0 %	107	36,0 %
Ehepaare, nur ein Partner hat Einkommen und direkt Anspruch auf Riester-Förderung, jeder hat einen Riester-Vertrag, beide werden zusammen veranlagt, zwei Kinderzulagen (Zulage 678 Euro, maximal geförderter Betrag 1 482 Euro)						
20 000	182	1 482	0	372,5 %	0	45,7 %
30 000	582	1 482	0	116,5 %	0	45,7 %
40 000	982	1 482	0	69,0 %	0	45,7 %
50 000	1 382	1 482	0	49,1 %	0	45,7 %
60 000	1 482	1 482	0	45,7 %	0	45,7 %
70 000	1 482	1 482	6	46,2 %	6	46,2 %
80 000	1 482	1 482	20	47,1 %	20	47,1 %
90 000	1 482	1 482	70	50,5 %	70	50,5 %

Tarif 2012. Berechnung erfolgte mit Werbungskostenpauschale (1 000 Euro), Sonderausgaben-Pauschbetrag und Vorsorgeaufwendungen aus gesetzlicher Versicherung (Günstigerprüfungen). Weitere Abzugsbeträge bzw. Vorsorge bei Beamten führen zu anderen Ergebnissen. Bei Alleinstehenden mit Kindern wurde der Entlastungsbetrag für „echte Alleinerziehende" in Höhe von 1 308 Euro (§ 24 b EStG) berücksichtigt. Abzug Pflegeversicherung ohne Zuschlag für Kinderlose.

*) Förderquote beinhaltet Zulage und Steuerersparnis im Verhältnis zur Eigenleistung

über die Zulage hinaus noch Steuererleichterungen zustehen. Die Zulage bekommen Sie in jedem Fall – solange Sie genug in Ihren Vertrag einzahlen.

KEINE STEUERERSPARNIS OHNE STEUERERKLÄRUNG

Für die Günstigerprüfung führt kein Weg an einer Steuererklärung vorbei. Nur wenn Sie sehr wenig verdienen, können Sie sich sicher sein, nicht vom Sonderausgabenabzug für Altersvorsorge profitieren zu können.

Als Faustregel gilt: Bei Alleinerziehenden mit niedrigem bis durchschnittlichem Einkommen und Familien mit mehreren Kindern und nur einem Verdiener ist in der Regel kein zusätzlicher Steuervorteil drin. Für alle anderen heißt es: Ran an die Sonderausgabenabzugs-Formulare.

Eine Steuererklärung lohnt sich nicht nur für Riester. Es gibt eine Reihe anderer Möglichkeiten, zusätzlich Steuern zu sparen, zum Beispiel können Sie auch Aufwendungen für den Job, Kosten für Ausbildung, Handwerker, Kirchensteuer, Spenden, Krankheit oder andere außergewöhnliche Belastungen absetzen. Die Steuerformulare auszufüllen ist gar nicht so kompliziert; vor allem nicht mit ein wenig Hilfe.

Wie Sie den Sonderausgabenabzug für Riester beantragen, sehen Sie am Ende des Kapitels auf Seite 142. Wenn Sie Hilfe für Ihre komplette Steuererklärung benötigen, bekommen Sie diese in unserem jährlich veröffentlichten „Finanztest Spezial Steuern" (7,80 Euro), das Sie über www.test.de/shop bestellen können.

Anders als Grund- und Kinderzulage bleibt der Berufseinsteiger-Bonus bei der Günstigerprüfung außer Betracht. Meist verdienen Berufseinsteiger sowieso nicht genug, um über die Grundzulage hinausgehende Steuererleichterungen zu erhalten. Sollte dem doch so sein – Glück gehabt, denn der Bonus wird von der Steuerersparnis nicht abgezogen.

Bei schädlicher Verwendung: Den Steuervorteil zurückzahlen

Eines ist wichtig, im Hinterkopf zu behalten: Sollten Sie das Geld aus dem Riester-Vertrag selbst für etwas anderes als Ihre Altersvorsorge nutzen, müssen Sie nicht nur die Zulagen, sondern die gesamte Steuerersparnis zurückzahlen. Das ist der

KURZ UND KNAPP **Steuern im Ausland**

Wenn Sie als rentenversicherungspflichtiger Riester-Sparer im Ausland wohnen und dort auch Ihre Einkommensteuern zahlen, können Sie zwar von den Zulagen, in der Regel aber nicht vom Sonderausgabenabzug profitieren. Dafür müssen Sie in Deutschland einkommensteuerpflichtig sein.

Fall, wenn Sie zum Beispiel Ihren Riester-Banksparplan auflösen, um das Geld nicht für den Neubau oder Kauf, sondern den Ausbau Ihres Hauses zu verwenden.

Auch über die Steuervorteile, die Sie erhalten haben, führt Ihr Anbieter für die Zentrale Zulagenstelle für Altersvermögen (ZfA) genau Buch. Und bevor er Ihnen

INFO **Steuern bei schädlicher Verwendung: Ein Beispiel**

Sie sind 50 Jahre alt und möchten das Riester-Vermögen aus Ihrem Banksparplan entnehmen. Über 20 Jahre haben Sie den Höchstbetrag von 2 100 Euro einschließlich Zulagen eingezahlt. Ihr gefördertes Altersvorsorgevermögen im Vertrag beträgt 50 000 Euro (38 920 Euro Eigenbeiträge, 3 080 Euro Zulagen und 8 000 Euro Zinsen).
Da Sie gut verdient haben, haben Sie steuerlich vom Sonderausgabenabzug stark profitiert und über die Jahre Steuerermäßigungen von insgesamt 12 000 Euro erhalten. Diese 12 000 Euro zieht die Bank neben den Zulagen nun auch von Ihrem Vermögen im Vertrag ab, bevor sie es Ihnen überweist. Außerdem müssen Sie die erwirtschafteten Zinsen noch als sonstige Einkünfte versteuern.

Riester-Vermögen im Vertrag 50 000 Euro
– Zulagen 3 080 Euro
– Steuervorteil 12 000 Euro

= Auszahlungsbetrag vor Steuern 34 920 Euro

Jetzt werden aber noch die Erträge besteuert:

Riester-Vermögen im Vertrag 50 000 Euro
– Zulagen 3 080 Euro
– Eigenbeiträge 38 920 Euro

= Erträge vor Steuern 8 000 Euro

Die Bank überweist Ihnen also 34 920 Euro. Das sind 4 000 Euro weniger, als Sie in den Vertrag eingezahlt haben. 8 000 Euro davon müssen Sie zusätzlich in Ihrer Einkommensteuererklärung als sonstige Einkünfte angeben und darauf Steuern zahlen.
Wären Sie zu Beginn der schädlichen Verwendung bereits 60 Jahre gewesen, hätten Sie deutlich weniger Steuern zahlen müssen. Sie hätten lediglich die Hälfte der Erträge – also 4 000 Euro – mit Ihrem persönlichen Steuersatz versteuern müssen. Die Abgeltungsteuer fällt allerdings aufgrund einer Ausnahmeregelung für Riester-Verträge im Einkommensteuergesetz auch bei vorzeitig gekündigten Verträgen nicht an.

das Geld überweist, zieht er die staatlichen Zulagen und auch den erhaltenen Steuervorteil ab. Wenn Sie also über Jahre eine große Steuererstattung bekamen, kann es passieren, dass Sie bei der schädlichen Verwendung deutlich weniger zurückbekommen, als Sie in den Vertrag eingezahlt haben. Die Zinsen und Wertzuwächse müssen Sie dann noch zusätzlich versteuern.

STEUERN SPAREN BEI WOHN-RIESTER

Bei den Wohn-Riester-Darlehen läuft der Sonderausgabenabzug im Prinzip gleich ab. Auch hier werden Ihre jährlichen Ausgaben für die Altersvorsorge von Ihrem Bruttoeinkommen abgezogen – nur dass es diesmal keine Sparraten sind, die Sie in einen Vertrag einzahlen, sondern die in den Kreditraten enthaltene Tilgung.

So sparen Ehepaare am meisten

Wichtig beim Wohn-Riestern ist, dass Sie als Ehepaar das Darlehen richtig aufteilen. Als Ehepaar müssen Sie zwei Darlehen aufnehmen, um die Riester-Förderung voll auszuschöpfen. Doch wie tun Sie das am besten?

Sie sind beide Arbeitnehmer

Wenn Sie beide förderberechtigt sind, ist meist halbe-halbe am günstigsten – auch wenn Sie unterschiedlich viel verdienen.

Beispiel: Ein Ehepaar ohne Kinder benötigt 200 000 Euro Kredit. Von ihren Schulden wollen die beiden 2 Prozent im Jahr tilgen. Sie verdient 60 000 Euro, er 20 000 Euro im Jahr. Nehmen beide 100 000 Euro Kredit auf, tilgen sie von jedem Darlehen im ersten Jahr 2 038 Euro. Zusammen mit der Riester-Zulage von 154 Euro schöpfen beide den steuerlich absetzbaren Höchstbetrag von 2 100 Euro aus. Die Förderung bringt ihnen insgesamt rund 1 400 Euro.

Verteilen sie die Kreditsumme dagegen im Verhältnis ihrer Einkommen auf zwei Darlehen von 150 000 Euro und 50 000 Euro, verschenken sie einen Teil der Förderung. Zusammen tilgen sie genauso viel wie mit der hälftigen Aufteilung. Doch weil er einen kleineren Kredit hat, fließen nur noch 1 173 Euro auf das Darlehen des Ehemanns. Da das Finanzamt bei der Ehefrau höchstens 2 100 Euro anerkennt, kann das Paar zusammen nur 3 273 Euro absetzen. Der Riester-Vorteil sinkt dadurch um gut 300 Euro auf 1 090 Euro.

Nur einer ist Arbeitnehmer

Nicht so wichtig ist die Aufteilung, wenn ein Partner keine Einkünfte hat oder selbstständig ist und keinen eigenen Riester-Anspruch hat. In diesem Fall kann das Paar zusammen maximal 2 160 Euro steuerlich absetzen. Bis zum Höchstbetrag rechnet

das Finanzamt die Tilgung beider Ehegatten zusammen. Egal, wie sie die Darlehen aufteilen: Der Steuervorteil bleibt gleich.

Im Zweifel sollten Sie sich bei Ihrer Bank oder Verbraucherzentrale über die beste Aufteilung Ihrer Finanzierung beraten lassen.

Stolpersteine bei Wohn-Riester

Auch bei Wohn-Riester gibt es das Konzept der schädlichen Verwendung des Vertrags (siehe Seite 82). Bei den Riester-Sparverträgen tritt die schädliche Verwendung ein, wenn Sie das Riester-Vermögen nicht für Ihre Altersvorsorge ausgeben, und hat zur Folge, dass Sie die Förderung zurückzahlen müssen.

Bei Wohn-Riester tritt sie ein, wenn Sie Ihre Immobilie nicht mehr selbst nutzen und den bisher geförderten Betrag auch nicht in einen neuen Riester-Vertrag übertragen. Das hat zur Folge, dass Sie das Wohnförderkonto auf einen Schlag versteuern müssen. Dadurch kann Ihre Steuerschuld je nach Höhe des Guthabens auf dem Wohnförderkonto um fünfstellige Beträge in die Höhe schnellen. Vor allem folgende Ereignisse können zu einer schädlichen Verwendung Ihres Wohn-Riester-Vertrags führen:

- Umzug: Ziehen Sie während der Kreditlaufzeit aus Ihrer Immobilie aus, kann der Vertrag aufgelöst werden. Die gesamte auf dem Wohnförderkonto befindliche Summe muss dann mit Ihrem individuellen Steuersatz versteuert werden. Vermeiden können Sie dies, wenn Sie den geförderten Betrag innerhalb von vier Jahren für eine neue selbstgenutzte Immobilie verwenden oder innerhalb eines Jahres auf einen Riester-Sparvertrag übertragen.
- Scheidung: Auch wenn Sie sich scheiden lassen und aus der gemeinsamen Wohnung ausziehen, müssen Sie die geförderten Beträge innerhalb von vier Jahren in eine andere selbstgenutzte Immobilie investieren oder innerhalb eines Jahres in einen anderen Riester-Vertrag einzahlen. Halten Sie diese Frist nicht ein, wird das fiktive Guthaben zu Ihrem zu versteuernden Jahreseinkommen addiert.
- Tod: Wenn Sie versterben, gilt auch dies als Aufgabe der Selbstnutzung Ihres Wohneigentums. Ihr Wohnförderkonto wird aufgelöst und im Rahmen der Einkommensteuerfestsetzung für das Todesjahr mit Ihrem individuellen Steuersatz versteuert. Ihr Ehepartner kann diese Besteuerung umgehen, wenn Ihr Eigentumsanteil innerhalb eines Jahres auf ihn übergeht. Das Wohnförderkonto wird dann für ihn weitergeführt. Voraussetzung ist, dass Sie zum Zeitpunkt des Todes nicht dauerhaft getrennt gelebt haben und Ihren Wohnsitz in der EU oder im EWR hatten.

STEUERN SPAREN MIT UNGEFÖRDERTEN VERTRÄGEN

Normalerweise müssen Sie Abgeltungsteuer zahlen, wenn Sie Kapitaleinkünfte erzielen, zum Beispiel aus Zinsen oder Dividenden. Auch auf Kursgewinne beim Verkauf fällt die Abgeltungsteuer an. Bei einem normalen Bank- oder Fondssparplan zieht Ihnen der Anbieter am Ende der Laufzeit 25 Prozent Steuern von Ihrem Wertzuwachs ab, bevor er Ihnen die Summe auszahlt. Hinzu kommen auch noch der Solidaritätszuschlag und gegebenenfalls Kirchensteuer.

Für Riester-Verträge gilt die Abgeltungsteuer jedoch nie, auch nicht für Riester-Verträge, für die Sie gar keine Förderung erhalten. Für sie gibt es stattdessen eine andere, vorteilhaftere Steuerregelung.

Wenn Sie sich die angesparte Summe zum Laufzeitende auszahlen lassen – ungeförderte Verträge müssen ja nicht verrentet werden –, müssen Sie nur die Hälfte des Wertzuwachses mit dem persönlichen Steuersatz versteuern. Lassen Sie sich das Kapital nicht auf einen Schlag auszahlen,

KURZ UND KNAPP **Abgeltungsteuer**

Sobald Ihre Kapitalerträge wie Zinsen und Dividenden den Sparerpauschbetrag von jährlich 801 Euro (1 602 Euro für Verheiratete) überschreiten, werden sie mit einem einheitlichen Steuersatz von 25 Prozent besteuert. Dazu kommt der Solidaritätszuschlag. Zusammen betragen die Abgaben 26,375 Prozent. Die Steuer wird von allen deutschen Banken unmittelbar an das Finanzamt abgeführt. Die Besteuerung erfolgt dabei anonym. Wie der Name bereits sagt, ist mit der Abgeltungsteuer die Steuerpflicht auf die dazugehörigen Gewinne vollständig abgegolten. Wenn Ihr persönlicher Einkommensteuersatz geringer als die Abgeltungsteuer ist, können Sie sich allerdings die Differenz über die Steuererklärung zurückholen.

Beispiel: Bei Kapitalerträgen von 1 000 Euro, die Ihren Sparerpauschbetrag überschreiten, bleiben Ihnen dann

Kapitalertrag:	1 000,00 Euro
Abgeltungsteuer: (25 % von 1 000)	– 250,00 Euro
Solidaritätszuschlag: (5,5 % von 250 Euro)	– 13,75 Euro
Ertrag nach Steuer:	736,25 Euro

Wenn Sie Kirchenmitglied sind, zahlen Sie je nach Bundesland noch 8 oder 9 Prozent Kirchensteuer. Auch auf Kursgewinne beim Verkauf fällt die Abgeltungsteuer an. Das jedoch nur, wenn Sie Fonds oder Aktien ab dem 1. Januar 2009 gekauft haben. Für ältere Bestände sind Kursgewinne beim Verkauf steuerfrei.

sondern verrenten es, ist die Besteuerung sogar noch günstiger (siehe Seite 154).

Der Wertzuwachs – im Behördendeutsch auch Unterschiedsbetrag genannt – ergibt sich aus der Differenz zwischen Auszahlungssumme und eigenen Beiträgen.

Wenn die Hälfte davon mit Ihrem persönlichen Steuersatz besteuert wird, ist das weniger, als wenn Sie auf den vollen Ertrag 25 Prozent Steuern zahlen. Und zwar selbst, wenn Sie den Spitzensteuersatz zahlen müssen. Diesen Vorteil können Sie sogar nutzen, wenn Sie gar nicht förderberechtigt sind.

Allerdings ist die günstigere Besteuerung an zwei Bedingungen gebunden: Der Vertrag muss mindestens zwölf Jahre laufen und Sie müssen mindestens 62 Jahre alt sein, bevor Sie ihn sich auszahlen lassen. Bei Altverträgen, die bis Ende 2011 abgeschlossen wurden, mussten Sie nur 60 Jahre alt sein. Ansonsten fällt zwar auch keine Abgeltungsteuer an, Sie müssen den Wertzuwachs aber voll mit Ihrem persönlichen Satz versteuern.

Ungeförderte Riester-Verträge sind besonders interessant für Sie, wenn Sie in Bank- oder Fondssparpläne investieren wollen, da Sie für solche Produkte ohne Riester-Mantel Abgeltungsteuer zahlen müssten. Für die risikoreicheren Fondssparpläne hat die Riester-Option sogar noch einen weiteren Vorteil: Auch für Riester-Verträge ohne Förderung gilt die Kapitalgarantie. Es ist also sicher, dass Ihnen zu Rentenbeginn zumindest die eingezahlten Beiträge zur Verfügung stehen.

Bei Rentenversicherungen macht es hingegen keinen Unterschied, ob Sie einen ungeförderten Riester-Vertrag abschließen oder eine „normale" Rentenversicherung: Für sie gelten ohnehin die gleichen günstigeren Steuerregeln wie für Riester-Produkte.

Den geförderten Riester-Vertrag überzahlen

Auch wenn Sie bereits einen geförderten Riester-Vertrag haben, können Sie dieses Steuersparmodell à la Riester nutzen. Das geht auf zwei Wegen: Entweder Sie schließen einen weiteren, diesmal ungeförderten Riester-Vertrag ab oder Sie überzahlen Ihren bereits vorhandenen, geförderten Vertrag, wenn Ihr Anbieter das zulässt.

Für diese Extrabeiträge über der Förderhöchstgrenze von 2 100 Euro beziehungsweise 2 160 Euro können Sie keine Zulagen und keine Sonderausgaben in der Steuererklärung geltend machen. Abgeltungsteuer fällt für diese Extrabeiträge aber auch nicht an.

Allerdings ist nicht jeder Beitrag, den Sie zusätzlich auf Ihren Vertrag einzahlen, gleich eine Überzahlung.

Beispiel: Sie sind alleinstehend und haben ein jährliches Brutto-Einkommen von 30 000 Euro. Um die volle Zulage zu bekommen, zahlen Sie den Mindesteigenbeitrag von 1 200 Euro in Ihren Vertrag ein. Er besteht aus 154 Euro Zulage und 1 046 Euro Eigenbeitrag. Wenn Sie nun 500 Euro mehr, also 1 546 Euro Eigenbeitrag, in Ihren Vertrag einzahlen, gilt das

noch nicht als Überzahlung. Denn Sie können alle eigenen Riester-Beiträge bis zu 1 946 Euro steuerlich als Sonderausgaben geltend machen und auf diesem Wege Steuern sparen.

Überzahlt ist Ihr Vertrag erst, wenn Sie mehr als diese Summe einzahlen und die Gesamtfördersumme inklusive Zulagen 2 100 Euro beziehungsweise 2 160 Euro übersteigt. In diesem Fall wären also über 900 Euro mehr im Jahr an Eigenbeitrag nötig, bevor der Vertrag überzahlt ist.

Bis zu der Summe von 2 100 Euro beziehungsweise 2 160 Euro nutzen Sie also in der Sparphase den Sonderausgabenabzug und zahlen im Alter auf die Auszahlungen aus Ihren Beiträgen Steuern nach Ihrem persönlichen Steuersatz. Für alles, was Sie darüber hinaus eingezahlt haben, gilt später eine deutlich günstigere Steuerregelung.

Fazit: Egal, ob Sie vom Sonderausgabenabzug profitieren oder durch das Überzahlen günstigeren Steuerregeln unterliegen – es kann sich steuerlich lohnen, mehr als die 4 Prozent Ihres Einkommens einzuzahlen, die für die vollen Zulagen nötig sind.

Neues Verfahren beim Sonderausgabenabzug

Um die Steuererleichterungen zu erhalten, müssen Sie bei Ihrer Einkommensteuererklärung die Anlage AV ausfüllen – die Formulare gibt es bei Ihrem Finanzamt oder auch im Internet (siehe unten).

TIPP **Hier gibt's die Formulare**

Steuerformulare: Die Steuerformulare bekommen Sie bei Ihrem Finanzamt. Sie können sie sich aber auch aus dem Internet ausdrucken. Sie finden sie zum Beispiel unter https://www.formulare-bfinv.de/.

Elektronische Steuererklärung: Sie können Ihre Einkommensteuererklärung auch elektronisch erledigen, und zwar mithilfe des Programms „ElsterFormular" (www.elster.de) der Finanzverwaltung. Es läuft auf den Betriebssystemen Win XP, Win Vista und Win 7.

Bisher bekamen Sie von Ihrem Anbieter dafür immer eine spezielle Bescheinigung mit Namen „§10a Absatz 5 EStG-Bescheinigung" für das Finanzamt, die Sie zusammen mit der Anlage AV abgegeben haben. Sie wies aus, wie viel Sie in einem bestimmten Jahr in Ihren Riester-Vertrag eingezahlt haben, damit dieser Betrag als Sonderausgabenabzug angerechnet werden kann.

Für das Beitragsjahr 2010 bekamen die meisten Riester-Kunden Anfang 2011 diese Bescheinigung nicht mehr. Denn inzwischen ist vorgesehen, dass die Anbieter Ihre jährlichen Altersvorsorgebeiträge direkt an die Finanzverwaltung elektronisch übermitteln.

Voraussetzung für die elektronische Datenübermittlung ist, dass Sie dieser zugestimmt haben. Das ist automatisch der Fall, wenn Sie Ihren Anbieter bevollmächtigt haben, die Altersvorsorgezulage für Sie jährlich zu beantragen. Haben Sie dies nicht getan, müssen Sie der Datenübermittlung eventuell noch zustimmen. Ansonsten können Sie den Steuervorteil nicht nutzen. Wenden Sie sich am besten an Ihren Anbieter und erkundigen Sie sich. Allerdings erspart Ihnen der elektronische Datentransfer das Ausfüllen des Formulars nicht ganz. Aber immerhin ist es jetzt kürzer.

Zudem scheint die elektronische Anbindung der Finanzämter an das neue System nicht immer reibungslos zu funktionieren. Sollte das der Fall sein, können Sie statt der „§10a Absatz 5 EStG-Bescheinigung" dem Finanzamt auch eine Kopie Ihrer Jahresmitteilung von Ihrem Anbieter über Ihren Riester-Vertrag mitschicken.

Diese heißt offiziell „§ 92 EStG-Bescheinigung", und dort teilt Ihnen Ihr Anbieter unter anderem jedes Jahr die Höhe Ihrer Beiträge, die Summe der Zulagen und den Stand Ihres Altersvermögens mit. Er sollte Ihnen dort ebenfalls mitteilen, ob die elektronische Weitergabe Ihrer Daten an das Finanzamt erfolgreich war.

RIESTER IM RUHESTAND

Nach 20 oder 30 Jahren Sparen ist es so weit. Sie gehen in den Ruhestand, und zu Ihrer gesetzlichen Rente oder Pension kommen die Riester-Auszahlungen. Viel Praxiserfahrung nach nur zehn Jahren gibt es mit der Riester-Rente noch nicht. Erst einige Tausend Menschen beziehen sie bisher. Wie sie ausgezahlt wird, hängt von Ihrem Produkt ab. Aber zwei Dinge sind immer gleich: Sie bekommen die Zahlungen Ihr Leben lang und auf sie fallen Steuern an.

DIE AUSZAHLPHASE

Bisher gibt es noch nicht allzu viele richtige Riester-Rentner, also Menschen, die tatsächlich schon Auszahlungen aus ihren Riester-Verträgen bekommen. Beim größten deutschen Versicherer Allianz waren es Mitte 2011 gerade mal 3 400 Kunden, die eine Riester-Rente bezogen. Bei den beiden großen Fondssparplan-Anbietern Union Investment und DWS sind es noch weniger. Ende 2011 meldete Union Investment ihren ersten Riester-Rentner. Bei der DWS waren es bis Mitte 2011 92 Rentner, die Deka hatte bis Mitte 2011 noch gar keinen Riester-Rentner.

Das liegt daran, dass Riester-Verträge meist eine sehr lange Laufzeit über 20 oder 30 Jahre haben, es sie aber erst seit 2002 gibt. Die ältesten Verträge laufen also jetzt rund zehn Jahre. So sind die Beträge, die bislang aus Riester-Verträgen gezahlt werden, nicht besonders repräsentativ. Aufgrund der kurzen Laufzeiten sind sie sehr niedrig. Bei der Allianz lagen sie im Schnitt bei 34 Euro im Monat, bei der DWS bei 43 Euro monatlich. Nicht gerade ein üppiger Zuschuss zur staatlichen Rente. Dazu beigetragen hat auch, dass die staatliche Förderung ab 2002 erst stufenweise erhöht wurde. In den Anfangsjahren flossen deshalb oft auch nur kleine Beträge auf die Altersvorsorgekonten.

Erst im Jahr 2008 erreichte die staatliche Förderung ihren derzeitigen Umfang und es gilt der Höchstbeitrag von 2 100 Euro pro Jahr. Viele Riester-Sparer bleiben mit ihren Einzahlungen bisher aber deutlich darunter.

Auszahlphase frühestens mit 60 Jahren

Der Beginn der Auszahlphase steht bei Riester bereits bei Vertragsschluss ungefähr fest. Sie beginnt gewöhnlich zusammen mit Ihrer regulären Altersrente aus der gesetzlichen Rentenversicherung. Das ist, je nachdem, wann Sie geboren sind, zwischen Ihrem 65. und dem 67. Lebensjahr. Als Beamter beziehen Sie Ihre erste Riester-Auszahlung normalerweise, wenn Sie Ihr Pensionsalter erreicht haben.

Gehen Sie früher in den Ruhestand, können Sie Ihre Riester-Zahlung aber auch schon früher bekommen. Sie ist dann natürlich niedriger, weil Sie weniger einzahlen. Frühestens können Sie Ihre Riester-Rente aber ab dem 60. Geburtstag in Anspruch nehmen. Bei Verträgen, die nach dem 31. Dezember 2011 abgeschlossen wurden, darf die Auszahlung erst mit 62 Jahren anfangen.

Nur wenn Sie eine Riester-Rentenversicherung abgeschlossen haben und Leistungen bei Invalidität vereinbart haben, ist ein noch früherer Auszahlungsbeginn möglich. Dann aber natürlich nur, wenn Sie tatsächlich berufsunfähig sind.

Auszahlphase nach hinten schieben

Wenn Ihr Vertrag das zulässt, können Sie die Auszahlphase hinter den Beginn Ihres Ruhestands schieben. Das kann vor allem dann sinnvoll sein, wenn Ihr Vertrag noch nicht allzu lange läuft und Sie für einige Jahre ohne Zusatzrente noch gut über die Runden kommen. Auch macht es Sinn, wenn Sie zum Beispiel einige Zeit vor Ihrer regulären Altersrente mit einer Abfindung aus dem Berufsleben ausscheiden. Sie schieben den Auszahlungsbeginn ein paar Jahre hinaus, damit Ihre Riester-Auszahlung später dann höher ausfällt.

Bis zu 30 Prozent können Sie entnehmen

Wenn Sie zu Beginn Ihres Ruhestands eine größere Summe brauchen, weil Sie zum Beispiel auf Weltreise gehen wollen oder die Restschuld auf Ihrem Haus tilgen möchten, können Sie dafür Ihr Riester-Vermögen nutzen. Bei Rentenbeginn können Sie bis zu 30 Prozent des für die Verrentung zur Verfügung stehenden Kapitals auf einen Schlag entnehmen. Diese Einmalauszahlung ist allerdings voll steuerpflichtig und verringert Ihre anschließende Rente oder Überweisung aus dem Auszahlplan.

Wenn Sie es einsetzen wollen, um Ihr Wohneigentum zu entschulden, dürfen Sie sogar 100 Prozent aus dem Vertrag nehmen; allerdings nicht mehr als die Restschuld Ihrer Immobilie.

Hat die Auszahlphase einmal begonnen, können Sie Ihr Vermögen nicht mehr auf einen anderen Anbieter übertragen. Wenn Sie sich Ihr Angespartes lieber von einem anderen Unternehmen auszahlen lassen wollen, müssen Sie darüber spätestens bei Rentenbeginn entscheiden.

Wie hoch ist die Rente?

Die Höhe Ihrer Rente hängt von vielen Faktoren ab: der Vertragslaufzeit, der Höhe der Einzahlung, der Art des Produkts, den Kosten des Anbieters, dessen Erfolg am Kapitalmarkt, und – bei vor 2006 geschlossenen Verträgen – von Ihrem Geschlecht.

Denn erst seit 2006 sind Unisex-Tarife für Riester-Verträge vorgeschrieben. Männer und Frauen erhalten seither aus gleichen Verträgen bei gleicher Einzahlung eine gleich hohe Rente. Das ist auch in der gesetzlichen Rentenversicherung und bei der Beamtenversorgung der Fall.

Bei Bank- und Fondssparplänen spielt das Geschlecht allerdings sowieso keine Rolle; es ist also unerheblich, wann Sie den Vertrag abgeschlossen haben. Denn wie sich die Auszahlphase genau gestaltet, legen die Anbieter erst zu Beginn der Auszahlphase endgültig fest – das dann aber selbstverständlich zu den dann geltenden Regeln.

Restverrentung ab 85 Jahre

Eines haben alle Riester-Sparverträge gemeinsam, egal ob Rentenversicherung, Fonds- oder Banksparplan: Spätestens ab Ihrem vollendeten 85. Lebensjahr muss die Auszahlung über eine Rentenversicherung laufen, die Ihnen eine sogenannte Leibrente zahlt. Damit soll sichergestellt werden, dass das Geld auch wirklich bis an Ihr Lebensende reicht. Bei den klassischen Rentenversicherungen ist das ohnehin der Fall.

Banken und Fondsgesellschaften zweigen zu Beginn der Auszahlphase 10 bis 30 Prozent des Kapitals für einen Rentenversicherer ab, der es dann in eine lebenslange Absicherung umwandelt, sobald Sie 85 Jahre alt werden. Die Institute können hierfür mit einem Rentenversicherer einen Vertrag zu Ihren Gunsten abschließen. Einfluss darauf, bei wem Ihre Bank oder Fondsgesellschaft den Vertrag abschließt, haben Sie allerdings nicht. Vertragspartner ist Ihr Anbieter und nicht Sie selbst.

Klassische Rentenversicherungen: Mindestrente steht fest

Das einzige Riester-Produkt, bei dem zumindest die Mindesthöhe der lebenslang garantierten monatlichen Rente schon bei Vertragsschluss feststeht, ist die klassische Riester-Rentenversicherung. Sie er-

KURZ UND KNAPP **Leibrente**

Eine Leibrente ist eine monatliche Zahlung, die Sie lebenslang erhalten. Die Mathematiker der Rentenversicherer rechnen dabei das zur Verfügung stehende Vermögen in eine lebenslange monatliche Rente um. Da aber auch die nicht wissen können, wie lange Sie leben werden, richtet sich die Höhe der Leibrente unter anderem nach der statistisch ermittelten durchschnittlichen Lebenserwartung. Je länger Sie leben, desto mehr lohnt sich Ihr Investment.

gibt sich aus den Eigenbeiträgen, die Sie eingezahlt haben, Ihren Zulagen, der Höhe des Garantiezinses (bei Neuverträgen derzeit 1,75 Prozent) und den Kosten, die der Versicherer für seine Leistungen von Ihnen verlangt.

Oft fällt die tatsächliche Auszahlung aber höher aus als die Ihnen zugesagte Mindestrente. Um wie viel höher, erfahren Sie erst zum Auszahlungsbeginn. Das hängt sehr davon ab, wie gut das Unternehmen gewirtschaftet hat. Gibt es viele Überschüsse durch eine erfolgreiche Kapitalanlage, wirkt sich das positiv auf die Höhe Ihrer Rente aus. Denn Rentenversicherer müssen die Überschüsse, die sie erwirtschaften, zu einem bestimmten Teil an ihre Kunden weiterreichen.

Falls Sie die Überweisungen in Ihren Vertrag während der Laufzeit erhöhen, kommt nachher ebenfalls eine höhere Rente heraus.

Allerdings kann die Rente auch niedriger als die garantierte Mindestrente ausfallen. Und zwar dann, wenn Sie weniger als gedacht einzahlen und auch die Überschussbeteiligung diese Lücke nicht mehr wettmachen kann.

Bei Riester-Verträgen sind aber steigende Beiträge eher die Regel als die Ausnahme. Denn jedes Mal, wenn sich Ihr Einkommen erhöht, müssen Sie schließlich mehr einzahlen, damit Sie weiterhin die volle Förderung bekommen.

Fondspolicen: Rentenhöhe hängt vom Verkaufserlös ab

Sehr viel weniger Anhaltspunkte, wie hoch Ihre Rente später sein wird, haben Sie, wenn Sie eine fondsgebundene Riester-Rentenversicherung abgeschlossen haben. Denn dort haben Sie keine garantierte Mindestverzinsung der Sparbeträge.

Es gibt zwar Anbieter, die Ihnen im Vertrag mehr als die gesetzlich vorgeschriebene Mindestleistung zusagen. Die meisten Unternehmen rechnen aber lediglich auf Basis der vereinbarten Beiträge, der Laufzeit und der Zulagen aus, was am Ende der Laufzeit herauskäme, und geben Ihnen nur dafür eine Zusage. Wie viel Sie dann wirklich bekommen, erfahren auch

KURZ UND KNAPP Überschüsse

Überschüsse erzielt eine Versicherungsgesellschaft durch Anlagegeschäfte, Kosteneinsparungen und Risikogewinne. Risikogewinne entstehen, wenn die Gesellschaft weniger Renten auszahlen muss als kalkuliert. Überschüsse sind nicht garantiert. Sie können schwanken und sogar entfallen. Zinsüberschüsse müssen die Rentenversicherer zu mindestens 90 Prozent an ihre Kunden weiterreichen, Kostenüberschüsse zu mindestens 50 Prozent und Risikoüberschüsse zu mindestens 75 Prozent.

KURZ UND KNAPP **Sofortrente**

Eine Sofortrente ist eine klassische Rentenversicherung, nur dass sie nicht nach einer langen Sparphase ausgezahlt wird. Sie beginnt stattdessen unmittelbar nachdem Sie einen großen Einmalbeitrag beim Versicherer eingezahlt haben. Der Auszahlungsbetrag setzt sich auch hier aus einem garantierten Teil und aus Überschüssen zusammen.

Sie erst zu Beginn der Auszahlphase. Der Versicherer schichtet am Ende der Ansparphase das Fondsvermögen in sichere Anlagen um, und es kommt ab diesem Zeitpunkt als Sofortrente aus einer Einmalzahlung bei Ihnen an. Die Höhe bestimmt sich vor allem durch den Erlös aus dem Verkauf der Fondsanteile.

Banksparpläne: Verzinsung ist gewiss

Auch wenn Sie einen Riester-Banksparplan abgeschlossen haben, wissen Sie zu Beginn nicht, wie hoch Ihre Rente später ausfallen wird. Aber Sie wissen immerhin, dass sie höher ausfällt als die gesetzliche Mindestleistung. Denn verzinst wird ein Banksparplan ja auf jeden Fall.

Wie viel Sparvermögen für die Auszahlung aber letztendlich vorhanden ist, hängt neben der Höhe Ihrer Einzahlungen, den Zulagen und der Laufzeit vor allem von der Zinsentwicklung ab. Und davon, in welchem Maße und zu welchem Zeitpunkt Sie von dieser im Laufe der Jahre profitieren konnten.

Zu Beginn der Auszahlphase entscheiden Sie dann, wie Sie Ihr angespartes Riester-Vermögen ausgezahlt bekommen möchten: als Sofortrente oder als Bankentnahmeplan plus einer Rentenversicherung ab Ihrem 85. Geburtstag.

Der Vorteil des Entnahmeplans: Er kann je nach Zinssatz gute monatliche Überweisungen sichern. Außerdem steht das restliche Sparvermögen automatisch für Erben zur Verfügung, sollten Sie vor Ihrem 85. Geburtstag sterben (siehe Seite 109).

Es gibt allerdings auch Nachteile. Weil die monatlichen Raten beim Auszahlplan bis 85 immer gleich hoch sind, kommt es über die Jahre durch die Inflation zu einem realen Kaufkraftverlust.

Erst mit Beginn der Restverrentung, wenn Sie 85 Jahre alt sind, können die Auszahlungen dann etwas nach oben gehen. Zwar muss die garantierte Rente im Anschluss nur mindestens der Höhe der Raten aus dem Auszahlplan entsprechen. Da der Versicherer aber Ihr Geld für die Rente ab 85 Jahren bereits seit Ihrem Rentenbeginn angelegt hat, konnte er damit in den 18 bis 20 Jahren Überschüsse erwirtschaften. Die sorgen dafür, dass Ihre Rente wahrscheinlich höher ausfällt als die Raten des Auszahlplans.

Sie können versuchen, Inflationsverluste mit einer volldynamischen Auszahlung aus einer Rentenversicherung einzudämmen, das heißt einer Auszahlung, die sich ständig erhöht und so die Inflation ausgleicht. Völlige Sicherheit haben Sie aber dadurch nicht. Denn auch dieser Ausgleich wird aus nicht garantierten Überschüssen finanziert.

Fondssparpläne: Raten können schwanken

Die drei großen Riester-Fondssparplan-Anbieter Union Investment, DWS und Deka organisieren die Auszahlphase zunächst über einen Entnahmeplan. Der funktioniert so ähnlich wie der Auszahlplan der Banken.

Die Höhe Ihrer späteren Auszahlung hängt vor allem von den Renditen ab, die die Fonds über die Jahre erzielt haben. Die sind nicht vorhersehbar. Mindestens steht aber auch hier das Kapital aus eingezahlten Beiträgen und Zulagen für Ihre Auszahlung zur Verfügung. Von Ihrem Riester-Vermögen wird wie beim Banksparplan (siehe Seite 110) zu Beginn zunächst der Einmalbeitrag für die Restverrentung ab 85 Jahren abgezogen. Die Summe, die danach für die aufgeschobene Leibrente übrig bleibt, wird dann durch die Monate bis zum Alter von 85 Jahren geteilt.

Die monatliche Rate, die dabei herauskommt, ist Ihre garantierte Mindestrate. So viel muss Ihnen die Fondsgesellschaft mindestens auszahlen, und auch später darf die Rente des Rentenversicherers diese Summe nicht unterschreiten.

Beispiel: Sie sind 65 Jahre alt und gerade in Rente gegangen. Ihr Riester-Fondsvermögen beträgt jetzt zu Beginn der Auszahlphase nach Abzug des Einmalbeitrags für die spätere Leibrente 42 000 Euro. Ihnen bleiben also noch 20 Jahre – 240 Monate – bis zur Restverrentung mit 85 Jahren. Ihre monatlich garantierte Mindestrate für den Entnahmeplan und die spätere Rente beträgt somit 175 Euro im Monat (42 000 Euro : 240 = 175 Euro).

Meist wird Ihre tatsächliche Auszahlung aber höher ausfallen. Zwar wird Ihr Restvermögen jeden Monat ein wenig kleiner, dennoch bleibt vor allem in den ersten Jah-

KURZ UND KNAPP **Inflation**

Inflation heißt, dass der Wert des Geldes sinkt. Das passiert durch das ständige Steigen des Preisniveaus für Waren. Sie können sich also für die gleiche Menge Geld nach zum Beispiel zehn Jahren deutlich weniger kaufen. So sind zum Beispiel 1 000 Euro Rente von heute bei 2 Prozent Kaufkraftverlust in 20 Jahren nur noch 673 Euro wert.

ren noch viel, um es weiterhin in Fonds anzulegen und damit Gewinne an der Börse zu erzielen. Die Auszahlungen, die Sie bekommen, sind variabel, können also unterschiedlich hoch sein, wobei sie die gesetzlich garantierte Mindestrate nicht unterschreiten dürfen. Union Investment garantiert zusätzlich zur Mindestrate bis zu ein Prozent in Form eines Garantiezinses.

Der Anteil an Aktien bei den Entnahmeplänen ist bei den einzelnen Fondsgesellschaften unterschiedlich. Der DWS-Entnahmeplan kann zum Beispiel je nach Kunden zwischen 0 und 50 Prozent Aktien enthalten. Bei der Union Investment zwischen 0 und 60 Prozent.

Die Restverrentung des Kapitals ab 85 Jahren übernimmt bei Deka die Öffentliche Versicherung Braunschweig, bei der DWS der Versicherer Zurich, bei Union Investment ist es die R+V Versicherung. Die Versicherer lassen sich in Form einer Einrichtungsgebühr bezahlen, die meist bis zu 1 Prozent des für die Leibrente abgezweigten Einmalbetrags entspricht und von diesem abgezogen wird. Bei einem Einmalbeitrag von zum Beispiel 20 000 Euro wären das also bis zu 200 Euro an Einrichtungsgebühr.

Die kleinere Hansa Invest organisiert den Beginn der Auszahlphase nicht über einen Fondsentnahmeplan. Hier wird das Riester-Fondsvermögen sofort in eine Rentenversicherung umgewandelt. Sie kooperiert mit dem Versicherer Signal Iduna.

Wohn-Riester

Beim Wohn-Riester gibt es im Gegensatz zu den anderen Produkten keine Anspar- und Auszahlphase im eigentlichen Sinn. Auch die Restverrentung ab dem 85. Lebensjahr spielt hier keine Rolle.

Statt einer Auszahlung sparen Sie ab Rentenbeginn die Darlehensraten, denn das Darlehen müssen Sie bis zum Rentenbeginn zurückgezahlt haben, und können mietfrei wohnen. So trägt Wohn-Riester zur finanziellen Absicherung Ihres Ruhestands bei. Allerdings fallen auch beim Wohn-Riester in der Rentenphase Steuern an, obwohl Sie ja in dem Sinne keine Auszahlungen bekommen, die besteuert werden könnten. Wie das funktioniert, finden Sie auf Seite 138.

Doch nach wie vor gilt – Sie müssen die Immobilie selbst bewohnen. Sie vermieten und dann selbst ins sonnige Spanien ziehen geht nicht – zumindest nicht, solange Sie noch nicht alle geschuldeten Riester-Steuern bezahlt haben.

Mini-Renten auf einen Schlag

Ist Ihr Riester-Vermögen am Ende der Ansparphase sehr klein, bekommen Sie das gesamte Geld auf einen Schlag ausgezahlt. Im Jahr 2012 ist das zum Beispiel der Fall, wenn die Rente oder Auszahlungen daraus unter 26,25 Euro monatlich liegen. Verwaltungstechnisch würde es sich nicht lohnen, solche kleinen Raten lebenslang zu überweisen. Die Zulagen und Steuervorteile können Sie dann trotzdem behalten. Die Auszahlung gilt aber als steuerpflichtiges Einkommen, und Sie müssen sie wie die Riester-Renten mit Ihrem persönlichen Steuersatz versteuern.

Die Geringfügigkeitsgrenze für abfindbare Minirenten wird jährlich neu nach den Vorschriften im Sozialgesetzbuch VI ermittelt. Sie ist in den alten und neuen Bundesländern identisch.

Bisher kommen solche Abfindungen wegen der kurzen Vertragslaufzeiten noch häufig vor. So haben zum Beispiel die drei großen Fondsgesellschaften bislang deutlich häufiger Riester-Sparer abgefunden, als dass sie Renten an sie auszahlen.

Als sehr wechselfreudiger Sparer werden Sie auch zukünftig bei längeren Laufzeiten noch die Abfindungen bekommen. Denn wenn Sie Ihren Vertrag in der Vergangenheit einmal oder sogar mehrmals gewechselt haben und Ihr Angespartes beim alten Anbieter stehen ließen, bekommen Sie Abfindungen aus mehreren Verträgen parallel. Das gilt aber nur, wenn Sie die Verträge bei unterschiedlichen Unternehmen abgeschlossen haben. Das Kapital aus unterschiedlichen Verträgen beim selben Anbieter wird dagegen zusammengerechnet.

Die Anbieter legen für die Abfindungsgrenze Ihr komplettes für die Auszahlungsphase zur Verfügung stehendes Vermögen zugrunde. Sie können also nicht die zulässigen 30 Prozent Kapital entnehmen, um auf diese Weise eine Abfindung zu erreichen.

STEUERN IN DER AUSZAHLPHASE

Erst Steuern sparen, dann Steuern zahlen. Das Prinzip nennt sich nachgelagerte Besteuerung und gilt für alle Riester-Verträge. Die Höhe hängt dabei von Ihrem persönlichen Steuersatz ab, und der wiederum ist abhängig von Ihrem zu versteuernden Gesamteinkommen. Die Abgeltungsteuer greift bei Riester-Verträgen nicht. Auch wenn Sie einen Fondssparplan abgeschlossen haben, werden Sie bei der Entnahme mit Ihrem persönlichen Steuersatz besteuert.

Wenn Sie für Ihren Riester-Vertrag keine Förderung erhalten haben, werden höchstens die entstandenen Erträge und Wertsteigerungen besteuert. Unter Umständen müssen die Altersleistungen entsprechend aufgeteilt werden, also in solche, für die Sie Förderung erhalten haben, und solche, bei denen das nicht der Fall war.

Allerdings ist es nicht so, dass der Anbieter die Steuern wie zum Beispiel der Arbeitgeber beim Gehalt gleich abzieht. Das könnte er gar nicht, da er ja gar nicht weiß, wie hoch Sie besteuert werden. Sie sind vielmehr verpflichtet, einmal im Jahr eine Einkommensteuererklärung zu machen. Zumindest dann, wenn Ihre jährlichen Einkünfte eine bestimmte Grenze überschreiten. Dieser Grundfreibetrag liegt für das Jahr 2012 bei 8004 Euro für Alleinstehende und bei Ehepaaren, die gemeinsam eine Steuererklärung abgeben, bei 16 008 Euro.

Wenn Sie Rentner sind, gibt es jedoch einige Besonderheiten. Zum Beispiel ist bisher nicht Ihre gesamte gesetzliche Rente steuerpflichtig, sondern nur ein Teil davon. Und der nicht steuerpflichtige Anteil zählt bei der Berechnung der Einkünfte bis zum Grundfreibetrag nicht mit. Erst für Neurentner ab 2040 wird die gesamte gesetzliche Rente steuerpflichtig werden. Auch können Sie zum Beispiel Kranken- und Pflegeversicherungsbeiträge als Sonderausgaben geltend machen und so Ihre Steuerlast weiter verringern. Das Geld, das Sie also tatsächlich als Rentner zur Verfügung haben, kann einiges über dem Grundfreibetrag liegen, ohne dass Sie Steuern zahlen müssen.

Ohne Steuererklärung abzuschätzen, ob Sie Steuern zahlen müssen oder nicht, ist jedoch kaum möglich. Zumindest nicht, wenn Ihre Rente nicht ganz niedrig ist und Sie auch noch andere Einnahmen, zum Beispiel aus dem Riester-Vertrag, haben.

Die Einnahmen durch Ihren Riester-Vertrag müssen Sie in der Anlage R Ihrer Einkommensteuererklärung angeben. Darüber schickt Ihnen Ihr Anbieter eine Mitteilung zu. Offiziell heißt diese: „Mitteilung über steuerpflichtige Leistungen aus einem Altersvorsorgevertrag oder aus einer

KURZ UND KNAPP **Einkünfte**

Einkünfte sind Einnahmen aus einer bestimmten Quelle, zum Beispiel der Rente, abzüglich der Ausgaben, die dabei helfen, ebendiese Einnahmen zu erzielen. Bei einem Arbeitnehmer wäre das also sein Bruttolohn minus der Ausgaben zum Beispiel für Berufskleidung oder eine Berufshaftpflichtversicherung. Solche Ausgaben werden auch Werbungskosten genannt. Bei einem Rentner sind es Ausgaben, die er hat, um seine Renteneinkünfte zu sichern, zum Beispiel Kosten für eine Rentenberatung. Fallen diese nicht an, berücksichtigt das Finanzamt eine Werbungskostenpauschale von 102 Euro im Jahr.

betrieblichen Altersversorgung". Die dort gemachten Angaben können Sie in Ihre Steuererklärung übernehmen.

Unterschiedliche Besteuerung

Je nachdem, ob Ihre Riester-Auszahlungen auf geförderten, ungeförderten oder gemischten Beiträgen beruhen, hat das unterschiedliche Auswirkungen auf Ihre Besteuerung. Bei Leistungen, die ausschließlich aus geförderten Beiträgen fließen, wird, wie erwähnt, der gesamte Auszahlungsbetrag nach Ihrem persönlichen Steuersatz versteuert.

Bei Auszahlungen, die ausschließlich auf nicht geförderten Beiträgen beruhen, richtet sich die Besteuerung nach der Art der Auszahlungsform:

Lebenslange Renten aus ungeförderten Riester-Verträgen

Wenn Sie aus Ihrem ungeförderten Riester-Vertrag eine lebenslange Leibrente bekommen, werden Sie steuerlich begünstigt behandelt. Denn dies will der Gesetzgeber besonders unterstützen. Der steuerpflichtige Anteil der Auszahlung nennt sich Ertragsanteil. Er richtet sich nach Ihrem Alter bei der ersten Rentenzahlung. Er beträgt beispielsweise im Alter von 60 Jahren 22 Prozent oder bei 65 Jahren 18 Prozent. Die so einmal festgestellte Höhe des Ertragsanteils bleibt dann für alle weiteren Rentenzahlungen gleich. Nur auf diesen geringen Ertragsanteil ist die Steuer zu berechnen – und zwar mit Ihrem persönlichen Steuersatz.

Kapitalauszahlung aus ungeförderten Riester-Rentenversicherungen

Lassen Sie sich das Kapital aus einer zertifizierten Rentenversicherung auf einen Schlag auszahlen, werden die Leistungen wie bei einem normalen Versicherungsvertrag besteuert. Hier wird zwischen Leistungen aus Versicherungsverträgen, die bis zum 01. Januar 2005 abschlossen wurden, und Verträgen mit Vertragsschluss nach dem 31. Dezember 2004 unterschieden.

- Vor 2005: Erfüllt Ihr Vertrag bestimmte Voraussetzungen – unter anderem mindestens zwölf Jahre Vertragslaufzeit –, ist die Auszahlung Ihres angesparten Kapitals einschließlich der Erträge steuerfrei, ansonsten unterliegt der Gewinn der Besteuerung.
- Ab 2005: Hier unterliegt der Gesamtbetrag abzüglich Ihrer geleisteten Beiträge der Besteuerung. Wird die Summe erst nach Ihrem 60. Geburtstag (für Neuverträge ab 2012 ab Ihrem 62. Geburtstag) ausgezahlt und ist der Vertrag zum Zeitpunkt der Auszahlung mindestens zwölf Jahre gelaufen, wird nur die Hälfte dieses Unterschiedsbetrags mit Ihrem persönlichen Steuersatz besteuert.

Kapitalauszahlung aus ungeförderten Fonds- und Banksparplänen

Lassen Sie sich aus einem ungeförderten Riester-Fonds- oder Banksparplan Kapital auszahlen, müssen Sie – genau wie bei Rentenversicherungen – den Unterschiedsbetrag zwischen der ausgezahlten Leistung und den Beiträgen, die Sie eingezahlt haben, versteuern. Haben Sie Ihr 60. Lebensjahr vollendet und hatte der Vertrag eine Laufzeit von mehr als zwölf Jahren, müssen Sie nur die Hälfte des Unterschiedsbetrags versteuern. Für Verträge, die nach dem 31. Dezember 2011 abgeschlossen werden, müssen Sie mindestens 62 Jahre alt sein, wenn Sie von dem Steuervorteil profitieren möchten. Erhalten Sie das Geld als Auszahlplan, wird es ebenfalls so besteuert.

Auszahlungen aus geförderten und ungeförderten Beiträgen

Bekommen Sie als Rentner Leistungen aus geförderten und nicht geförderten Beiträgen, müssen die Leistungen in der Auszahlphase aufgeteilt werden – und alles wird ein wenig komplizierter. Denn nun werden sie jeweils anteilig unterschiedlich besteuert.

Beispiel: Sie sind 65 Jahre und bekommen eine lebenslange Rente von monatlich 500 Euro aus Ihrem Riester-Vertrag. In der Ansparphase haben Sie regelmäßig Beiträge geleistet, die über den Höchstbetrag hinausgingen. Pro Jahr ergeben sich 6 000 Euro an Auszahlungen. Sie beruhen zu 70 Prozent auf geförderten und zu 30 Prozent auf nicht geförderten Beiträgen. Für die steuerliche Behandlung wird Ihre Rente nun in diesem Verhältnis aufgeteilt. 70 Prozent der Rente, 4 200 Euro, unterliegen in der Besteuerung Ihrem persönlichen Steuersatz. Von den restlichen 1 800 Euro ist nur der Ertragsanteil zu versteuern. Dieser betrüge in Ihrem Fall 18 Prozent. Von den verbleibenden 30 Prozent der Rente unterliegen 18 Prozent, also 324 Euro, der Besteuerung. Insgesamt würden von Ihrer Jahresrente damit 4 524 Euro (4 200 Euro + 324 Euro) für die Besteuerung angesetzt.

INFO **Kontrolle durch die Finanzämter**

Doch woher weiß das Finanzamt überhaupt, dass Sie eine Riester-Rente bekommen? Kann man diese Einkünfte nicht einfach unter den Tisch fallen lassen? Besser nicht. Seit dem Jahr 2005 ist mit dem Alterseinkünftegesetz mindestens die Hälfte der gesetzlichen Rente steuerpflichtig, und für jeden neuen Rentnerjahrgang erhöht sich der steuerpflichtige Anteil noch. Im Zuge dessen haben die Finanzverwaltungen ihr Kontrollsystem deutlich verdichtet. Meldepflichtig sind alle Versicherer: die gesetzliche Rentenversicherung, berufsständische Versorgungswerke sowie private Versicherer. Auch bei Bankkunden haben die Finanzämter inzwischen größere Einsichtsmöglichkeiten. Und einen ganz besonders guten Einblick haben die Finanzämter durch die Zentrale Zulagenstelle für Altersvermögen auf Ihre zusätzlichen Riester-Einnahmen.

Steuern bei Wohn-Riester

Etwas komplizierter als bei den Sparprodukten ist – wie könnte es anders sein – die Besteuerung bei Wohn-Riester. Denn schließlich gibt es hier keine Auszahlung, die man besteuern könnte.

Ums Steuerzahlen kommen Sie aber auch als Wohn-Riester-Kunde nicht herum. Dafür wurde das bereits erwähnte Wohnförderkonto erfunden. Vor Rentenbeginn führt es Ihr Anbieter, zumindest solange Sie mit diesem noch in einem Vertragsverhältnis stehen. Ist das Darlehen getilgt, führt die ZfA das Konto weiter. In ihm sind alle Zulagen, Tilgungsleistungen und eventuell Beträge, die Sie aus einem anderen Riester-Vertrag genommen haben, um es als Eigenkapital zu nutzen, verbucht.

Zusätzlich wurde auf dieses fiktive Guthaben bis zu Ihrem Rentenbeginn eine jährliche Verzinsung von 2 Prozent draufgeschlagen. Damit soll unter anderem ausgeglichen werden, dass Sie anders als Riester-Kunden mit Sparverträgen das geförderte Kapital bereits vor Ihrem Ruhestand nutzen konnten.

Zwei Wahlmöglichkeiten

Auf dieses angesammelte fiktive Guthaben zahlen Sie Steuern nach Ihrem persönlichen Steuersatz. Allerdings haben Sie zwei Optionen:

- Jährliche Besteuerung: Sie versteuern den Stand des Wohnförderkontos bis zum 85. Lebensjahr in jährlich gleichen Raten oder
- Einmalbesteuerung mit Rabatt: Sie zahlen alle Steuern auf einmal zu Rentenbeginn. In diesem Fall müssen Sie nur 70 Prozent des Wohnförderkontos versteuern.

Die zweite Option hört sich erst mal besser an. Aber natürlich müssen Sie genug Geld zur Verfügung haben, um solch einen Batzen auf einmal zu begleichen. Sind Sie nicht so begütert, kommt sowieso nur Variante eins infrage.

Doch selbst wenn Sie als Rentner recht flüssig sind, sollten Sie die erste Variante in Betracht ziehen. Denn was zunächst einmal attraktiv klingt, entpuppt sich bei genauem Rechnen als mehr Schein denn Sein. Auch für die meisten liquiden Rentner dürfte es finanziell vorteilhafter sein, auf den Steuerrabatt von 30 Prozent zu verzichten und die jährliche Besteuerung zu wählen.

Beispiel: Sie sind 40 Jahre und kaufen ein Haus, das Sie in 20 Jahren abbezahlen, und schöpfen dabei die Riester-Förderung mit einer Tilgung von 2 100 Euro im Jahr voll aus. Mit 65 Jahren gehen Sie in Rente. Das Wohnförderkonto weist dann 56 335 Euro aus.

Wählen Sie nun die jährliche Besteuerung, müssen Sie bis zum Ihrem 85. Lebensjahr jährlich 2 817 Euro versteuern. Bei einem Steuersatz von 25 Prozent sind das 704 Euro Steuern im Jahr. Um diese Steuern komplett aus Erspartem begleichen zu können, müssten Sie zu Rentenbeginn rund 10 500 Euro zu einem Zinssatz von rund 3 Prozent anlegen.

Wählen Sie stattdessen die Einmalbesteuerung, müssen Sie nur 39 435 Euro versteuern. Doch weil dadurch Ihr zu versteuerndes Einkommen in diesem Jahr in die Höhe schießt, steigt auch Ihr Steuersatz. Sie zahlen auf das fiktive Restguthaben nicht mehr nur 25 Prozent, sondern mehr als 35 Prozent Steuern, insgesamt rund 14 000 Euro. Das sind 3 500 mehr, als Sie für die jährliche Besteuerung zurücklegen müssten.

Wenn Sie annehmen, Sie wären mit der einmaligen Steuerzahlung auf einen Schlag ganz frei, machen Ihnen die Riester-Regeln eine Strich durch die Rechnung. Nutzen Sie das Haus nicht mehr selbst, müssen Sie zwar keine Zulage oder Förderung zurückzahlen, Sie müssen den 30-prozentigen Steuernachlass aber nachversteuern. Und zwar:

- Bis zum 10. Jahr nach Beginn der Auszahlphase müssen Sie das Eineinhalbfache der noch nicht besteuerten 30 Prozent des Wohnförderkontos versteuern.
- Vom 11. bis zum 20. Jahr nach Beginn der Auszahlungsphase das Einfache.

Nicht nachversteuert werden muss der Rabatt, wenn Sie versterben oder das Haus verkaufen und das Kapital in eine neue selbstgenutzte Immobilie oder in ein Dauerwohnrecht zum Beispiel in einem Seniorenheim investieren.

Jährliche Besteuerung bis zum 85. Lebensjahr

Doch auch wenn Sie die erste Besteuerungsvariante wählen, müssen Sie nicht in alle Ewigkeit Steuern zahlen. Ab Ihrem 85. Geburtstag ist Schluss damit. Die Höhe der Rate, die Sie versteuern müssen und um die das Wohnförderkonto jährlich vermindert wird, ergibt sich, indem der Betrag auf dem Wohnförderkonto zu Beginn Ihrer Auszahlungsphase gleichmäßig auf die Jahre bis zur Vollendung Ihres 85. Lebensjahres aufgeteilt wird.

Sterben Sie vor Ihrem 85. Geburtstag, werden die Steuern für den Restbetrag auf Ihrem Wohnförderkonto fällig, wenn nicht Ihr Ehepartner Ihren Eigentumsanteil übernimmt (siehe Seite 112).

KOMPLIZIERT, ABER LOHNEND

Lassen Sie sich durch die komplizierten Steuerregeln nicht von einer Riester-Finanzierung abschrecken. Die Steuern machen nur einen Bruchteil der Mietersparnis aus, die Sie mit einem schuldenfreien Eigenheim haben.

SOZIALABGABEN IN DER AUSZAHLPHASE

Sie müssen auf Ihre Riester-Rente zwar später einmal Steuern zahlen, Krankenkassen- und Pflegeversicherungsbeiträge fallen auf die Riester-Auszahlungen aber meist nicht an. Zumindest dann nicht,

- wenn Sie als Rentner in der gesetzlichen Krankenversicherung der Rentner (KvdR) pflichtversichert sind;
- wenn Sie nicht über eine Betriebsrente geriestert haben (siehe Seite 69);
- wenn Sie privat krankenversichert sind; Ihr Beitrag ist dann ohnehin unabhängig von der Rentenhöhe.

Wenn Sie aber zu den wenigen gehören, die auch noch als Rentner freiwillig in der gesetzlichen Krankenversicherung versichert sind, oder Sie Riester-Betriebsrentner sind, gehen rund 17 Prozent von Ihren Riester-Auszahlungen für Ihre Kranken- und Pflegeversicherung ab.

Niedrige Einkünfte und Riester

Wenn Sie im Alter insgesamt sehr niedrige Einkünfte und auch kein ausreichendes Vermögen haben, sind Sie eventuell auf Grundsicherung angewiesen. Ihre Auszahlungen aus einem Riester-Vertrag werden nach heutiger Rechtslage voll als Einkommen angerechnet, das heißt die Grundsicherung wird Ihnen um den Betrag Ihrer Riester-Auszahlung gekürzt.

Der Gesetzgeber plant aber Änderungen, damit sich die private Altersvorsorge auch bei niedrigem Einkommen lohnt (siehe Seite 14).

Haben Sie im Alter Schulden, die Sie nicht mehr zurückbezahlen können, macht – anders als während der Ansparphase – auch der Gerichtsvollzieher vor der Riester-Auszahlung nicht länger halt. Es gibt allerdings Pfändungsfreigrenzen, die Ihnen einen gewissen Schutz bieten.

KURZ UND KNAPP

Wer kommt in die KvdR?

Die Krankenversicherung der Rentner ist eine Pflichtversicherung, in der Sie versichert werden, wenn Sie als Rentner bestimmte Vorversicherungszeiten erfüllen. Sie können also auch, wenn Sie während Ihres Berufslebens freiwillig oder als Hausfrau oder -mann familienversichert waren, während der Rente pflichtversichert sein. Sie müssen seit Beginn Ihrer Erwerbstätigkeit bis zur Antragstellung auf Rente mindestens 9/10tel der zweiten Hälfte des Zeitraums in der gesetzlichen Krankenversicherung versichert gewesen sein. Wenn Sie also mit 25 Jahren angefangen haben zu arbeiten und mit 65 Jahren in Rente gehen, müssen Sie zwischen Ihrem 45. und dem 65. Lebensjahr mindestens 18 Jahre lang in der gesetzlichen Krankenversicherung versichert gewesen sein.

RUHESTAND IM AUSLAND

Und zum Schluss noch mal etwas Schönes: Wenn Sie Ihren Ruhestand im Ausland verbringen möchten, können Sie das seit dem Jahr 2010, ohne dass Sie die Förderung zurückzahlen müssen. Das gilt zumindest, solange Sie in ein Land ziehen, das zur EU oder dem europäischen Wirtschaftsraum gehört (siehe Seite 36).

Steuern müssen Sie aber gegebenenfalls immer noch auf Ihre Riester-Rente zahlen. Hier kommt es darauf an, ob eine nachgelagerte Besteuerung durch die deutschen Steuerbehörden noch möglich ist. Maßgeblich ist das in dem Doppelbesteuerungsabkommen mit dem jeweiligen Land geregelt, in das Sie ziehen. Doppelbesteuerungsabkommen sind Verträge zwischen Staaten, die vermeiden sollen, dass Sie für dieselben Einkünfte im selben Zeitraum gleichartige Steuern in zwei Staaten zahlen müssen.

Meist endet es so, dass Sie in dem Land Einkommensteuern zahlen, in dem Sie Ihren Wohnsitz haben. Das deutsche Recht enthält aber auch Bestimmungen zur sogenannten beschränkten Einkommensteuerpflicht, unter die unter Umständen Riester fallen könnte. Anwälte und Steuerberater, die sich auf Auslandsbesteuerung spezialisiert haben, sind hier die besten Ansprechpartner.

Ziehen Sie in ein Land außerhalb der EU oder des EWR, nach Amerika, Australien, Asien, Afrika oder auch nur in die Schweiz, müssen Sie zwar keine Steuern mehr zahlen. Im Gegenzug will Deutschland dann aber die komplette staatliche Förderung zurück. Ihr Anbieter zweigt pro Auszahlung 15 Prozent für die Zulagenstelle ab, bis die gesamte Förderung zurückgezahlt ist. Denn selbst ein Umzug im Rentenalter in ein Land außerhalb der EU oder des EWR gilt weiterhin als schädliche Verwendung.

Beim Wohn-Riestern läuft das ähnlich. Sie können Ihr Haus in Deutschland ruhig verkaufen, wenn Sie das Geld aus dem geförderten Wohneigentum innerhalb der EU in ein neues selbstgenutztes Wohneigentum investieren. Wie Ihr Wohnförderkonto dann besteuert wird, hängt ebenfalls maßgeblich von dem entsprechenden Doppelbesteuerungsabkommen Ihres Ziellandes ab. Sie können das geförderte Vermögen aber auch gegen eine Sofortrente in einen anderen Riester-Vertrag stecken und sich eine Rente auszahlen lassen.

Verwenden Sie das Geld dagegen, um sich außerhalb der EU ein Haus zu kaufen, müssen Sie das Wohnförderkonto noch in Ihrer Einkommensteuererklärung in Deutschland auf einen Schlag versteuern. Die staatliche Förderung, die Sie über die Jahre erhalten haben, können Sie aber anders als bei den Sparverträgen ohne Abzüge behalten.

RIESTER KONKRET: DEN ZULAGENANTRAG AUSFÜLLEN

Für die Riester-Zulage gibt es zwei Antragsformulare. Das erste füllen alle aus, die unmittelbar oder mittelbar zulagenberechtigt sind. Es heißt offiziell „Antrag auf Altersvorsorgezulage" und wird Ihnen von Ihrem Anbieter ausgehändigt.

Das andere heißt „Ergänzungsbogen – Kinderzulage". Sie füllen es aus, wenn Sie für mindestens ein Kind Kindergeld erhalten. Auch dieses Formular erhalten Sie von Ihrem Anbieter.

Antrag auf Altersvorsorgezulage

Kopf

Oben rechts auf dem Formular finden Sie Ihre Vertragsnummer. Mit der kann Ihr Anbieter den Vertrag Ihnen zuordnen. Wenn Sie Ihren Anbieter wegen Ihres Riester-Vertrags kontaktieren, sollten Sie diese immer parat haben.

Darunter finden Sie das Jahr, für das Sie den Antrag abgeben. Da die Zulagen rückwirkend gezahlt werden, füllen Sie immer einen Antrag mit der Jahreszahl vom Vorjahr oder von vor zwei Jahren aus. Im Jahr 2012 also den Antrag für 2011 und/oder 2010.

Links auf dem Formular finden Sie die Anschrift Ihres Anbieters, an den Sie Ihren Antrag schicken. Das müssen Sie spätestens zu dem rechts daneben stehenden Termin getan haben. Schicken Sie den Antrag später los, verlieren Sie die Zulage. Je früher Sie die Zulage auf Ihrem Sparvertrag haben, desto besser – also gleich losschicken.

Block A

In diesem Abschnitt geht es darum, ob Sie unmittelbar oder als Ehepartner mittelbar förderberechtigt sind (siehe Seite 12). Sind Sie unmittelbar förderberechtigt, kreuzen Sie nichts an und machen mit Block B weiter. Sind Sie über Ihren Ehepartner mittelbar förderberechtigt, kreuzen Sie das Kästchen vor „Abweichend" an.

A Art der Zulageberechtigung

Ich bin für das Jahr 2011 **unmittelbar** zulageberechtigt.②

☐ **Abweichend** hiervon bin ich für das Jahr 2011 **mittelbar** zulageberechtigt.③
Füllen Sie in diesem Fall bitte auch unbedingt die Angaben zum Ehegatten in Abschnitt C aus.

Block B

Meist hat Ihr Anbieter in der linken Spalte schon viele Daten ausgefüllt. Korrigieren Sie diese in der rechten Spalte, wenn sie unzutreffend sind. Auch alle fehlenden Angaben fügen Sie rechts hinzu.

Zeile 1: Zuständiges Finanzamt

Diese Zeile müssen Sie nur ausfüllen, wenn Sie eine Einkommensteuererklärung abgeben (siehe Seite 131), ansonsten bleibt sie leer.

Zuständig ist das Finanzamt, in dessen Bezirk Sie Ihren Wohnsitz haben. Sie finden es auch unter www.finanzamt.de unter dem Punkt „Finanzamtsuche".

Wenn Sie im Ausland wohnen und deshalb nicht das Finanzamt Ihres Bezirks zuständig ist, geben Sie das deutsche Finanzamt an, bei dem Sie Ihre letzte Einkommensteuererklärung abgegeben haben.

Zeile 2: Steuernummer

Hier tragen Sie Ihre Steuernummer ein. Sie finden diese auf Ihrem letzten Steuerbescheid. Haben Sie noch nie eine Steuererklärung eingereicht und hat das Finanzamt deshalb noch keine Steuernummer an Sie vergeben, tragen Sie eine 0 ein.

Zeile 3: Identifikationsnummer

Hier tragen Sie die elfstellige steuerliche Identifikationsnummer ein, die das Bundeszentralamt für Steuern an alle Bundesbürger vergeben hat. In der Regel finden Sie diese auch auf Ihrem letzten Einkommensteuerbescheid oder Ihrer Lohnsteuerbescheinigung. Wenn Sie sie nicht mehr finden, wenden Sie sich an das Bundeszentralamt für Steuern: www.bzst.de oder 02 28/40 6-0.

Zeile 4: Sozialversicherungsnummer / Zulagennummer

Hier tragen Sie Ihre Sozialversicherungsnummer ein. Diese finden Sie auf der Meldung zur Sozialversicherung, Ihrem Sozialversicherungsausweis oder häufig auch auf Ihrer Entgeltbescheinigung. Im Zweifel können Sie sie bei Ihrer Personalstelle erfragen.

Als Zulagennummer wird in der Regel die Sozialversicherungsnummer verwendet, wenn eine solche für Sie existiert. Arbeitnehmer erhalten sie meist, wenn sie erstmalig eine Angestelltentätigkeit aufnehmen.

Beamte erhalten bei Aufnahme ihrer Beamtentätigkeit keine Sozialversicherungsnummer. Deshalb haben Sie als Beamter, wenn Sie noch nie als Arbeitnehmer tätig waren, oftmals keine Sozialversicherungsnummer und müssen daher erst eine Zulagennummer beantragen. Dafür wenden Sie sich an Ihre Besoldungsstelle, die dafür spezielle Formulare hat.

Block C

Diesen Abschnitt müssen Sie nur ausfüllen, wenn Sie
a) durch Ihren Ehepartner zum mittelbar zulageberechtigten Personenkreis gehören oder
b) als unmittelbar Zulagenberechtigter eine Kinderzulage beantragen wollen und Ihr Ehepartner auch riestert.

C **Erklärung** (falls zutreffend bitte ankreuzen)

Feld für Vertragsnummer des Anbieters

☐ **Die bereits erfassten Daten zum Ehegatten sind seit dem 01.01.2011 nicht mehr gültig (z. B. Scheidung).**

Bereits erfasste Daten – **Ehegatte/Ehegattin**	Bei Änderungen oder Ergänzungen hier Eintragungen vornehmen – ***Umlaute (Ä, ä, Ö, ö, Ü, ü) und ß sind zulässig.***
IDENTIFIKATIONSNUMMER ④	
SOZIALVERSICHERUNGSNUMMER / ZULAGENUMMER ⑤	
GESCHLECHT	☐ weiblich ☐ männlich
STAATSANGEHÖRIGKEIT	
TITEL (z. B. Dr., Prof.)	
VORNAME	
NAMENSZUSATZ (z. B. Baroness, Baron, Gräfin)	
VORSATZWORT (z. B. von, auf der, da, de, del)	
NAME	
GEBURTSORT (ohne PLZ)	
GEBURTSNAME	
GEBURTSDATUM (TT.MM.JJJJ)	. .

Kreuzen Sie das Kästchen zu Anfang nur dann an, wenn die darunter folgenden Daten bereits vom Anbieter vorausgefüllt sind, Sie aber während des gesamten Beitragsjahrs von Ihrem Ehepartner getrennt gelebt haben, geschieden waren oder Ihr Ehegatte bereits vor dem Beitragsjahr verstorben ist. Korrigieren Sie rechts auch bereits vorausgefüllte Angaben, die falsch sind.

Zeile 1: Identifikationsnummer

Hier tragen Sie die elfstellige steuerliche Identifikationsnummer Ihres Ehepartners ein, die das Bundeszentralamt für Steuern an alle Bundesbürger vergeben hat. In der Regel finden Sie diese auch auf dem letzten Einkommensteuerbescheid oder der Lohnsteuerbescheinigung. Wenn Sie sie nicht mehr finden, wenden Sie sich an das Bundeszentralamt für Steuern: www.bzst.de oder 02 28/40 6-0.

Zeile 2: Sozialversicherungsnummer / Zulagennummer

Hier tragen Sie die Sozialversicherungsnummer Ihres Ehepartners ein. Sie finden sie auf der Meldung zur Sozialversicherung, dem Sozialversicherungsausweis oder oft auch auf der Entgeltbescheinigung. Sie können sie auch bei der Personalstelle erfragen. Als Zulagennummer wird in der Regel die Sozialversicherungsnummer verwendet, wenn eine solche für Ihren Ehepartner existiert. Arbeitnehmer erhalten meist eine Sozialversicherungsnummer, wenn sie erstmalig eine Angestelltentätigkeit aufnehmen. Beamte erhalten bei Aufnahme ihrer Beamtentätigkeit keine Sozialversicherungsnummer. Deshalb muss Ihr Ehepartner als Beamter eine Zulagennummer beantragen. Das tut er über seine Besoldungsstelle, die dafür spezielle Formulare hat.

Block D

Ihr Anbieter hat Ihre aktuellen Vertragsdaten (Punkt 1 bis 4) in diesen Antrag übertragen. Dies gilt auch für Zahlungen in einen Pensionsfonds, eine Pensionskasse oder eine Direktversicherung, die Sie aus Ihrem individuell versteuerten Arbeitslohn geleistet haben. Wenn Sie nur diesen einen Vertrag bei dem Anbieter, der Ihnen den Antrag übersandt hat, abgeschlossen haben, hat dieser Anbieter auch bereits die Eintragung in Spalte 5 für Sie vorgenommen.

Wenn Sie Beiträge in mehrere Verträge gezahlt haben, müssen Sie selbst bestimmen, auf welchen der Verträge die Altersvorsorgezulage gezahlt werden soll. Sind Sie unmittelbar zulageberechtigt, können Sie die Zulage auf zwei Verträge verteilen. Kreuzen Sie in diesem Fall in der Spalte 5 an, auf welchen Vertrag oder welche Verträge die ZfA die Zulage zahlen soll. Um die Zulage in voller Höhe zu erhalten, müssen Sie insgesamt mindestens den Mindesteigenbeitrag zugunsten der beiden ausgewählten Verträge eingezahlt haben. Die Zulage wird dann entsprechend dem Verhältnis der auf diese Verträge geleisteten Eigenbeiträge verteilt.

Sind Sie über Ihren Ehepartner mittelbar zulageberechtigt, können Sie die Zulage nur einem Vertrag zuordnen.

D **Ihre aktuellen Vertragsdaten**⑥ *ggf. vom Antragsteller anzukreuzen*

1	2	3	4		5
lfd. Nr.	Vertragsnummer	Zertifizierungs- bzw. Anbieternummer	Altersvorsorgebeiträge in 2011 in Euro		Die Zulage soll den gekennzeichneten Verträgen zugeordnet werden (maximal zwei Kreuze).
			Beiträge	Tilgungsleistungen	
					☐
					☐
					☐

Block E

In diesem Abschnitt geht es darum, wie hoch Ihr rentenversicherungspflichtiges Einkommen ist, an dem sich die Höhe der Zulage, die Sie bekommen, berechnet. Als **mittelbar Zulagenberechtigter** können Sie diesen Abschnitt überspringen, denn bei Ihnen spielt es keine Rolle, wie hoch Ihr Einkommen ist.

1 Beamte, Soldaten, Richter: Wenn Sie Beamter, Soldat oder Richter sind, oder zu den anderen im Formular an dieser Stelle gelisteten Personenkreisen gehören, machen Sie ein Kreuz im Kästchen und springen dann auch zu Block F beziehungsweise Block G. Sie werden allerdings auch hier nochmals darauf hingewiesen, dass Sie die Zulagen nur dann erhalten können, wenn Sie Ihrem Dienstherrn oder Arbeitgeber erlauben, die für die Berechnung der Zulage relevanten Daten an die ZfA weiterzugeben.

2 Pflichtversicherte Arbeitnehmer und Selbstständige: Sind Sie Arbeitnehmer oder Selbstständiger, reicht es meist aus, wenn Sie den Zeitraum eintragen, für den Sie Beiträge an die gesetzliche Rentenversicherung abgeführt haben. Die Angaben zu Ihren relevanten Einnahmen bekommt die ZfA auch von der gesetzlichen Rentenversicherung. In manchen Fällen sollten Sie Angaben in der zweiten Zeile zum tatsächlichen Entgelt beziehungsweise zu den Entgeltersatzleistungen machen. Und zwar, wenn Sie unter anderem

- Vorruhestandsgeld, Krankengeld, Arbeitslosengeld, Übergangsgeld,
- Verletztengeld oder Versorgungskrankengeld

im Jahr vor dem Antragsjahr bezogen haben oder als behinderter Mensch in Einrichtungen der Jugendhilfe oder in Werkstätten für behinderte Menschen beschäftigt waren.

Denn in diesen Fällen können die beitragspflichtigen Einnahmen, die von der gesetzlichen Rentenkasse an die ZfA gemeldet werden, von dem Geld, das Sie tatsächlich erhalten haben, abweichen.

Geben Sie für den betreffenden Zeitraum das Bruttoarbeitsentgelt oder den Zahlbetrag der Entgeltersatzleistung an, den Sie tatsächlich erhalten haben, zum Beispiel das Arbeitslosen- oder Krankengeld, das Arbeitslosengeld II oder bei Altersteilzeitarbeit das aufgrund der abgesenkten Arbeitszeit erzielte Arbeitsentgelt (ohne Aufstockungs- und Unterschiedsbetrag).

Die Höhe dieser Beträge können Sie Ihren Unterlagen wie Lohnsteuerbescheinigung, Bescheinigungen der Krankenkasse oder der Arbeitsagentur entnehmen.

3 Bezieher einer vollen Erwerbsminderungs- oder Erwerbsunfähigkeitsrente: Auch bei Ihnen reicht es, wenn Sie lediglich eintragen, wann Sie Ihre Rente bezogen haben. Die Angaben über die Höhe können Sie sich sparen. Die ZfA erhebt dann die Höhe Ihrer Rente direkt beim Rentenversicherungsträger.

4 Riester-Sparer im EU-Ausland: Seit 2010 werden zwar nur noch Personen gefördert, die in der **deutschen** Rentenversicherung pflichtversichert sind. Das war vor 2010 anders, und da es einen Bestandsschutz für die alten Verträge gibt, werden die Informationen in diesen Zeilen weiterhin erfragt.

E Angaben über die Art und Höhe der maßgebenden Einnahmen, wenn Sie unmittelbar zulageberechtigt② sind

Ich war im gesamten Kalenderjahr **2010** ausschließlich Empfänger von
- inländischer Besoldung nach dem Bundesbesoldungsgesetz oder einem Landesbesoldungsgesetz
- Amtsbezügen aus einem inländischem Amtsverhältnis, das eine den Beamten gleichgestellte Versorgung gewährleistet
- Einnahmen als versicherungsfrei Beschäftigter, dessen Versorgungsrecht eine den Beamten gleichgestellte Versorgung gewährleistet
- Einnahmen als beurlaubter Beamter mit Anspruch auf Versorgung für die Dauer der Beschäftigung
- Einnahmen als Minister, Senator, Parlamentarischer Staatssekretär
- Versorgungsbezügen wegen Dienstunfähigkeit

und hatte daneben **keine** rentenversicherungspflichtigen Einnahmen.

☐ ja, *in diesem Fall müssen Sie ihrem Dienstherrn oder der die Versorgung anordnenden Stelle eine **Einwilligungserklärung** zur Übermittelung der maßgeblichen Einkommensdaten an die ZfA erteilt haben. Weitere Angaben im Abschnitt E sind nicht erforderlich.*

1

Für mich wurden Beiträge zur inländischen gesetzlichen Rentenversicherung gezahlt: *Angaben zu den beitragspflichtigen Einnahmen i. S. d. deutschen gesetzlichen Rentenversicherung sind **freiwillig**.⑦ Ist ein von Ihnen tatsächlich erzieltes Entgelt oder der Zahlbetrag der Entgeltersatzleistung **geringer** als die der deutschen gesetzlichen Rentenversicherung zugrunde liegenden beitragspflichtigen Einnahmen, sind Angaben⑧ zum tatsächlichen Entgelt /Entgeltersatzleistungen erforderlich.*

Zeitraum von - bis (Monat)

Beitragspflichtige Einnahmen i. S. d. deutschen Rentenversicherung⑦
freiwillige Angabe

☐☐ . 2010 – ☐☐ . 2010 ☐☐☐☐☐☐☐☐☐☐☐☐ EUR

Tatsächliches Entgelt / Entgeltersatzleistung ⑧

2 ☐☐ . 2010 – ☐☐ . 2010 ☐☐☐☐☐☐☐☐☐☐☐☐ EUR

Ich habe im Kalenderjahr **2010** eine Rente wegen voller Erwerbsminderung bzw. Erwerbsunfähigkeit von der deutschen gesetzlichen Rentenversicherung erhalten. Die Angabe ist freiwillig. Wenn Sie die Rente eintragen, ist die Höhe der Bruttorente anzugeben.

Höhe der Bruttorente⑨
freiwillige Angabe

3 ☐☐ . 2010 – ☐☐ . 2010 ☐☐☐☐☐☐☐☐☐☐☐☐ EUR

☐ Ich übte im Jahr **2011** eine Beschäftigung aus, die einer ausländischen gesetzlichen Rentenversicherungspflicht unterlag und/oder erhielt eine Rente wegen voller Erwerbsminderung bzw. Erwerbsunfähigkeit aus einer ausländischen gesetzlichen Rentenversicherung.

Ich bezog im Kalenderjahr **2010** Einnahmen aus einer Beschäftigung, die einer ausländischen gesetzlichen Rentenversicherungspflicht unterlag und/oder erhielt eine Rente wegen voller Erwerbsminderung bzw. Erwerbsunfähigkeit aus einer ausländischen gesetzlichen Rentenversicherung. Die Angabe ist unbedingt erforderlich.

Summe der ausländischen Einnahmen⑧⑨ Währung

4 ☐☐ . 2010 – ☐☐ . 2010 ☐☐☐☐☐☐☐☐☐☐☐☐ ☐☐☐

Das nachfolgende Kästchen müssen Sie ankreuzen, wenn Sie Ihren Riester-Vertrag vor dem Jahr 2010 abgeschlossen und im Beitragsjahr im EU/EWR-Ausland gearbeitet haben und dort auch rentenversichert waren.

Ebenfalls ein Kreuz gehört dorthin, wenn Sie zwar nicht im Ausland gearbeitet, aber Rentenzahlungen wegen einer Erwerbsminderung oder -unfähigkeit von einer ausländischen gesetzlichen Rentenversicherung erhalten haben.

Als Arbeitnehmer im Ausland geben Sie neben dem Zeitraum die ausländischen beitragspflichtigen Einnahmen an, als Erwerbsunfähigkeitsrentner die Summe Ihrer Einnahmen aus der Rente.

Land- und Forstwirte: Diese Zeile füllen Sie nur aus, wenn Sie positive Einkünfte aus Land- oder Forstwirtschaft haben. Die Höhe der positiven Einkünfte finden Sie im Steuerbescheid ein Jahr vor dem Beitragsjahr, für das Sie den Antrag stellen. Beispiel: 2012 füllen Sie den Antrag für das Beitragsjahr 2011 aus. Es geht dabei eigentlich um das Einkommen des Vorjahres, also 2010. Da aber nicht bei allen Selbstständigen oder Land- und Forstwirten der Steuerbescheid 2010 schon vorliegt, geben Sie Ihre Einkünfte aus dem Steuerbescheid 2009 an. Geben Sie auch die Mitgliedsnummer Ihrer Alterskasse an.

Wenn Sie dagegen als Land- oder Forstwirt eine Erwerbsunfähigkeitsrente erhalten, reicht es wieder, wenn Sie nur den Zeitraum und die Mitgliedsnummer Ihrer Alterskasse eintragen. Die ZfA bekommt die Höhe der Rente von Ihren Rentenversicherungsträger.

Im Kalenderjahr **2009** betrugen die positiven Einkünfte aus Land- und Forstwirtschaft (§ 13 Einkommensteuergesetz)[10]

00 EUR

und/oder ich bezog im Kalenderjahr **2010** eine Rente wegen voller Erwerbsminderung bzw. Erwerbsunfähigkeit nach dem Gesetz über die Alterssicherung der Landwirte

. 2010 – . 2010

Höhe der Bruttorente[9][10]

EUR

Mitgliedsnummer der landwirtschaftlichen Alterskasse bzw. der Alterskasse für den Gartenbau

Block F

Geben Sie hier an, wie viele Kinderergänzungsbögen Sie beifügen. Auf jedem Ergänzungsbogen ist Platz für zwei Kinder.

F **Kinderzulage**

Ich füge ☐☐ Ergänzungsbogen - Kinderzulage - bei. *Sofern es sich bei den genannten Kindern um Kinder von Eltern handelt, die miteinander verheiratet sind, nicht während des gesamten Jahres 2011 dauernd getrennt gelebt haben und ihren Wohnsitz oder gewöhnlichen Aufenthalt in einem Mitgliedstaat der Europäischen Union oder einem Staat haben, auf den das Abkommen über den Europäischen Wirtschaftsraum (EWR-Abkommen) anwendbar ist,* ***müssen im Abschnitt C Angaben zum Ehegatten enthalten sein.***

Block G

In diesem Block erteilen Sie Ihrem Anbieter die Vollmacht zum Dauerzulagenantragsverfahren. Er beantragt dann bei der ZfA Ihre Zulagen, und Sie müssen nicht jedes Jahr den Antrag neu ausfüllen. Sie können diese Vollmacht jederzeit widerrufen.

G Bevollmächtigung (Bitte lesen Sie die Erläuterungen unter⑪.)

Raum für den Anbieter, sich eine Vollmacht erteilen zu lassen

Dieses Feld ist optional

Wichtig ist aber, dass Sie Änderungen Ihrer Verhältnisse, die Einfluss auf Ihren Zulagenanspruch oder die Höhe der Zulage haben können, dem Anbieter umgehend mitteilen. Dazu gehören:

- Änderungen bei den beitragspflichtigen Einnahmen, falls Sie in der entsprechenden Zeile in Block E Angaben eingetragen haben
- Änderungen bei dem tatsächlichen Arbeitsentgelt, der Entgeltersatzleistung, falls Sie in der entsprechenden Zeile in Block E Angaben eingetragen haben
- Wegfall der Zugehörigkeit zum berechtigten Personenkreis
- Änderungen beim Familienstand
- Wegfall des Kindergeldes
- Anzahl der Kinder

Auch wenn die Kinderzulage nicht mehr Ihren Vertrag zugeordnet werden soll, sondern dem Ihres Ehepartners oder Sie Ihre Zulage einem anderen Vertrag oder Verträgen zuordnen wollen, müssen Sie sich natürlich beim Anbieter melden.

Und zum Schluss: Auf keinen Fall Datum und Unterschrift vergessen.

RIESTER KONKRET: DEN KINDER-ERGÄNZUNGSBOGEN AUSFÜLLEN

Die Kinderzulage wird pro Kind immer nur einmal gezahlt. Wenn Sie als Eltern jeweils einen Riester-Vertrag haben, müssen Sie sich also einigen, wer diese in Anspruch nimmt. Wenn Sie nichts anderes vereinbaren, fließt die Zulage bei verheirateten Eltern erst mal auf den Vertrag der Mutter, da Frauen im Alter meistens eine größere Versorgungslücke haben.

Sind Sie es jedoch als Vater, der wegen der Kindererziehung geringere Rentenansprüche haben wird, sollten Sie mit Ihrer Ehefrau dem Anbieter erklären, dass die Zulage auf Ihren Vertrag fließen soll (siehe Block B).

Bei nicht verheirateten oder geschiedenen Eltern bekommt derjenige die Kinderzulage, der auch das Kindergeld erhält.

Anrecht auf eine Kinderzulage haben Sie, wenn für das Kind im Beitragsjahr mindestens für einen Monat Kindergeld gezahlt wurde. Benötigen Sie mehr als ein Formular, weil Sie zum Beispiel drei Kinder haben, können Sie sich an Ihren Anbieter wenden oder das erhaltene Formular einfach kopieren.

Block A

Erklärung: Haben Sie schon länger Ihren Riester-Vertrag und keinen Anspruch mehr auf eine oder mehrere Kinderzulagen, weil Sie zum Beispiel für das gesamte Beitragsjahr kein Kindergeld mehr bekommen haben, kreuzen Sie das entsprechende Kästchen im Kopf an. Auch wenn die Zulage jetzt auf den Vertrag des anderen Elternteils fließen soll, kommt hier ein Kreuzchen hin.

Kind 1

Links hat Ihr Anbieter wahrscheinlich schon viele Angaben eingetragen. Sollten diese nicht korrekt oder unvollständig sein, nutzen Sie die rechte Spalte zum Korrigieren und Vervollständigen.

Zeile 1: Identifikationsnummer

Hier tragen Sie die elfstellige steuerliche Identifikationsnummer Ihres Kindes ein, die das Bundeszentralamt für Steuern an alle Bundesbürger vergeben hat. Wenden Sie sich an die Behörde, wenn Sie das Schreiben mit der Nummer nicht mehr finden. Sie können sie im Internet unter www.bzst.de oder telefonisch unter der Nummer 02 28/40 6-0 erreichen.

A **Für folgende unten aufgeführte Kinder beantrage ich die Kinderzulage (bitte Abschnitt B beachten):**
Erklärung (falls zutreffend bitte ankreuzen)
Die bereits erfassten Daten zu Kind 1 ☐ bzw. Kind 2 ☐ sind nicht mehr gültig, da für das **gesamte** Kalenderjahr 2011 **kein** Kindergeld gezahlt wurde bzw. mir das Kind nicht mehr zugeordnet werden soll.

Bereits erfasste Daten | **Bei Änderungen oder Ergänzungen hier Eintragungen vornehmen**

Umlaute (Ä, ä, Ö, ö, Ü, ü) und ß sind zulässig.

Kind 1

Bereits erfasste Daten	Änderungen/Ergänzungen
IDENTIFIKATIONSNUMMER (4)	
VORNAME	
NAMENSZUSATZ (z. B. Baroness, Baron, Gräfin)	
VORSATZWORT (z. B. von, auf der, da, de, del)	
NAME	
GEBURTSDATUM (TT.MM.JJJJ)	. .
ZUSTÄNDIGE FAMILIENKASSE (z. B. Arbeitsagentur Köln, Kindergeld auszahlender Arbeitgeber)	
KINDERGELDNUMMER / PERSONALNUMMER	
ANSPRUCHSZEITRAUM VON - BIS (MONAT)	. 2011 – . 2011
KINDERGELDBERECHTIGTE/R (Eintragungen vornehmen, wenn nicht identisch mit Zulageberechtigtem/r) NAME	
VORNAME	

Kind 2

Bereits erfasste Daten	Änderungen/Ergänzungen
IDENTIFIKATIONSNUMMER (4)	
VORNAME	
NAMENSZUSATZ (z. B. Baroness, Baron, Gräfin)	
VORSATZWORT (z. B. von, auf der, da, de, del)	
NAME	
GEBURTSDATUM (TT.MM.JJJJ)	. .
ZUSTÄNDIGE FAMILIENKASSE (z. B. Arbeitsagentur Köln, Kindergeld auszahlender Arbeitgeber)	
KINDERGELDNUMMER / PERSONALNUMMER	
ANSPRUCHSZEITRAUM VON - BIS (MONAT)	. 2011 – . 2011
KINDERGELDBERECHTIGTE/R (Eintragungen vornehmen, wenn nicht identisch mit Zulageberechtigtem/r) NAME	
VORNAME	

Zeile 7: Zuständige Familienkasse
Ihre Familienkasse ist bei der Agentur für Arbeit angesiedelt, die für Ihren Wohnbezirk zuständig ist. Als Beamter oder Angehöriger des öffentlichen Dienstes ist Ihr Arbeitgeber beziehungsweise Dienstherr Ihre Kindergeldstelle.

Zeile 8: Kindergeldnummer / Personalnummer
Die Kindergeldnummer finden Sie auf der Kindergeldbescheinigung Ihrer Familienkasse. Sie erscheint auch monatlich auf Ihrem Kontoauszug, wenn die Familienkasse das Geld überweist. Bei Beamten und Angehörigen des öffentlichen Diensts entspricht die Kindergeldnummer häufig ihrer Personalnummer bei ihrem Dienstherrn oder Arbeitgeber.

Zeile 9: Anspruchszeitraum
Hier tragen Sie ein, in welchen Monaten im Beitragsjahr Sie Kindergeld erhalten haben.

Zeile 10: Kindergeldberechtigter
Kindergeldberechtigt ist derjenige, dem das Kindergeld ausgezahlt wird. Sie müssen das Feld nur ausfüllen, wenn Sie als Antragsteller dieses Ergänzungsbogens nicht derjenige sind, dem das Kindergeld ausgezahlt wird. In dem Fall geben Sie dort den anderen Elternteil an, der das Kindergeld erhält.

Kind 2

Siehe Kind 1

Block B

Der erste Teil betrifft unverheiratete Eltern. Hier wird Ihnen erklärt, wem die Kindergeldzulage zusteht, wenn Sie als Eltern nicht miteinander verheiratet sind oder getrennt voneinander leben.

Generell gilt: Die Kinderzulage bekommt derjenige, der auch das Kindergeld bekommt, und der füllt auch den Ergänzungsbogen aus. Bekamen Sie beide nacheinander Kindergeld innerhalb des Beitragsjahres, steht demjenigen die Kinderzulage zu, dem es zuerst ausgezahlt wurde.

Der Kasten darunter betrifft verheiratete Eltern. Wenn Sie möchten, dass die Kinderzulage für ein Kind oder mehrere Kinder auf den Riester-Vertrag des Ehemannes fließt, müssen Sie dies entsprechend ankreuzen und als Ehefrau hier unterschreiben.

B Hinweise und Zuordnung der Kinderzulage

Die Kinderzulage wird für jedes Kind gewährt, für das dem / der Zulageberechtigten für mindestens einen Zahlungszeitraum im Jahr 2011 Kindergeld festgesetzt (ausgezahlt) worden ist.

Gibt es für das Jahr 2011

- nur einen / eine Kindergeldberechtigte(n), ist von diesem / dieser der Ergänzungsbogen - Kinderzulage - auszufüllen,
- mehrere Kindergeldberechtigte, für die Kindergeld für dasselbe Kind festgesetzt worden ist, steht die Kinderzulage demjenigen / derjenigen zu, dem / der für den ersten Anspruchszeitraum innerhalb des Jahres, für das die Zulage beantragt wird, das Kindergeld ausgezahlt worden ist. Nur von diesem / dieser Berechtigten ist der Ergänzungsbogen - Kinderzulage - auszufüllen.

  Beispiel: Festsetzung des Kindergeldes für das Kind A
  - für die geschiedene Ehefrau von Januar 2011 bis Mai 2011
  - für den geschiedenen Ehemann von Juni 2011 bis Dezember 2011.

  Der Ergänzungsbogen - Kinderzulage - ist nur von der geschiedenen Ehefrau auszufüllen.

Sollte ein Ergänzungsbogen - Kinderzulage - nicht ausreichen, bitten wir Sie, einen weiteren beizufügen, den Sie von Ihrem Anbieter erhalten.

Bei **leiblichen Eltern, Adoptiveltern oder Pflegeeltern**, die im Beitragsjahr miteinander **verheiratet** sind, nicht dauernd getrennt leben und ihren Wohnsitz oder gewöhnlichen Aufenthalt in einem Mitgliedstaat der Europäischen Union oder einem Staat haben, auf den das Abkommen über den Europäischen Wirtschaftsraum (EWR-Abkommen) anwendbar ist, steht die Kinderzulage - unabhängig von der Festsetzung des Kindergeldes - der **Mutter** zu. Auf Antrag beider Eltern kann die Kinderzulage vom Vater in Anspruch genommen werden.

Zustimmung der Ehefrau (nur bei Übertragung der Kinderzulage auf den Ehemann erforderlich)

Ich stimme zu, dass mein von mir im Jahr 2011 nicht dauernd getrennt lebender Ehemann für das unter Abschnitt A genannte

☐ Kind 1

☐ Kind 2

die Kinderzulage erhält. Die Zustimmung kann für dieses Beitragsjahr nicht zurückgenommen werden.

Die Zustimmung gilt bis auf **Widerruf** auch für die **Folgejahre**, wenn mein Ehemann seinem Anbieter eine Vollmacht (vgl. Hinweis⑪ in den Erläuterungen zum Antrag auf Altersvorsorgezulage) zur formlosen Antragstellung erteilt hat. Der Widerruf muss **spätestens am 31. Dezember des Beitragsjahres**, für das die Zustimmung nicht mehr gelten soll, beim Anbieter des Ehemannes vorliegen.

☐☐.☐☐.☐☐☐☐ ______________________

Datum (TT.MM.JJJJ) Unterschrift der Ehefrau

CHECKLISTEN FÜR RIESTER-VERTRÄGE

Es ist nicht immer ganz leicht, sich an alles zu erinnern, worauf man beim Vertragsabschluss und auch bei den laufenden Verträgen achten muss. Hier deshalb noch mal zwei Checklisten mit den wichtigsten Punkten.

CHECKLISTE: Vor Abschluss des Riester-Vertrags

- **Kosten für Abschluss und Verwaltung:** Finden Sie heraus, wie hoch die Abschluss- und Verwaltungskosten sind. Fragen Sie bei Fondssparplänen nach den Ausgabeaufschlägen und Depotgebühren. Informieren Sie sich, wie diese Kosten zeitlich verteilt werden.
- **Kosten für Unterbrechung:** Erkundigen Sie sich, was es kostet, den Riester-Vertrag beitragsfrei zu stellen.
- **Wechselkosten:** Fragen Sie, welche Kosten bei einem Wechsel anfallen und ob es einen Unterschied macht, ob Sie zu einem Produkt des gleichen Anbieters wechseln oder zu einem eines neuen Anbieters.
- **Weitere Kosten:** Informieren Sie sich, mit welchen weiteren Kosten Sie rechnen müssen, die Ihre Rendite beeinträchtigen könnten.
- **Flexibilität des Vertrags:** Achten Sie darauf, dass der Anbieter Ihnen bestätigt, dass Sie Ihren Beitrag jederzeit anpassen können, zum Beispiel wenn sich Ihr Einkommen ändert. Lassen Sie sich nicht zur Zahlung eines dynamischen Beitrags überreden. Denn dieser entspricht nicht automatisch dem, den Sie zahlen müssen, um die volle Zulage zu bekommen.
- **Auszahlphase:** Fragen Sie, ob der im Vertrag festgelegte Termin für den Beginn der Auszahlphase nachträglich noch aufgeschoben oder vorgezogen werden kann.
- **Dauerzulagenantrag:** Vergessen Sie nicht, bei Abschluss den Dauerzulagenantrag auf den Zulageformularen anzukreuzen (siehe Seite 167). Dann müssen Sie die Formulare nicht jedes Jahr neu ausfüllen – zumindest solange sich nichts an Ihren Lebensumständen ändert, wie Familienstand, Kinder oder Förderberechtigung.

CHECKLISTE: Bei laufenden Riester-Verträgen

- **Förderberechtigung:** Um Rückzahlungen zu vermeiden, sollten Sie jedes Jahr überprüfen, ob Sie noch förderberechtigt sind. Die Berechtigung kann bei einem Jobwechsel oder nach einer Scheidung entfallen. Wenn Sie sich unsicher sind, können Sie sich an Ihren Anbieter oder die Beratungshotline der ZfA wenden (Tel. 0 33 81/21 22 23 24).
- **Genug einzahlen:** Achten Sie darauf, dass Sie immer genug einzahlen, um auch die volle Zulage zu erhalten: einschließlich der Zulagen mindestens 4 Prozent Ihres rentenversicherungspflichtigen Vorjahresbruttoeinkommens.
- **Kinderzulage:** Vergessen Sie nicht, die Kinderzulage zu beantragen, wenn Sie Nachwuchs bekommen. Normalerweise fließt diese dann auf den Vertrag der Mutter. Soll das anders sein, müssen Sie dies beantragen.
- **Steuerersparnis:** Um die volle Förderung einschließlich Steuervorteil zu bekommen, müssen Sie eine Einkommensteuererklärung machen und dort die Anlage AV ausfüllen (siehe Seite 131).

REGISTER

Stiftung Warentest

IMPRESSUM

Stiftung Warentest
Lützowplatz 11–13
10785 Berlin
Tel. 0 30/26 31-0
Fax 0 30/26 31-25 25
www.test.de

Vorstand: Hubertus Primus
Weiteres Mitglied der Geschäftsleitung:
Dr. Holger Brackemann
(Bereichsleiter Untersuchungen)

Programmleitung: Niclas Dewitz
Autorin: Katharina Henrich
Projektleitung/Lektorat: Ursula Rieth
Lektoratsassistenz: Veronika Schuster
Fachliche Beratung und Unterstützung:
Susanne Meunier, Heinz-Josef Nüssgens, Theo Pischke, Uwe Rauhöft, Jörg Sahr, Simone Weidner, Rainer Zuppe,
Korrektorat: Christoph Nettersheim

Titelentwurf: Susann Unger, Berlin
Layout: Pauline Schimmelpenninck Büro für Gestaltung, Berlin
Grafik und Satz: Oxana Rödel, Absatz DTP-Service
Verlagsherstellung: Rita Brosius (Ltg.), Susanne Beeh
Produktion: Vera Göring
Bildredaktion: Stefan Scholtz
Bildnachweis – Titel: Getty/Vincent Besnault;
Innenteil: contrastwerkstatt/Fotolia.com (S. 69); Dmitry Ersler/Fotolia.com (S. 98); Ed Telling/iStockphoto.com (S. 97); Getty Images (S. 28, 119), Gina Sanders/Fotolia.com (S. 18 re.); Ivan Bastien/iStockphoto.com (S. 39) kk-artworks/Fotolia.com (S. 18 re.); Marcel Sarközi/Fotolia.com (S. 142); Pali Rao/iStockphoto.com (S. 102 li.); Patrizia Tilly/Fotolia.com (S. 6); PeJo/Fotolia.com (S. 133 li.); Per Thomsen/Fotolia.com (S. 65); Thinkstock (S. 4, 5, 14, 18 li., 21, 25, 32 li., 41, 48, 52, 60, 73, 76, 82, 85, 95 102 re., 107, 113, 117, 120, 127, 130, 133 re., 139, 144; 150; 157); Tom Bayer/Fotolia.com (S. 42)
Litho: tiff.any GmbH, Berlin
Druck: AZ Druck und Datentechnik GmbH, Berlin

Einzelbestellung
Stiftung Warentest
Tel. 0 180 5/00 24 67
Fax 0 180 5/00 24 68
(je 14 Cent pro Minute aus dem Festnetz, maximal 42 Cent pro Minute aus dem Mobilfunknetz)
www.test.de

Redaktionsschluss: 2. Januar 2012

ISBN: 978-3-86851-330-1